大都市产业集聚的辐射效应研究
——以上海及其他长三角城市为例

赖红波 王建玲 赵翔翔 /著

同济大学 出版社
TONGJI UNIVERSITY PRESS
·上海·

图书在版编目(CIP)数据

大都市产业集聚的辐射效应研究：以上海及其他长三角城市为例 / 赖红波，王建玲，赵翔翔著. —上海：同济大学出版社，2024.1
 ISBN 978-7-5765-0397-5

Ⅰ.①大… Ⅱ.①赖… ②王… ③赵… Ⅲ.①产业集群-产业发展-研究-上海 ②长江三角洲-产业集群-产业发展-研究 Ⅳ.①F269.275

中国版本图书馆 CIP 数据核字(2022)第 182141 号

大都市产业集聚的辐射效应研究
—— 以上海及其他长三角城市为例

赖红波　王建玲　赵翔翔　著

责任编辑　张　睿　　**责任校对**　徐春莲　　**封面设计**　陈益平

出版发行	同济大学出版社　www.tongjipress.com.cn
	(地址：上海市四平路1239号　邮编：200092　电话：021-65985622)
经　　销	全国各地新华书店
排　　版	南京文脉图文设计制作有限公司
印　　刷	江苏凤凰数码印务有限公司
开　　本	710mm×960mm　1/16
印　　张	12.75
字　　数	255 000
版　　次	2024 年 1 月第 1 版
印　　次	2024 年 1 月第 1 次印刷
书　　号	ISBN 978-7-5765-0397-5
定　　价	69.00 元

本书若有印装质量问题，请向本社发行部调换　　版权所有　侵权必究

著者简介

赖红波 同济大学管理学博士,复旦大学应用经济学博士后,华东理工大学社会学博士后。上海理工大学管理学院副教授,硕士生导师。复旦大学企业发展与管理创新研究中心兼职研究员,南京大学长江产业经济研究院兼职研究员。同济大学 EMBA 论文外审专家,教育部研究生学位论文评审专家。上海市政府决策咨询重点课题组组长,上海科技专家库入选专家(应用研究),上海市场学会理事。

先后主持中国博士后特别资助项目、中国博士后科学基金面上资助项目、上海市哲学社会科学规划项目、上海市高校智库内涵建设计划项目、上海市软科学研究项目、上海市文创基金重点课题等,并独立承担上海市决策咨询重点课题和专项课题 8 项。先后出版专著 4 部,发表学术论文 50 余篇,主持承担国家和省部级课题近 20 项。2016 年获得复旦大学优秀博士后称号,专著《设计、制造与互联网"三业"融合创新与制造业转型升级研究》获 2018 年中国社会科学院和全国博士后办公室第七批博士后文库资助。

王建玲 讲师,博士研究生,毕业于西南交通工程专业,现任教于上海开放大学经济管理学院,主要从事复杂网络建模、交通工程、物流管理研究。

赵翔翔 副教授,博士研究生,毕业于上海财经大学企业管理专业,现任教于上海开放大学经济管理学院,主要从事网络营销、战略规划、供应链管理研究。

自　　序

回顾过去，博士阶段切入"产业集群跨网络学习"方向，相关成果获得上海市软科学资助；一站博士后阶段依然延续博士期间的主题深挖，如从静态网络（集群）到动态网络（关系网络）的转变，相关成果先后获得多项国家博士后基金和课题资助。再之后，思路就停顿很长一段时间，苦于找不到"产业集群"研究新的切入点……

这个"暂停键"一按就是3年。即使是2017年之后，我在上海理工大学管理学院任教，包括在产业经济硕士点指导论文，都还是"游离"在外。直到2020年一次偶然的机会，与王建玲博士和赵翔翔博士等交流之后，脑海中跳出这个念想，围绕"大都市产业集聚及辐射效应"展开……为此，我们多次交流选题，查阅资料并反复讨论，才逐步找到方向。

伴随大都市经济和产业发展，产业集聚从封闭走向开放的发展，本书的思考从一直以来的本土企业转型升级，拓展到区域层面的企业活动。包括大都市产业集聚如何进一步发展演化，伴随产业集聚形成的辐射及辐射效应等如何形成与度量，产业集聚的中心是否迁徙等问题，本书将展开讨论。

本书只是尝试换一个角度，从产业集群到产业集聚的辐射效应研究，也只是一个很小的开始，未来需要继续深入探索下去，把企业、产业、区域及产业集群、产业集聚和产业辐射等融合起来，做一些基础的研究工作。学术是孤独的，很多时候我只能尝试从自己开设的公众号"今日一勺"中找到些许慰藉，一箪食，一瓢饮，在陋巷……鼓励我前行。

最后，本书的出版离不开团队的合作，包括我的2016级产业经济研究生刘明余，2017级产业经济研究生施浩、褚艳霞等都有贡献，以及2021级研究生罗呈威、姚金霞、韩妮莉、赵澳庆和郭振方参与部分章节内容的校核。同时，感谢同济大学出版社张睿编辑及团队给予的仔细审核和帮助。

2023年03月27日
于上海

前　言

从产业集群到产业集聚，是改革开放四十多年来最值得关注研究的内容之一。当下，为契合大都市迅猛发展、世界级产业集群形成，以及大都市产业集聚辐射效应等新的热点，本书进一步深化了产业集聚第一阶段的研究，以大都市产业集聚的辐射效应为新的视角进行深入探索。当前，大都市经济和产业发展是经济从封闭走向开放的发展过程，产业集聚如何进一步发展演化、伴随产业集聚形成的辐射及辐射效应等如何形成与度量、产业集聚的中心是否迁徙等问题，本书都将展开讨论。

当然，产业集聚和产业集聚的辐射是相辅相成的，也是伴随大都市的发展而动态发展的。本研究课题在整个国际国内经济大背景下系统梳理了产业集聚、产业辐射，以及从集聚到辐射等相关理论。本书共八章，从"第1章 导论"、"第2章 产业集聚概念与机制演变"和"第3章 产业集聚与大都市经济活动——以上海为例"讲起，逐步切入"第4章 产业集聚中的辐射与辐射效应"，在此基础上进一步展开"第5章 大都市产业集聚的辐射效应形成与度量"，以及"第6章 大都市产业集聚辐射内在机制与动力"，并在"第7章 大都市产业集聚辐射实证与案例研究"之上，最后提出"第8章 大都市产业集聚辐射效应的相关建议与保障举措"。

总之，全书以大都市产业集聚的辐射效应为研究视角，刻画了上海等沿海发达地区从产业集聚到产业集聚辐射，以及大都市产业集聚的辐射效应等发展过程的内在机制演变、机制和内在动力，并进行实证研究、案例研究和中外对比研究，在此基础上进一步提出建议和政策保障措施。

目　录

自序
前言

第1章　导论 ··· 001
  1.1　城市的形成 ··· 001
    1.1.1　第一次社会大分工 ·· 001
    1.1.2　第二次社会大分工 ·· 002
    1.1.3　第三次社会大分工 ·· 002
  1.2　大都市的概念 ·· 002
    1.2.1　城市定义 ··· 002
    1.2.2　城市等级 ··· 003
    1.2.3　大都市定义 ·· 003
  1.3　大都市中的集聚经济 ·· 004
    1.3.1　集聚经济的形式 ·· 004
    1.3.2　集聚经济的成因 ·· 005
    1.3.3　城市化经济 ·· 007

第2章　产业集聚概念与机制演变 ·· 008
  2.1　产业集聚概念、形成模式和类型 ·· 008
    2.1.1　产业集聚定义 ··· 008
    2.1.2　形成模式与集聚影响因素 ··· 009
    2.1.3　产业集聚的一般类型 ··· 010
  2.2　产业集聚的理论与思想基础 ·· 011
    2.2.1　相关理论回顾 ··· 011

        2.2.2 产业集聚与产业发展的内在驱动力 ················· 013
        2.2.3 产业集聚理论发展与我国本土实际结合
              ——以上海浦东 30 年发展为例 ················· 014
   2.3 产业集聚分析和机制演变 ··························· 017
        2.3.1 为何集聚 ··································· 017
        2.3.2 产业集聚分类 ······························· 018
        2.3.3 产业集聚机制演变 ··························· 020
   2.4 市场结构、产业集聚与产业规模结构效率 ················ 022
        2.4.1 市场结构与分类 ······························· 022
        2.4.2 市场结构与产业规模结构效率 ·················· 023
        2.4.3 大都市产业集聚的成因分析 ···················· 025

第 3 章 产业集聚与大都市经济活动——以上海为例 ··············· 028
   3.1 大都市经济活动与产业集聚 ·························· 028
        3.1.1 大都市经济活动基本概念和活动过程 ············ 028
        3.1.2 大都市产业经济活动功能特征分类 ·············· 030
        3.1.3 大都市经济活动对产业集聚的影响 ·············· 031
   3.2 上海产业集聚形成与全国对比 ························ 034
        3.2.1 上海产业集聚的形成 ·························· 034
        3.2.2 从专利视角看上海及长三角产业集聚 ············ 041
        3.2.3 电子及通信设备制造业新产品与专利产出视角全国对比
              与上海分析 ·································· 045
   3.3 上海推动产业集聚的相关举措 ························ 048
        3.3.1 点线面相结合促进科技成果转化 ················ 048
        3.3.2 深化体制机制创新 营造良好的社会氛围和政策环境 ··· 049
        3.3.3 提升上海产业链水平 打造世界级产业集群 ········ 050
   3.4 上海顺势推动产业结构调整 ·························· 052
        3.4.1 依托国家"一带一路"倡议调整上海产业结构 ········ 053
        3.4.2 借力"四个中心"和"科技中心"建设调整产业结构 ······ 054

3.4.3　借助自由贸易试验区建设调整上海产业结构……………056
　　　3.4.4　依托《长江三角洲城市群发展规划》调整上海产业结构
　　　　　　……………………………………………………………059
　　　3.4.5　依托上海全球城市功能定位建设全球城市产业支撑体系
　　　　　　……………………………………………………………060

第4章　产业集聚中的辐射与辐射效应……………………………062
4.1　产业集聚中的产业辐射……………………………………………062
　　　4.1.1　产业辐射的相关理论………………………………………062
　　　4.1.2　产业辐射的特性……………………………………………063
　　　4.1.3　产业辐射中的介质流分析…………………………………065
4.2　产业集聚辐射中的产业关系分析…………………………………068
　　　4.2.1　产业的定位和作用…………………………………………068
　　　4.2.2　产业发展分析………………………………………………070
　　　4.2.3　产业关联分析………………………………………………073
　　　4.2.4　上海产业发展与辐射领域…………………………………076
4.3　产业集聚中的辐射效应……………………………………………078
　　　4.3.1　辐射效应的成因……………………………………………078
　　　4.3.2　辐射媒介……………………………………………………080
4.4　产业集聚中的辐射网络……………………………………………081
　　　4.4.1　辐射网络的构成……………………………………………081
　　　4.4.2　产业辐射的种类……………………………………………082
　　　4.4.3　产业辐射的层级与辐射接受地……………………………083

第5章　大都市产业集聚的辐射效应形成与度量…………………085
5.1　大都市产业集聚与辐射效应………………………………………085
　　　5.1.1　大都市产业集聚特征与选择因素…………………………085
　　　5.1.2　大都市产业集聚与辐射……………………………………087
　　　5.1.3　产业集聚辐射效应对大都市发展的影响…………………090

5.2 大都市产业集聚辐射效应形成 ………………………………… 095
    5.2.1 大都市产业集聚辐射模式 ………………………………… 095
    5.2.2 大都市产业集聚辐射效应实现形式 ……………………… 097
    5.2.3 大都市城市经济辐射范围度量 …………………………… 100
5.3 大都市产业集聚辐射效应的度量标准 ………………………… 104
    5.3.1 大都市产业辐射效应指标体系构建原则 ………………… 104
    5.3.2 大都市产业辐射评价过程 ………………………………… 106
    5.3.3 大都市产业辐射评价指标体系与指标选取 ……………… 107
5.4 大都市产业集聚辐射效应影响因素与实证分析 ……………… 110
    5.4.1 大都市产业集聚辐射原理与过程分析 …………………… 110
    5.4.2 大都市产业集聚辐射效应的影响因素 …………………… 112
    5.4.3 大都市产业集聚辐射效应影响实证分析——以长三角
          为例 ………………………………………………………… 118

第6章 大都市产业集聚辐射内在机制与动力 ……………………… 121

6.1 大都市经济活动集聚辐射纽带 ………………………………… 121
    6.1.1 大都市经济活动集聚辐射纽带——经济活动的联系 …… 121
    6.1.2 大都市经济活动集聚辐射纽带——人的联系 …………… 123
    6.1.3 大都市经济活动集聚辐射纽带——商业服务业联系 …… 126
6.2 大都市产业集聚辐射内在机制 ………………………………… 127
    6.2.1 大都市产业集聚辐射与经济增长动力 …………………… 127
    6.2.2 大都市产业集聚辐射效应作用机理 ……………………… 129
    6.2.3 大都市产业集聚辐射效应的内在机制 …………………… 129
6.3 大都市产业集聚辐射内在动力——基于产业融合的视角 …… 132
    6.3.1 制造业与现代服务业融合发展 …………………………… 133
    6.3.2 新兴产业与科技服务业融合发展 ………………………… 135
    6.3.3 制造业与战略性新兴产业融合发展 ……………………… 138
6.4 大都市产业集聚辐射实施措施 ………………………………… 141
    6.4.1 市场自发措施：以互联网平台企业为例 ………………… 142

6.4.2 政策推动措施 …… 144

第7章 大都市产业集聚辐射实证与案例研究 …… 146
7.1 引言 …… 146
7.2 产业集聚对技术创新的辐射效应度量
——基于电子及通信设备制造业的实证研究 …… 148
7.2.1 文献回顾和机理分析 …… 149
7.2.2 研究方法、模型构建和样本数据实证分析 …… 158
7.2.3 以上海为代表的东部和中部、西部数据对比 …… 163
7.3 大都市产业集聚辐射案例研究
——上海现代服务业集聚及对旅游业辐射 …… 167
7.3.1 上海现代服务业发展 …… 167
7.3.2 上海现代服务业集聚 …… 168
7.3.3 上海现代服务业集聚对旅游业辐射 …… 169
7.4 大都市产业集聚辐射案例研究 …… 172
7.4.1 大都市产业集聚辐射——以特色小镇为例 …… 172
7.4.2 大都市产业集聚辐射——以杭州网红为例 …… 175
7.4.3 长三角一体化与产业集聚辐射 …… 177

第8章 大都市产业集聚辐射效应的相关建议与保障举措 …… 180
8.1 关于大都市产业集聚辐射效应的建议 …… 180
8.2 大都市产业集聚辐射效应的保障举措 …… 181
8.2.1 制度层面保障 …… 181
8.2.2 政策层面保障 …… 184

图 表 目 录

图1.1　产业集聚中企业数量与成本之间的关系 ······················ 006

图2.1　各类因素在产业集聚发展过程中的地位与作用 ············· 010
图2.2　技术创新与产业集聚 ··· 013
图2.3　产业发展、产业集聚与经济发展三者之间的关系 ·········· 014
图2.4　产业链过程示意 ··· 017
图2.5　市场结构四种形式 ·· 023
图2.6　投资出口和消费三大需求对国内生产总值增长的贡献 ···· 025
图2.7　海外和国产品牌变化(2009年) ································· 027
图2.8　海外和国产品牌变化(2019年) ································· 027
表2.1　全国前两位省份工业产值占全国份额及累积值(2000年、2005年、
　　　　2009年和2013年) ··· 018
表2.2　京东、淘宝等平台TOP20品牌 ·································· 026

图3.1　都市传统经济活动过程 ·· 029
图3.2　大都市经济活动分类 ··· 031
图3.3　1990—2020年在上海证券交易所上市的公司数量 ········· 038
图3.4　各省/直辖市/自治区区域产品产出水平 ······················· 046
图3.5　除广东、江苏外其他省/直辖市/自治区新产品产出水平 ··· 046
图3.6　各省/直辖市/自治区专利产出水平 ····························· 047
图3.7　除广东、江苏外其他省/直辖市/自治区专利产出水平 ····· 048
表3.1　上海"小巨人"企业数量分布(2022年) ······················ 033
表3.2　上海集成电路产业技术研发重点领域分布 ··················· 042
表3.3　中国前沿新材料产业地区分布 ·································· 043

表 3.4 上海市新型显示产业类别分布 …………………………………… 043

表 3.5 中国生物医药和新型医疗器械产业地区分布 …………………… 043

表 3.6 中国生物医药和新型医疗器械产业主要省市技术研发重点
　　　 领域分布 …………………………………………………………… 044

表 3.7 中国高端纺织产业地区分布 ……………………………………… 045

表 4.1 价值型投入产出表 ………………………………………………… 075

图 5.1 1998—2013年东部沿海与中西部内陆地区的产业集中率 …… 090

图 5.2 都市产业集聚选择因子指标 ……………………………………… 105

图 5.3 1978—2021年中国三次产业结构占比趋势图 ………………… 114

图 5.4 2019年上海制造业支柱产业占比同期对比图 ………………… 115

表 5.1 城市经济发展水平指标及权重 …………………………………… 098

表 5.2 各城市经纬度 ……………………………………………………… 103

表 5.3 上海到各城市的距离（公里） …………………………………… 103

表 5.4 产业集聚的辐射效应指标体系 …………………………………… 108

表 5.5 城市辐射带动作用指标体系 ……………………………………… 109

表 5.6 上海市产业集聚辐射力指标 ……………………………………… 110

表 5.7 大都市产业集聚辐射基本原理 …………………………………… 110

表 5.8 长三角区域城市间辐射力影响实证分析 ………………………… 119

图 6.1 长三角都市人才流动 ……………………………………………… 121

图 6.2 全球人口向大城市集聚明显 ……………………………………… 124

图 6.3 中国年轻人口分布 ………………………………………………… 125

图 6.4 中国人口流动明显放缓 …………………………………………… 126

图 6.5 产业生命周期 ……………………………………………………… 129

图 6.6 产业集聚辐射原理 ………………………………………………… 130

图 6.7 都市产业辐射机理 ………………………………………………… 131

图 7.1 各省/直辖市/自治区电子及通信设备制造业产业集聚与知识生产
　　　 阶段创新效率的矩阵 ……………………………………………… 157

图 7.2	各省/直辖市/自治区电子及通信设备制造业产业集聚与成果转化阶段创新效率的矩阵	157
图 7.3	各省/直辖市/自治区产业集聚水平	162
图 7.4	2006—2019 年上海市服务业增加值和 GDP 权重增长情况	170
图 7.5	2013—2019 年上海市旅游业 GDP 及收入情况	171
表 7.1	电子及通信设备制造业两阶段创新效率测算指标	154
表 7.2	2009—2019 年各省/直辖市/自治区电子及通信设备制造业两阶段创新效率	155
表 7.3	描述性变量统计	161
表 7.4	固定效应模型的回归结果	162
表 7.5	产业集聚对新产品产值的影响结果(东部地区样本)	163
表 7.6	产业集聚对专利数量的影响结果(东部地区样本)	164
表 7.7	产业集聚对新产品产值的影响结果(中部地区样本)	164
表 7.8	产业集聚对专利数量的影响结果(中部地区样本)	165
表 7.9	产业集聚对新产品产值的影响结果(西部地区样本)	165
表 7.10	产业集聚对专利数量的影响结果(西部地区样本)	166
表 7.11	上海现代服务业集聚区一览	169
表 7.12	都市现代服务业集聚对旅游业辐射	171
表 7.13	杭州各区直播电商政策汇总	176

第 1 章
导　论

1.1　城市的形成

依据社会分工说,城市是社会分工和生产力发展的产物,在此过程中逐步形成了城市和乡村的分离。

1.1.1　第一次社会大分工

在原始社会中,当时的人类开始用自己的双手来采集自然界中的野生植物作为食物;用石头、树枝制作简单的工具,进行狩猎和捕鱼活动。由于采集比渔猎更具有稳定性,是主要的生活来源,所以此时人类的经济活动以采集经济为主。

进入母系氏族社会以后,出现了自然分工,男子担任狩猎、捕鱼等任务,妇女则负责采集食物。由于在采集的过程中,妇女逐步发现了农作物的生长过程和规律,并对农作物加以培植,所以原始农业开始浮出水面,而此时的农业经济逐步居于首要地位,采集则逐步居于次要地位。

农业(包括畜牧业)从采集经济中分化出来,实现了第一次社会大分工。此时人类不仅采集自然界中的自然资源,而且还经过生产创造消费品,从而产生了以农业生产为主的固定居民,其农产品除了满足自己生活外,剩余的部分用于交换其他生活物资,农业与采集业两大行业间的贸易也因它们之间的分工而产生。

第一次社会大分工,促进农业和手工业经济的发展,使得原始社会各个部落有了更多产品,以物易物的交换领域也由此扩大。尤其是部落首领们持续地以交换的方式,来获取精美陶器、铜器以及玉石装饰品等。同时,得益于交换这种形式,一些地点固定、人口密集的集市辐射周边,逐渐成为政治、经济、文化以及技术交流中心,基于此,城市开始逐渐出现。所谓城市,也可以拆分为"城堡+集市",需要两个功能:用于防卫的城堡,以及能进行物资交易的市场功能。

1.1.2 第二次社会大分工

随着生产力的加速发展,金属工具的使用使附属于农业的手工艺技术愈加精进,生产活动的日益多样化,产生了以交换为目的的商品生产,原始手工业从农业中分离出来,产生了独立的手工生产部门,并逐步由专人承担,产生了人类历史上的第二次社会大分工,手工业和农业分离,使固定居民点脱离了农业土地的束缚。

1.1.3 第三次社会大分工

在两次社会大分工之后,商品交换发展势头良好,交换品种越来越多,交换规模持续扩大,但与此同时也让生产者和消费者之间直接进行产品交换的不便利性加大,因此,商人开始出现,工商业劳动和农业劳动开始分离,也就是第三次社会大分工,这也是城乡分离的开端。

1.2 大都市的概念

1.2.1 城市定义

城市是与乡村相对的一个概念,以非农业人口和非农业经济活动为主的人类聚居地,人口、财富和经济活动在这个空间内集中。[1]

不同的学科对城市的定义不同。

地理学上的城市是指地处交通便利、在一定面积上覆盖着密集人群和房屋的空间区域。

经济学上的城市是指在相对较小的面积里居住了大量人口的地理区域,在这个区域中各种经济市场(住房、劳动力、土地、运输等)相互交叉在一起形成了一个网络系统。[2]

随着科学技术的进步和大工业生产的出现,机械化生产代替了手工生产,极大地促进了社会生产力的发展,城市化进程加快,人口集聚迅速,产业分工精确,需要更广泛的合作。城市与外界的经济联系不断加强,形成了国内市场和世界

---

[1] 袁岳驷. 统筹城乡经济发展的机制研究[J]. 经济与管理,2009,23(10):27-31.
[2] 奥沙利文. 城市经济学[M]. 8版. 北京:中国人民大学出版社,2013.

市场,城市的性质、结构和功能也发生变化,城市成为工业生产、商业、金融、交通的中心。

20世纪以来,在世界各国,农村人口大量地涌入城市,在城市规模不断扩大、城市结构不断变化的同时,也产生了一系列的社会经济问题,如住房紧张、交通拥挤、环境污染加剧、公共设施不足等。要解决这些问题,需要将城市作为一个系统整体地进行研究,找到城市内外经济活动中的各种生产关系的运行和发展规律,在资源有限的情况下,结合城市地理空间的特点,有效地配置资源和利用资源生产有价值的商品,并将它们分配给不同的个体。

1.2.2 城市等级

城市规模划分标准是依据《国务院关于调整城市规模划分标准的通知》,通知中明确提出了新的城市规模划分标准以城区常住人口为统计口径,将城市划分为五类七档:小城市、Ⅰ型小城市、Ⅱ型小城市、中等城市、大城市、Ⅰ型大城市、Ⅱ型大城市、特大城市、超大城市。

小城市:城区常住人口50万人以下的城市为小城市,其中20万人以上50万人以下的城市为Ⅰ型小城市,20万人以下的城市为Ⅱ型小城市;

中等城市:城区常住人口50万人以上100万人以下的城市为中等城市;

大城市:城区常住人口100万人以上500万人以下的城市为大城市,其中300万人以上500万人以下的城市为Ⅰ型大城市,100万人以上300万人以下的城市为Ⅱ型大城市;

特大城市:城区常住人口500万人以上1 000万人以下的城市为特大城市;

超大城市:城区常住人口1 000万人以上的城市为超大城市。

1.2.3 大都市定义

大都市或称大都市区,是一个大的人口核心以及与这个核心具有高度的社会经济一体化倾向的邻接社区的组合。[1]

20世纪50年代以来,西方发达国家城市的发展模式与发展速度发生了翻天覆地的变化。一方面,城市工业和科技高度发展,使人口、资金和技术能够以更快的速度向大城市及其周边地区集聚;另一方面,城乡交通快速发展,城市开始逐步由长期的向心集聚的中心向相对分散的郊区发展。城市高收入阶层从中

---

[1] 许学强,周一星,宁越敏. 城市地理学[M]. 2版. 北京:高等教育出版社,2009.

心区外迁,随之工业、服务业也出现郊区化趋向,城市空间不断向外拓展,大城市边缘新城镇大量涌现。这种城市集聚和扩散的双向推动使大城市地域迅速扩张,从而形成以大城市为中心,与周边地区保持密切社会经济联系的城市化地区——大都市区。可以说,大都市区的形成与发展是现代城市化进程的一个重要特征,也是21世纪全球城市化的发展趋势。

1.3 大都市中的集聚经济

工业的集聚带来了人口的集聚,人口的集聚又促进了城市的形成和扩大。在城市中资本、技术、劳动力、信息等生产要素集聚在一起,工业、商业等各种非农经济部门共同运作,以城市为载体和发展空间,第二、第三产业繁荣发展。集中交换(贸易城市)和集中生产(工厂和加工型城市)给生产或销售带来更高的收益和成本的节约。"集聚"是城市最重要的特征之一,同一产业内的企业在一个地方集聚,在城市中产生了巨大的集聚效应、规模效应和扩散效应,继而吸引其他产业的企业来这里从事经营活动,从而形成横跨多个产业的企业集聚在一起的局面,当集聚经济突破产业界限时,就被称作城市化经济。

1.3.1 集聚经济的形式

集聚经济是一种通过规模经济和范围经济来提高效率和降低成本的系统力量。[1]它的形式有三种:

(1) 企业内部的规模经济(通常意义的规模经济效应)。随着生产和经营规模的扩大,企业合理的规模生产带来了单位产品成本的降低,由此获得效益的经济。

(2) 行业内部的规模经济(通常称为本地经济效应)。同一产业的多个企业集聚在一个地方,随着同类企业数目的增加带来了生产规模的扩大、生产总量的增加,形成一定规模的有竞争力的生产经营,推进行业内部的企业专业化程度提高,从而提高劳动生产率,降低生产成本,促进区域经济的增长。[2]

(3) 行业之间的规模经济(通常称为城市化经济效应)。不同行业的企业集

---

[1] 高詹. 基于全要素生产率的城市经济集约增长研究[D]. 大连:东北财经大学,2015.
[2] 任俊英. 加快推进河南产业集聚区建设的思考[J]. 河南工程学院学报(社会科学版),2014,29(2):12-15.

聚在一起,形成规模经济,由此带来的经济效益。这种效益比各个企业孤立地分散设立在各个区域带来的效益更大。

1.3.2 集聚经济的成因

城市化经济是一个城市范围内的集聚经济,是横跨了多个产业的集聚经济,城市化经济的出现是由以下几点主要原因造成的。

1. 共享中间投入品

生产要素的投入有资金、设备、劳动力、原材料等,除此之外,中间投入品对企业发展也是至关重要的。许多产品既可以是某个企业的最终产品或原材料,也可以是另一个企业的中间投入品,例如煤炭,作为塑料生产化工原料时是原材料,作为食品加工业燃料时是中间投入品,作为取暖燃料时是最终产品。因此,当多个企业的所在地相同,其中一部分企业就可以从另一部分企业中得到中间投入品。

以拉链企业为例。拉链是拉链企业的最终产品,同时也是箱包制品的中间投入品。拉链企业集聚在箱包企业附近,是分享中间投入品的一个例子。拉链有金属拉链、尼龙拉链、树脂拉链、仿皮草拉链等,不同的箱包需要不同的拉链。拉链企业只为一个箱包企业生产拉链时,订货量有限,品种多,所以生产成本较高。当几个箱包企业集聚形成箱包企业集群,拉链的需求量提高,需求量提高之后,箱包企业可以大规模、专业化地生产,使得拉链的生产成本降低,利润提升。箱包企业的集聚又会引起拉链企业的集聚,拉链企业竞争使得拉链的价格降低,箱包企业可以以更低的价格随时得到自己所需的拉链。

2. 规模效应产生集聚

当产业集聚内只有一个箱包企业时,其与集聚外的箱包企业购买拉链的费用是相同的。拉链企业只为一个箱包企业服务,无法形成规模生产,拉链售价较高,箱包企业的生产成本也较高。当多个箱包企业形成一个产业集聚时,集聚内企业拉链的需求量上升,批量生产使销售价格降低,箱包企业的生产成本也就随之降低。只要产业集聚外的箱包企业生产成本比集聚内箱包企业的生产成本高,集聚外的箱包企业就会陆续进入集群中,直到两者生产成本相同。产业集聚内箱包企业的生产成本呈现先升再降的趋势,这是因为产业集聚内企业的增多会造成劳动力的紧张,进而劳动力成本上升,使得总生产成本增加,如图1.1所示。

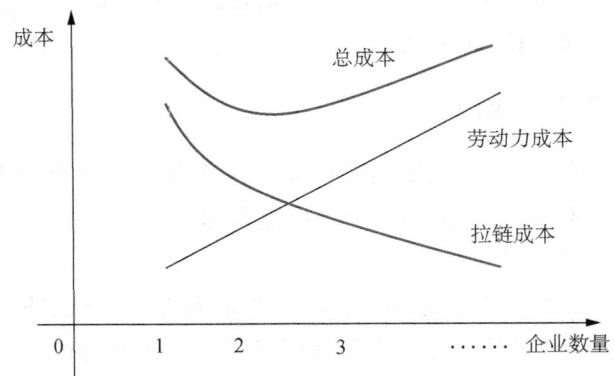

图 1.1 产业集聚中企业数量与成本之间的关系

3. 分享劳动力储备

当只有一个企业时,劳动力的需求量是随着产品需求量的增加而上升,劳动力需求量上升会使劳动力的市场竞争性增强,雇佣劳动力的成本也会增加。相反,产品需求量下降时,劳动力需求量会降低,进而雇佣劳动力的成本也会降低。

对于产业集聚中的企业,总有一些企业生产效益好,一些企业生产效益不好。当企业生产效益不好时,雇佣劳动力的数量会减少,当企业生产效益好时,雇佣劳动力的数量会增加。这样,劳动力就从生产效益不好的企业流向生产效益好的企业,也保证了劳动力成本不变。当产业集聚内劳动力的总需求量不变,而各个企业的劳动力需求量差异很大时,劳动力储备的存在可以给集群里的企业带来更高的收益。

当不同的产业集聚在同一区域时,工人的劳动技能可以应用于多个产业,那么工人就可以在不同产业间流动。城市规模的扩大使得工人数量增多,缩小了工人技能与企业技术要求的差距,劳动力技能匹配性的提高,促进了劳动力在多个产业间的流动,使之获益,也促进了城市化经济的形成。

4. 劳动力的匹配性

每个企业都希望可以雇佣与企业需求相匹配的技术工人,然而在现实世界中,工人的劳动技能与企业的需求总是不完全相同,企业为此会付出额外的成本对工人加以培训。而城市规模的扩大,工人的增多,会使劳动力的匹配性增加,使企业的培训成本降低。

大量劳动力的集聚为企业提供了充足的劳动力储备,与此同时,工人可选择的企业增多,企业之间为争夺技术工人的竞争加大,工人的工资增加,高工资又使工人更愿意集聚在城市生活,工人和企业都能从技能匹配上获利。

5. 知识溢出

知识的溢出可以使工人之间、企业之间实现知识共享,引起企业集聚,促进新企业的诞生。在产业集群中企业集聚在一个区域里,不同企业的工人们经常接触,可以从相互交流中学习到技能,也会把别人的想法融入自己的工作中。企业间也可以实现知识共享,相互借鉴、互相合作。

1.3.3 城市化经济

由于企业在城市中共享生产要素和资源,经济集聚创造了大量的正外部性,因此单个企业的生产成本随着城市总产出的增加而降低,而城市的总投入却没有增加,这也导致了城市化经济的出现。在城市化经济中,企业可以得到如下的收益。

不同产业的企业之间不仅可以分享不同种类的中间投入品,而且可以以很低的价格得到。劳动力的储备给集聚经济带来更高的收益,也促进城市化经济的形成。对于同一产业内的企业,当企业劳动力需求变化时,工人可以从一个企业流向另一个企业;对于多个产业集聚在一起的企业,当不同产业的需求变化时,工人可以从一个产业流向另一个产业。

劳动力技能匹配效应。城市规模的扩大使得技术工人的密度提高,一些技术可以适用于多个产业,从而使得劳动力技能的匹配性提高,多个产业可以从中获益。例如,许多企业都需要计算机人员[1],如果一个城市中的计算机人员密度很高,那么多个产业都会从中获益。工人的集聚使得知识交换变得很容易,知识的溢出效应促进了新思想不断出现,促使工人不断发明新产品、不断发明生产旧产品的新方法。

---

[1] 陈剑,黄朔,张菊亮.物流与供应链管理[C]//中国科学技术协会.2007—2008年管理科学与工程学科发展报告.北京:中国科学技术出版社,2008:133-150+177-178.

第 2 章
产业集聚概念与机制演变

2.1 产业集聚概念、形成模式和类型

2.1.1 产业集聚定义

集聚是指经济要素和经济活动等在地理空间上的集中趋向与过程,是区域经济扩大的原因。

产业集聚又称企业集群,是指生产同类产品的企业,或者有直接产业关联的上下游企业,或者有密切联系的其他相关产业的企业在特定的地理区域内集中[1],产业资本要素在空间范围内不断汇集过来的一个过程。集聚效应是指各种产业和经济活动在空间上集中产生的经济效果以及吸引经济活动向一定地区靠近的向心力,是导致城市逐渐形成和扩大的基本因素。[2]

经济主体由于地理位置的邻近可以产生并释放出集聚效应。集聚效应可以为集聚区的企业带来以下好处。

1. 由规模经济与范围经济效应带来的成本优势

企业在一定区域内的相互邻近,或者同时处于生产链的某一个环节而分工不同,降低了成本,如运输成本、库存成本、交易成本;共同的交易市场与采购中心降低原材料成本和销售成本;集群企业的邻近使得信息的搜寻与获得逐步加速,并使得信息成本开始降低;企业的集聚带来劳动力的集聚,可以使得劳动力的搜寻成本相对减少。同时地理上相互邻近内生的信誉机制,使得风险减少和服务增加;最重要的是由于知识的外溢效应,核心技术与知识扩散速度加快,可以加速产品的创新等。

---

[1] 产城瞭望. 产业集聚应把握哪些要点?[J]. 城市开发,2019(20):74.
[2] 董冉. 基于集聚扩散效应理论的关天区装备制造业发展探析[C]//陕西省《资本论》研究会. 陕西省《资本论》研究会 2011 年学术年会暨延安经济社会发展新思路高层论坛论文集.[出版者不详],2011:231-235.

2. 促进分工与合作

新贸易理论认为,市场与分工交互作用产生的内生的绝对优势具有更为普遍的意义,竞争最终的结果将主要取决于资源使用的效率。在一定区域内集聚,可以发现各个企业的比较优势,从而形成纵向与横向的协作,帮助规模经济发展和产业结构升级,以便提高资源的利用效率。

3. 享有区域与品牌优势

由于一个区域在某一或某些方面品牌做得比较出色,从而提高了整体的知名度,提升了整体的企业形象,商品需求者就会自动来此地区购买商品,同时由于大量地区集聚的诸多便利条件,也会吸引投资商前来投资。中小企业集聚具有明显的三个特点:产业相关、区域相邻及企业集聚形成网状组织。集聚区集聚效应的有效性取决于企业间的网络的健全及其密度。

2.1.2 形成模式与集聚影响因素

1. 两类形成模式

（1）市场创造价值模式:专业化分工的市场在一个区域中出现,产生了商品交易和信息交换,从而给产业集聚创造了良好的条件,并让产业的生产过程渐渐集聚在市场附近。

（2）资本转移模式:当一个规模大的企业出于接近市场或减少经营成本的考虑,选择投资在一个新的生产区位,这有可能吸引同样情况的企业集聚在这个区域。这样,通过使一定数量的资本从外部进入,就形成了产业集聚,这种形式的产业集聚称为资本迁移模式。

2. 集聚影响因素

进一步考察世界上各类产业集聚模式,我们发现产业发展过程中所出现的产业集聚现象表面看起来没有规律性可言,但进一步提炼可以发现其影响因素一般都包括硬件因素和软件因素。根据中国本土集聚发展的理论和实践经验可以看出,那些"非硬件因素（软件因素）"对产业集聚的影响越来越大。

（1）硬件因素（地理条件、自然资源、基础设施、社会资金等）。

（2）软件因素（历史人文因素、社会网络、技术因素、人力资本、无形资源、政策因素等）。

具体各类因素在产业集聚发展过程中的地位与作用如图 2.1 所示。

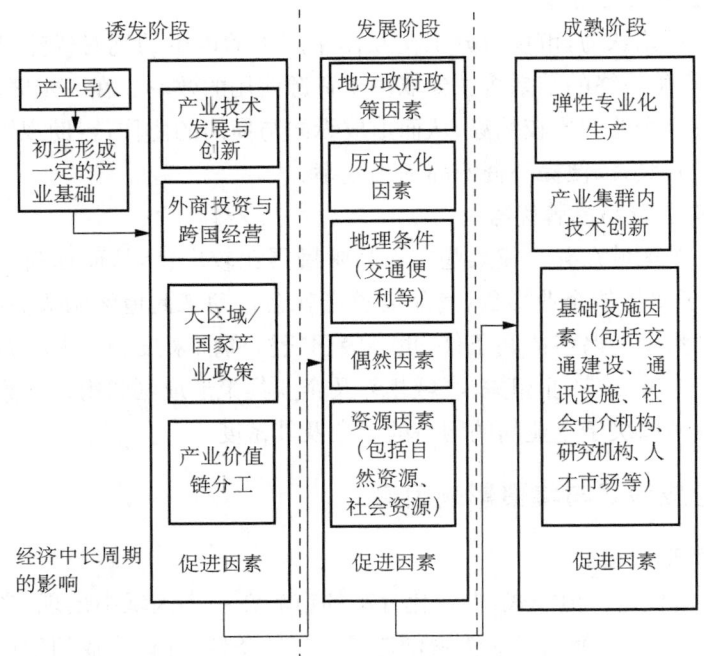

图 2.1　各类因素在产业集聚发展过程中的地位与作用

2.1.3　产业集聚的一般类型

依据产业集聚的形成指向将产业集聚分为资源指向性集聚和经济联系集聚。[1]

资源指向性集聚是指某些地区拥有区位上的优势,如廉价劳动力集聚区、原材料产地、市场集中区、交通枢纽等,利用这些优势而形成的产业集群称为指向性集聚。

经济联系集聚是由于企业之间的经济联系而形成的,包括两类:一类是纵向的经济联系,两个企业之间存在着投入产出的关联关系,即一个企业的产出是另一个企业的投入;另一类是横向的经济联系,围绕着地区主导产业而形成的产业集聚。

---

[1] 覃烨.基于 EG 指数的中部地区制造业集聚水平测度及其影响因素研究[D].湘潭:湖南科技大学,2015.

2.2 产业集聚的理论与思想基础

2.2.1 相关理论回顾

1. 中心地理论

中心地理论是在杜能的农业区位论以及韦伯的工业区位论的基础上,由德国经济地理学家克里斯泰勒提出的。该理论认为中心地相对于其周边而言,具有中心职能的作用,由中心向周围扩散,并不断地提供商品和服务,是商品的供给源也是市场区域的中心。根据交通情况、市场情况、行政因素情况又会形成不同类型的中心地,并承担不同的职能。一般这些中心地中会形成一个等级最高的中心地,以此为中心,周边地区呈同心圆状聚拢。中心地理论在都市的规划与发展中具有重要的借鉴意义。

2. 增长极理论

由于区域之间存在非均质性,各个部门与各个行业的增长也存在差异性。1955年,法国经济学家佩鲁在研究古典的区域均衡增长理论时,提出了增长极理论。该理论认为,区域的经济增长并非均衡的,某些具有创新优势的行业会率先增长并逐渐在一定区域范围内形成优势,最终形成了增长极。该增长极再通过集聚效应、扩散效应等对周边地区或产业产生带动作用。同时,佩鲁在研究中从产业角度也对增长极的概念进行了诠释。他认为,不同产业在发展过程中也会处于不同的发展阶段,有些产业由于发展时间较早,相对具有先发优势,则会形成一个正向的积极作用,可以将这些产业定义为推进型产业,而其他发展时间较晚的产业相对会处于一个被动的地位,可以将其定义为被推进型产业。增长极的作用就是推动型产业带动相对落后的产业发展。从城市群角度来看,都市间经济的发展也是非均衡的,有些都市由于地缘优势和历史的经济积累,其都市综合实力在都市群中占据主导地位,那么这些都市就是都市群的增长极。增长极也是促进城市群内部经济联系和经济发展的关键力量,增长极的实力也直接关乎整个都市群的发展水平以及未来的发展潜力。

后来,很多经济学家在此基础上又提出"点—轴"开发理论。该理论认为,率先发展起来的经济中心形成了区位增长极,随着经济的发展,众多的增长极之间通过再生资源的交换逐渐形成了众多的交通网络等基础设施,也就构成了链接增长极之间的轴线。地区间的要素、企业、产业等会沿着轴线集聚,增长极的经济也会随着轴线扩散开去。都市群结构就是"点—轴"开发理论的典型代表。

3. 中心—外围理论

中心—外围理论由阿根廷的经济学家劳尔·普雷维什最先提出。他认为不同地区的技术发展水平、经济发展水平等存在着非均衡性,从而使得一定区域范围内,发达地区与落后地区在空间上逐渐形成中心区与外围区两个部分。中心区域经济综合实力较为发达,在技术和知识水平上都具有优势;外围地区的经济水平和技术水平等都相对较弱。为了促进地区间经济的协调发展,外围地区就需要通过加大与中心地区的交流来带动其发展。通常随着都市的扩张、产业的更替、基础设施的发展与完善,中心与外围地区间的经济联系就越发紧密。同时,通过政府在政策上的引导,也能加大中心地区对外围地区经济的带动作用。最终,借助中心地区对外围地区的扩散效应,外围都市实现经济发展,中心地区与外围地区的差距将逐渐拉近,从而实现整体区域的均衡发展。

4. 产品生命周期理论

雷蒙德·弗农在20世纪60年代提出了工业生产的产品生命周期理论。弗农在产品生命周期理论中提出各个工业部分及各类产品都需要经历创新—发展—成熟—衰退四个阶段。由于地区间产品生命周期的起步时间和发展进度存在差异性,同一产品在不同地区也会处于不同的发展阶段,相应地也面临不同的发展状态。有的地区某产业可能已经达到成熟期,市场要素等都达到了饱和,为了降低成本、扩大市场范围,该地区会向相对较为落后的地区转移该产业。同时,随着不断地向外转移产业和生产技术,该地区的创新优势也逐渐下降,产业开始进入衰退期,相应的承接地的产业开始进入发展期。产品的生命周期理论主要强调了不同地区在产业上所拥有的比较优势会发生变化,随着地区间产业生命周期的更替,地区间的产业结构也相应地在不断调整,最终实现地区间产业结构的合理分配。

5. 梯度转移理论

梯度转移理论是源于弗农的工业生产的产品生命周期理论,后来这一理论被经济学家引入区域经济学中。该理论的主要观点是各地区间由于经济基础以及资源要素等不同,从而在经济发展水平以及产业结构方面产生较大的差异[1],也即是梯度差异。差异程度越大,该梯度差也就越陡峭,差异程

---

[1] 孔翠英. 资源型地区产业结构调整与税制优化研究[D]. 太原:山西财经大学,2017.

度越小,区域梯度差也就越缓和。那么,地区间由于存在梯度差,加上地区间市场、资源等要素流动的影响,不同地区间的产业也存在产业梯度,由于这种产业梯度的存在,又会使得地区间的产业会呈现出从高向低转移的梯度转移规律。[1]

高梯度地区借助自身的经济基础、技术创新能力和规模经济效益从而促使其在地区具有绝对的经济优势,接着再通过发明新产品、建立新产业来巩固其经济中心的地位。而低梯度地区在产业分布上一般为初级产业或者一些劳动密集型产业,因此低梯度地区需要积极去承接发达地区的产业转移,并且通过承接高梯度地区的产业转移逐步形成自己具有相对比较优势的产业,从而提高自身的产业结构层次与水平,缩小与高梯度地区之间的差距。

2.2.2 产业集聚与产业发展的内在驱动力

产业集聚不仅仅对现代区域经济的增长具有重要的贡献,而且更重要的是产业集聚的发展对产业的全球发展本身是种良性推动。产业集聚发展所形成的多个产业集群使得产业内各个企业作为一个联合体而促进产业发展和经济发展,这种联合体的出现使规模经济不仅仅出现在企业本身,而且更重要的是扩大到整个产业集群。这种内在驱动力体现在以下几个方面。

第一,在国际大市场的背景下,产业集聚带来技术和专业知识的集聚。由于技术创新与广泛推广,导致同一产业或相关产业的企业在地域上集中,与技术、市场相关以及其他与竞争有关的各种知识信息会在区域内大量汇集,这些集聚的技术和专业知识又促进了新型产业集聚的出现,如图2.2所示。[2]

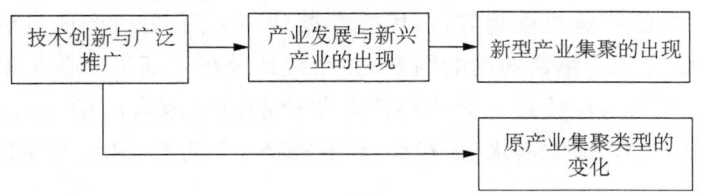

图 2.2　技术创新与产业集聚

---

[1] 牟泽菊.区域经济发展理论及其在我国的运用[EB/OL].(2012-12-14)[2022-03-23]. http://www.doc88.com/p-907233214256.html.
[2] 王林雪,孙惠.企业集聚程度与企业集群竞争力关系的分析[J].科技管理研究,2006(7):85-87+107.

第二,产业集聚使得分工和合作(包括产业链纵向以及横向合作),根据国际大市场和全球价值链发展要求作出最佳选择和调整,带来了生产效率的提高、生产的弹性专业化以及生产成本的降低,从而有力地推进了经济发展。

第三,产业集聚在很大程度上降低了交易成本。产业集聚往往发生在某一区域而形成企业集群,并可能同时形成与该产业相关配套的其他相关经济体,如贸易公司、公证机构、研究机构、律师事务所、运输公司、专业批发市场、销售网络等。这使得信息搜寻成本、契约交易成本、合同履行成本等大大降低,同时又减少了交易的风险因素。交易成本和交易风险因素的降低和减少又进一步推进了国际产业的发展。产业发展、产业集聚和经济发展三者是相互促进的关系,如图 2.3 所示。

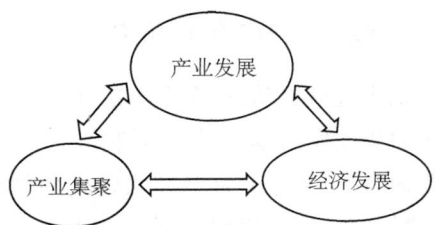

图 2.3 产业发展、产业集聚与经济发展三者之间的关系

2.2.3 产业集聚理论发展与我国本土实际结合——以上海浦东 30 年发展为例

国内学者梁琦借鉴国外有关产业集聚的最新研究成果,同时紧密结合近年来日益明显的产业集聚趋势,运用数学模型和实例,分析产业集聚的发生和延续机制,以及产业集聚的影响因素,并系统地分析论证了产业集聚与企业定位和专业分工的内在关系。梁琦将产业集聚的决定因素归纳为八类:资源要素禀赋、运输成本、地方需求、规模经济、外部性、产品差异化、市场联系以及贸易成本。[1]

结合梁琦提出的八类决定因素,在此基础上进一步考察上海浦东的发展。自 20 世纪 90 年代起,浦东的发展仿佛被按下了快进键,它迅速成长为上海乃至全国的增长焦点和发展标杆,创造出一系列瞩目成绩。过去 30 年间,浦东新区

---

[1] 洪银兴.用主流经济学方法研究产业集聚——评梁琦教授著《产业集聚论》[J].经济研究,2004(10):126-128.

工业总产值翻了近60倍。金桥、陆家嘴、外高桥、张江等各个产业园区"茁壮成长",先进制造、金融、高新技术等多个主力产业集聚壮大,商业、居住、交通各项人居要素后来居上。

梁琦在其《产业集聚论》一书中,认为产业集聚是经济活动最突出的空间特征。由于各个区域间生产要素价格不统一,当生产要素在各个区域可以自由流动时,产业集聚就可能因此发生。梁琦主要从空间经济学的角度解释了产业集聚现象产生、发展的特点与原因。下面从地理、历史、资源、政策和基础设施共五个方面分析上海浦东的产业集聚因素。[1]

1. 地理因素

从产业集聚的空间区位角度看,地理因素显得非常重要,特别是从传统产业集聚现象来看,随着传统产业的发展,处于地理优势的区域更容易发生产业集聚。例如排除行政指令因素的考虑,上海靠近出海口,肯定比中西部地区有着更多的产业集群。以浦东为例,1990年之前,浦东并非地图上的名词,而是指原川沙县、南汇县,以及原奉贤县东部和其他区县在黄浦江东岸的少量地区。由于黄浦江将两岸交通阻隔,浦东长期只能依靠摆渡船与浦西往来,发展非常缓慢。在1990年,浦东经济总量占上海的比重仅为8%,而陆家嘴地区基本为简陋住房组成的棚户区。1992年浦东新区设立,管辖范围是原杨浦、黄浦和南市三区的浦东部分,以及原川沙县的全部和上海县的三林地区。[2]对比2018年,可以看出地理因素变化很大,浦东新区集聚功能越来越完善,并出现更多的产业集聚,如今浦东开发已然列为国家战略,整体功能不断得到显著的提升,特别是上海建设国际金融中心、国际航运中心的核心要素如陆家嘴金融城、外高桥港区、洋山深水港和浦东空港都集聚于此。[3]

2. 历史因素

产业集聚的发生并非都是偶然或者毫无意义地发生的,至少在工商业观念、人文环境、产业氛围与产业经验等方面对后来的产业集聚有着重要的影响。如上海有七百多年的建城历史,曾经是远东国际金融中心。浦东地区历史上曾为海洋,形成陆地较晚,大约仅两千多年的历史。浦东,因处黄浦江以东而得名。浦东之名最早见于经济组织地名,南宋乾道、淳熙年间(1165—

---

[1] 梁琦.产业集聚论[M].北京:中国商务出版社,2004.
[2] 茅冠隽,邵竞.上海进入"无县时代",叫了640多年的崇明县变身崇明区[EB/OL].(2016-07-22)[2022-07-03]. https://m.thepaper.cn/newsDetail_forward_1502511.
[3] 曹莹,刘思弘,沈桂龙.发展开放经济正当其时[J].浦东开发,2013(6):3.

1189年),华亭县设下沙、青村、袁浦、浦东、横浦五个盐场。如今,浦东荟萃了先进制造业、临港工业、高新技术产业、生产性服务业等现代产业要素,成为雄踞东海之滨、杭州湾畔,内连扬子江、外眺太平洋,面积1 210平方公里,约占全市面积五分之一的新浦东。

3. 资源因素

一般来说,我们所指的资源更多是自然资源,如矿山、森林、渔牧等。当然,还有社会资源,如人际关系、人力资本、融资网络、产销网络等。资源因素可以说是产业集聚的基础,任何产业集聚都离不开自然资源或者社会资源的支持,特别是社会资源,其对新兴产业的集聚逐渐具有决定性作用,如美国硅谷、北京中关村以及浙江建立的无自然资源块状经济等。上海浦东也是如此,如果说金融是带动浦东产业发展与人口集聚的引擎,那么开放则奠定了浦东领先全国、立足世界的社会资源优势。有关数据显示,浦东新区外资企业连年增加,其历年增长企业中外资企业占比也领先于上海整体水平。这一占比在浦东开发之初非常之高(1991年、1992年与1994年均超过10%),说明浦东的开放从一开始就落到实处。30年来,外资企业新增平均占比为3.36%,也高于上海整体水平(近1年上海的外资注册占比不到1.5%)。长期来看,这一占比的逐步下降则体现出浦东本土企业发展的蓬勃与壮大。

4. 政策因素

主要是指政府的宏观经济政策和产业政策。宏观经济政策对产业集聚的大环境有很重要的影响,如各种金融货币政策、进出口政策等,以及政府的产业政策等。浦东被称为"开发奇迹",就一直与政策因素息息相关,自1990年"浦东开发"的东风以来,金融和开放是浦东率先发展的两大抓手,可以说"浦东开发,金融先行",上海证券交易所在开发第一年便进驻开业。证交所的上市公司从最初的8家(1990年)增至1 572家(2019年),总市值从12.34亿元增至355 519.70亿元,分别增长了197倍与28 810倍;成交额1991—2019年间也增长了11 802倍。上海证交所见证了浦东金融业的迅速发展,也助力上海成为全国金融中心。

5. 基础设施因素

基础设施因素,一方面包括硬件基础设施,如浦东开发伊始,基础设施落后,工业落后,空港海港都不够,几乎是由于第一代开发者殚精竭虑地大力发展,尤其是建设基础设施,才有今天高楼林立、霓虹璀璨的浦东陆家嘴,以及国际知名的宏伟建筑。另一方面,也包括软件基础设施,如社会中介机构、大学与研究机构、人才市场与劳动力市场等基础设施对产业集聚起着重要作用。所以,浦东开发的成果,很大程度也是与上海大学和人才集聚高地有关。

产业分工/价值链细分因素,如浦东新区金融业经过 30 年的发展,建立起比较完整的金融市场体系和金融机构产业链细分体系,今天的浦东成了我国金融改革和金融创新的高地。

技术因素和各种外部推动因素,如浦东在过去 30 年吸引外商投资与跨国经营,很大程度上弥补了国内建设资金严重短缺,生产技术、管理观念落后的缺陷。

2.3 产业集聚分析和机制演变

2.3.1 为何集聚

第一,形成规模优势和货物的运输成本逐渐下降;第二,要素流动成本也越来越下降。基于这两个因素,运输成本下降肉眼可见。

在改革开放背景下,产业集聚从 1978 年开始起动,逐渐到深圳"两头在外"加工贸易的背景,然后逐渐蔓延到 1992 年以长三角为首的上海浦东的改革开放的环境,带动整个中国利用丰富的劳动力推动劳动密集型产业融入全球产业链,才有全球贸易"中国制造"兴起。在这个背景下,大部分的农村劳动力都转移集中到珠三角、长三角这两个主要区域。

1. 东部沿海地区产业集聚与虹吸效应

为何改革开放优先在东部沿海地区展开?核心之一就是东部沿海地区有产业集聚先发优势,包括围绕生产的产业链集中在东部沿海地区,以及沿海制造产业集聚形成的产业链极化或虹吸效应等。假如有三个厂商:投入品供给厂商、生产厂商和产出品加工需求厂商,其中生产厂商集中在东部沿海地区,带动投入品供给厂商和产出品加工需求厂商的发展,并形成一条产业链,如图 2.4 所示。

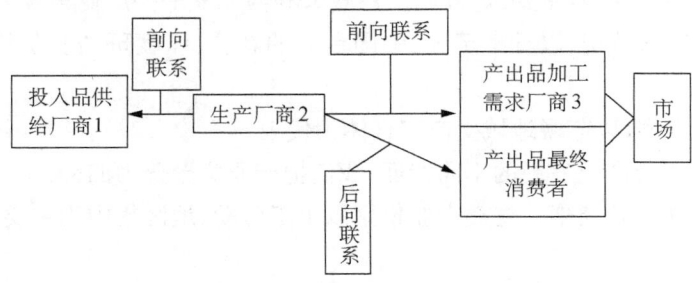

图 2.4 产业链过程示意

由图 2.4 可以看出,上下游厂商 1、2、3 因节省运输成本而产生的向心力,导致最终产品价格下降。同时,劳动力因产品价格下降而向该地区流动,最终通过产业集聚促成消费者福利水平提高。

2. 中国制造业集聚

从 30 多个制造业大类中,挑出 13 个行业大类进行测算,由表 2.1 可以看出,中国的制造业主要集中在长三角和珠三角地区。珠三角城市主要是广东省的城市。长三角集聚的城市主要是江苏省和浙江省的城市,如表 2.1 所示。

表 2.1 全国前两位省份工业产值占全国份额及累积值
(2000 年、2005 年、2009 年和 2013 年)

2000 年			2005 年			2009 年			2013 年		
	工业产值全国占比	累积产值全国占比		工业产值全国占比	累积产值全国占比		工业产值全国占比	累积产值全国占比		工业产值全国占比	累积产值全国占比
江苏	0.13	0.28	江苏	0.14	0.29	广东	0.14	0.28	江苏	0.14	0.14
浙江	0.08	0.46	浙江	0.10	0.51	浙江	0.08	0.50	浙江	0.06	0.45

资料来源:根据工业企业普查数据计算。

2.3.2 产业集聚分类

产业集聚是指在社会因素、自然因素的影响下,某一产业在地理空间上的集中过程或者趋势,它侧重于该产业在特定区域的集结与该产业整体的区域分布之间的对比,阐述了产业的空间分布状态。[1]

陈继海根据市场机制与政府作用互动程度以及国家干预在产业集聚过程中作用的强弱程度不同,将产业集聚分为三类:

(1) 市场主导型,主要以美国硅谷、意大利与北欧一些产业集聚为代表。

(2) 政府扶持型,以日本筑波、中国台湾的新竹、印度班加罗尔等产业集聚为代表。

(3) 计划型,以苏联地域生产综合体为代表。[2]

按照历史上产业发展的不同特征,我们把产业集聚分为四种:

一是传统产业集聚。这类产业集聚以手工劳动、地区集中为主要特征,存在

---

[1] 戴孝悌.多产业融合视域中的美国农业发展经验及启示[J].北京农业,2013(32):26-31.
[2] 陈继海.世界各国产业集聚模式比较研究[J].经济纵横,2003(6):33-35.

一定的工序分工,但主要还是小规模、作坊式的生产方式,例如我国浙江的中小产业集群,第三意大利经济。传统产业集聚,最早可追溯到第一次产业革命,以及世界各地所出现的产业集聚。

当然,传统产业集聚的主要特征是根据同一区域内、同一产业的劳动分工或者上下游工序分工等,企业之间逐渐由单纯的竞争向一定程度上的合作转变,但还是以竞争为主[1],例如当时英国曼彻斯特纺织工业区。

二是马歇尔工业区产业集聚。19世纪末20世纪初,西方发达国家完成了工业革命,出现大企业标准化、批量生产方式。马歇尔基于对当时的刀具工业和西约克郡各种毛纺织区的观察,提出了"产业区"的概念。他认为产业区作为与大企业相对应的产业组织模式,是同一产业中大量小企业的地理集中。这种集中同样能够获得大规模生产的许多好处,并且这种地方产业系统与当地社会具有强烈的不可分割性。[2] 在这类产业集聚区域内,劳动技能特别是默会知识技能形成与转移,促进创新合作和创新扩散,所以从根本上不同于传统工业区产业集聚的类型。

三是专业化、柔性生产的产业集聚。马歇尔的产业区作为与大企业相对应的制造业组织模式,在当时的工业化与区域发展中占据着主导地位。但伴随着以标准化产品的大批量生产和大众消费为特征的福特主义的推行,尤其是在第二次世界大战之后,大企业在国民经济中的地位迅速上升,在学术界也迎来了一个以大企业为核心的新时代,马歇尔所定义的产业区的作用明显下降,人们对其研究的兴趣也大大减弱。但到20世纪70年代,社会经济形势发生了明显的逆转。资本主义"黄金"增长时期结束,同时两次经济危机使得大企业的福特主义生产模式发生严重危机。在资本主义经济增长停滞的同时,人们发现,以中小型企业为主的专业化集聚区具有良好的经济增长绩效。在当时这些专业化集聚区主要出现在中国台湾、韩国和巴西等地。它们的特征是根据国际市场的需求,灵活进行专业化生产,是一种柔性的生产模式。

四是创新型产业集聚。人类社会的信息革命和生物技术革命有力地促进了信息产业和生物高科技产业的发展,并迅速成为世界范围的主导型产业。这些产业主要以高科技、创新型为特征,技术更新速度快于其他产业,形成了美国硅谷、中国上海张江高科技园区、中国台湾新竹等创新产业集群。这类产业集聚的

---

[1] 王楠.东北经济区产业转移研究[D].长春:东北师范大学,2009.
[2] 苗长虹.马歇尔产业区理论的复兴及其理论意义[J].地域研究与开发,2004(1):1-6.

特点是规模不大、创新技术应用迅速、人员流动性高、企业之间没有严格的竞争界限,合作共赢成为集群共识。[1]

我们发现,目前产业集聚类型的划分更加趋向基于大市场(无论是国内大市场、国际大市场还是全球大市场)条件下的不同梯度和层次来进行,也就是产业价值链根据国际/区域分工的需要而裂变成各个环节(某些环节因为分工需要而合并在一起,某些环节则因为分工的发展而更加细分)。这些价值链环节会按照产业价值规律的发展和各个国家、地区经济与生产力发展水平的不同而在某些地域形成产业集聚。例如,专业化生产产业集聚、创新型产业集聚等都是根据大市场条件下,产业价值链环节的发展而形成的。专业化产业集聚充分抓住了产业价值链的区域、国际分工规律而得以积极发展;创新型产业集聚则是处于产业价值链的最前端,刺激着产业的发展,根据各个产业发展特性的不同而有不一样的表现。

因此,概括地讲,产业集聚的类型可以分为:传统型产业集聚(例如第三意大利现象中的产业集聚,还有一些传统工艺品生产制作的产业集聚等,其不参与大市场背景下产业价值链的国际分工)和发展型产业集聚(参与大市场背景下价值链的国际分工,诸如专业化产业集聚,创新型产业集聚等)。需要注意的是,传统型的产业集聚也会发生变化,一旦该产业变成国际性产业,则它很可能因此会转变成发展型的产业集聚。

2.3.3 产业集聚机制演变

新形势下的最近10年,产业集聚机制也在发生演变,以沿海地区为例,可以看出新的三种集聚。

1. 第一阶段:传统制造业的集群机制(马歇尔外部性)

以浙江为主的传统制造业的集群机制还是延续传统,其取决于上下游产业链的丰富程度,如中山市古镇灯饰业、桐乡羊毛衫市场、温岭县横峰鞋业市场等,小的商品集群依靠众多上下游企业在空间上集中在一起,大的商品或无法标准化、规模化生产的商品制造更可能是一个集团内部完成分工合作。如协鑫集团、浙江石化(舟山鱼山岛)、山东孚日。

上下游产业链是逐步形成的,靠时间上的累积。产业集群生态圈的空间受益范围,从产业链的空间看,一般以200公里之内为主;从知识溢出的受益范围

---

[1] 王楠. 东北经济区产业转移研究[D]. 长春:东北师范大学,2009.

看,一般在邮政编码区以内。应注意的是,强链补链不应局限于一个城市内部,应着眼于城市外部空间范围。

2. 第二阶段:总部经济式的产业集聚机制

近年来,"总部经济"作为一种新的经济形态,能够促进产业结构优化升级、提高自主创新能力、推动区域统筹协调发展。总部经济式的产业集聚机制,也可以视为在一个地理空间上集中于某一地区并结成相互关联、相互合作、相互竞争的网络结构的一种现象。如合肥高新区,就成功引进了腾讯(合肥)智慧产业总部基地、中科星图数字地球全球总部项目、元气森林华东区域总部等。总部经济式的产业集聚机制,正在成为推动合肥高质量发展的强劲引擎。

3. 第三阶段:数字经济引领与全球创新网络化、隐性化

块状经济它是怎么发展起来的呢?举个例子,这种商业模式是在网上下订单,例如我今天在网上下单要给小孩子买一双几十元钱的鞋子。商家效率很快,他在这一天里面要把这双鞋子生产出来,他在整个市场上当场联系,仓库里面若有相应的材料,材料就会送过来,商家一天内就把鞋子做好。这个商业模式的成功取决于中间投入品在一个有限的地理范围里面随时可得,打个电话就可以送过来。

我们知道,上汽大众是国内规模最大的现代化轿车生产基地之一,目前已经形成了以上海嘉定安亭为总部,包括嘉定、南京、仪征、宁波、乌鲁木齐、长沙六大生产基地的发展规模。其中,上海大众第六工厂在宁波杭州湾新区落户,带动慈溪、宁波乃至浙江省一大批上下游汽车产业链零部件企业为其配套,如协鑫集团、浙江石化、山东孚日等。宁波杭州湾新区管委会有关负责人表示,汽车整车及关键零部件产业是宁波杭州湾新区重点培育和扶持的主导产业之一,也是引领新区转型升级的龙头产业之一。

从产业链的空间来看,产业集聚生态圈的空间受益范围一般以 200 公里以内为主。200 公里或者 250 公里区域的城市其实就是一个城市群的概念,在招商引资时,企业对产业链要负责,特别是面对国际形势的不确定性,主要依靠中国企业的产业链,中央要提出相应政策。企业的产业链不局限于一个城市的内部,产业链事实上是一个城市群范围内的强链补链,而不是城市范围内的强链补链。

目前,杨浦区正大力推动数字经济与实体经济深度融合、整体转型,打造"一带、一区、一圈"数字经济地标。其中,"一带"指的是"长阳秀带"在线新经济生态园,瞄准在线新经济产业首选地,力争到 2025 年集聚 3 000 家以上创新型企业,

产业规模超过 3 000 亿元。"一区"即大创智数字创新实践区,全力打造上海东北区域的服务业数字化的新地标和样板间。"一圈"即环同济知识经济圈,以数字化助推传统设计产业转型升级,加速形成上海"设计之都"核心功能区和世界级创意产业核心区。

20 世纪末,一批来自同济大学最强学科的师生陆续在赤峰路和国泰路上开起了设计公司,"设计一条街"的名号自此打响。当然,从知识溢出的受益范围来看,环同济设计圈地理空间的确是很狭窄的范围,仍属于局部地理空间上的集聚知识溢出。依托数字经济,引领"环同济设计圈"到"环同济知识经济圈"演变,通过数字经济推动创新网络化和隐性化。

2.4 市场结构、产业集聚与产业规模结构效率

2.4.1 市场结构与分类

1. 市场结构概念

一般来说,市场结构是指企业在市场中所处的竞争环境,并有狭义和广义之分。狭义指买方构成市场,卖方构成行业。广义是指一个行业内部买方和卖方的数量及其规模分布、产品差别的程度和新企业进入该行业的难易程度的综合状态,也可以说是某一市场中各种要素之间的内在联系及其特征,包括市场供给者之间(包括替代品)、需求者之间、供给与需求者之间以及市场上现有的供给者和需求者与正在进入该市场的供给者和需求者之间的关系。

市场结构构成要素包括三方面,分别是市场主体、市场格局和市场集中度。其中,市场主体由供给者和需求者共同构成,双方平等,无主次之分,缺一不可;市场格局主要有固定、流动、网络、电话各种表现形式。市场集中度,又称行业集中度,是指某行业的相关市场内前 N 家最大的企业所占市场份额(产值、产量、销售额、销售量、职工人数、资产总额等)的总和,是整个行业的市场结构集中程度的测量指标,用来衡量企业的数目和相对规模的差异,是市场势力的重要量化指标。其中,影响市场集中的三个指标是产品款式变化、产品差异化和广告支出。三个相互关联指标也可能有助于解释市场集中程度。

2. 市场结构分类

市场结构一般是按照四个标准来划分的,分别是市场上厂商的数目、厂商之间各自提供的产品的差别程度、单个厂商对市场价格的控制程度和厂商进入或退出一

个行业的难易程度。根据四个标准,市场结构可以分为四种类型,分别是完全竞争市场(Perfect Competition)、垄断竞争市场(Monopolistic Competition)、寡头垄断市场(Oligopoly)和完全垄断市场(Monopoly)。

其中,完全竞争市场竞争最为充分,完全垄断市场不存在竞争,垄断竞争市场和寡头垄断市场具有竞争但竞争又不充分。按竞争性由强到弱划分,则如图2.5所示。

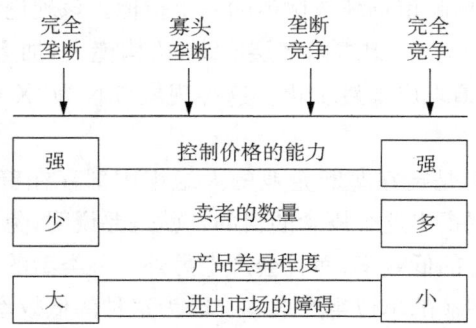

图 2.5　市场结构四种形式

2.4.2　市场结构与产业规模结构效率

1. 市场结构与企业绩效

1) SCP 分析模型

SCP(Structure-Conduct-Performance)分析模型,即结构—行为—绩效模型,由美国哈佛大学产业经济学权威贝恩、谢勒等人建立于 20 世纪 30 年代。

SCP 模型提供了一个既能深入具体环节,又有系统逻辑体系的市场结构—市场行为—市场绩效的产业分析框架。SCP 框架的基本含义是,市场结构决定企业在市场中的行为,而企业行为又决定市场运行在各个方面的经济绩效。对一个市场要进行分析,因为不同的市场结构(四种类型)中,企业有不同的策略,并影响企业不同的绩效。如完全竞争市场和完全垄断市场就是不同的市场结构,并决定不同企业在市场的作用和影响力。当然,我们一般都假定买方处于完全竞争,完全竞争市场是理想的市场研究基础。

可以看出,对市场结构进行分析,有助进一步提升产业结构升级路径,需要分析不同市场结构下的产业集聚,无论是完全竞争,还是寡头垄断,都要进一步面对产业规模结构效率的改进。

2) X-非效率

除了四种市场结构影响企业绩效,企业的规模大小也与利润率在某种程度存在着正相关关系,但并不是说企业的规模越大越好。理论研究和实践经验都表明,规模经济中的"规模"是有"限度"的规模,只有在此限度内,企业的效益才随规模的增大而提高,超过此"限度",企业的效益反而会随规模的增大而降低。

哈佛大学莱宾斯坦于1966年提出X-非效率(X-inefficiency)理论,也称内部低效率理论,它是反映市场绩效优劣的一个指标。该理论认为,垄断性大企业由于外部市场竞争压力小,组织内部层次多、机构庞大,加上所有权和控制权的分离,他们往往并不追求成本最小化。这种现象统称为"X-非效率",它与"X-效率"相对应。

所谓X-非效率,是指在垄断企业的大组织内部存在着资源配置的低效率状态。莱宾斯坦教授提出这个概念的目的,"就是要说明,免受竞争压力的保护,不但会产生市场配置的低效率,而且会产生另外一种类型的低效率:免受竞争压力的厂商明显存在超额的单位生产成本。因为这种的低效率的性质当时尚不明了,所以称为X低效率"。

2. 产业规模结构效率

产业规模结构效率也称产业组织技术效率,反映产业经济规模和规模效益的实现程度。它主要体现产业内达到最佳经济规模企业的比重,以及企业规模能力有效利用程度。产业内企业规模经济性的实现可以分为如下三种状态:

(1) 低效率状态:未达到规模经济要求的企业是市场的主要供应者。

(2) 过度集中状态:市场的主要供应者是超过经济规模的大企业。

(3) 理想状态:市场的主要供应者是达到和接近经济规模的企业。

可以看出,产业规模结构效率既与产业内单个企业的规模经济水平或产业集聚等密切相关,也反映出产业内企业之间分工协作水平的程度和产业集聚的效率。其主要用达到或接近经济规模的企业产量占整个产业产量的比例,以及垂直一体化的企业产量占流程各阶段产量的比例来反映产业内经济规模的实现程度。规模经济通常是指产品的单位成本随着规模即生产能力的提高而逐渐降低的规律。规模经济可分为产品规模经济、工厂规模经济、企业规模经济和产业规模经济等四个层次。在产业组织理论中,重点考察的不是某个具体企业的规模经济,而是指整个产业的规模经济,但产业规模经济又是与产品、工厂和企业的规模经济状况密切相关的。

一般来说,规模经济是经济发展的必然结果,其产生有其历史的必然性。从发达国家的经验及现状来看,虽然20世纪70年代以来不断地涌现小企业发展浪潮,但目前居主导地位的依然是那些大型的企业及企业集团。一方面,其与产业结构升级有关,如头部企业,率先推进从劳动密集型到资金密集型,以及技术密集型的升级;同时,另一方面,市场竞争加剧和资本有机构成提高等,都促进产业规模提升。

当然,产业集聚的头部企业也会存在X-非效率现象,其主要原因可能是:①企业内不同集团的利益目标不一致;②企业规模扩大导致组织层次增加、信息沟通的数量和质量下降,从而使企业的管理成本上升、效率下降;③垄断企业在没有竞争压力的条件下,缺乏成本最小化的动力等。

2.4.3　大都市产业集聚的成因分析

当前,从宏观背景,到消费人群,以及微观产品消费都在悄然发生变化,并影响着大都市的产业集聚。大致可以从以下三个方面分析。

1. 经济背景发生变化,消费拉动和国内大循环促进经济发展

改革开放40多年来,国内经济在经历高增长后,近年来步入换挡的L型经济周期新常态,即长期保持低增长经济发展状态。原有以"增量"为基础的高增长积累和消费模式发生变化,转向追求生活质量、自我尊重和个体自我实现等的"高质量"发展的模式。与此同时,如图2.6所示,投资、出口和消费三大需求对国内生产总值增长的贡献也发生变化,消费支出占比超过投资和出口,可看出当下国内大循环的重要性。

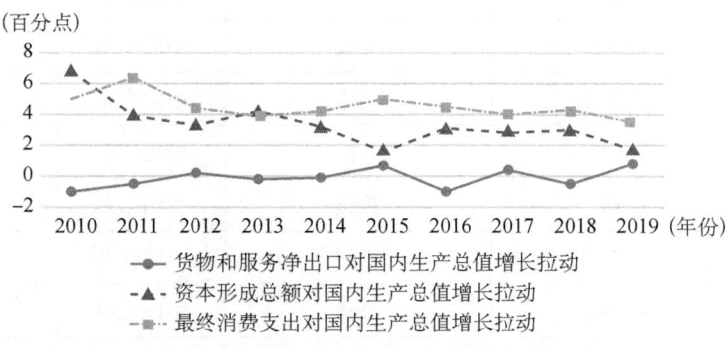

图2.6　投资出口和消费三大需求对国内生产总值增长的贡献

2. 消费人群发生变化,年轻人崛起,Z世代成为消费新力量

所谓"Z世代",定义为1998—2014年出生的人群。根据最近国内人口统计

数据,Z 世代大约有 2.8 亿人,这个数量相当于美国全体人口的 85%,相当于 2 个俄罗斯的人口。Z 世代和"70 后""80 后"最大的不同,就是他们对国产名牌的理解与后者相比有着巨大的不同。与"70 后"物资匮乏,"80 后"喜欢外国品牌不一样,Z 世代年轻人群经历国民经济快速发展的时期,如从"非典"的成功应对到北京举办奥运会,从中国制造到中国创造,以及 5G 技术突飞猛进,见证了祖国一个个伟大时刻。他们最大特点之一就是崇尚国货,并不排斥中国制造,而是更看重性价比,并对国货有很高的好感度。

3. 国产品牌和国货潮兴起

伴随中国作为世界工厂的供应链实力,也就是中国代工厂的实力提高,国产品牌和国货潮兴起。如国货正在从"做贴牌"到"做品牌",品牌创新力量逐步崛起。2021 年天猫"618"大促期间,京东、淘宝等平台 TOP100 品牌中,83 个是国牌,快消领域"洋品牌"垄断被打破,部分品牌如表 2.2 所示。

表 2.2 京东、淘宝等平台 TOP20 品牌

序号	品牌	品类	地区	销售指数
1	iQOO	数码家电	中国广东	100.00
2	添可	数码家电	中国江苏	52.21
3	Ubras	服饰	中国北京	47.14
4	realme	数码家电	中国广东	44.29
5	花西子	美妆	中国浙江	41.82
6	colorkey	美妆	中国广东	39.36
7	完美日记	美妆	中国广东	38.58
8	usmile	个护	中国广东	27.25
9	夸迪	美妆	中国山东	18.60
10	UNNYCLUB	个护	中国江苏	17.23
11	bebebus	母婴	中国上海	16.71
12	roborock	数码家电	中国北京	16.19
13	认养一头牛	食品	中国浙江	15.85
14	Canesten 凯妮汀	家清	德国	15.45

续表

序号	品牌	品类	地区	销售指数
15	大力智能	母婴	中国北京	15.28
16	元气森林	饮料	中国北京	12.93
17	王小卤	食品	中国北京	12.86
18	且初	个护	中国上海	12.70
19	PMPM	个护	中国上海	12.65
20	HAIR RECIPE	个护	日本	12.56

可以看出，新消费时代与新主力人群叠加，为中国带来了"国潮崛起"的新机会。根据《百度国潮骄傲大数据》显示，2009年国内消费人群购买海外品牌占62%，购买国产品牌只占38%。这个比例到2019年就发生逆转，其中国产品牌扩大至70%，如图2.7、图2.8所示。根据2019年天猫"618"大促期间数据统计，589个国货美妆成交额增长大于100%，其中有183个增速超过1 000%。可以看出，中国未来必然要通过发展"新文化产业"，变"产品输出"为"文化输出"，推动内需和消费经济发展。

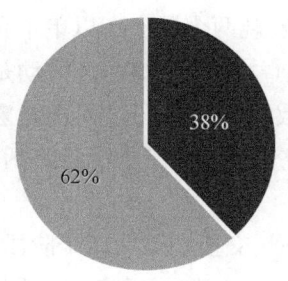

图2.7 海外和国产品牌变化(2009年)

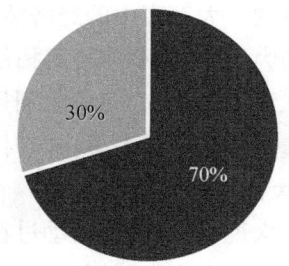

图2.8 海外和国产品牌变化(2019年)

第 3 章
产业集聚与大都市经济活动
——以上海为例

3.1 大都市经济活动与产业集聚

3.1.1 大都市经济活动基本概念和活动过程

1. 大都市经济活动基本概念

大都市经济活动是典型的以生产和消费为主体的人类经济活动,包括生产、流通、交换和消费的整个过程,涵盖了商品流、物质流、信息流和人口流,并把大都市居民点、生产服务设施、交通运输点以及金融等经济活动中心连接在一起而形成的一个经济活动系统。这一系列的经济活动时刻都在大都市内部有序进行着。[1]

大都市集聚形成以来,人类活动涉及政治、经济、社会和文化活动等,其中经济活动是人类最重要的一项活动,基本形态是由农业经济到工业经济再向知识经济过渡的。大都市中的经济活动包括微观和宏观两个层次。以单个企业的价格和市场为约束,并利用特定稀缺资源以达到利益最大化的经济活动是微观经济活动。而国民收入、总资源利用和总价格指数决定构成的过程则是宏观经济活动。产业和产业集聚等将同时面对这两种经济过程,属于中观经济活动范畴。

2. 大都市经济活动过程

一般来说,都市经济活动过程包括生产、流通、交换和消费四个阶段,它们相互连接形成一个完整封闭的经济循环。无论是一个企业、一个地区,还是不同产业都会经历这一过程。当然,这个过程首要的环节是生产,作为生产的要素主要包括劳动、资本和资源。

在一个经济过程中,资源是被操作的对象,资本用来购买设备和原材料,劳动力则将原材料加工成产品。经过利益分配后各得其所,资本赚取利息,资源被加工成产品,工人获得工资,企业主赢取利润。产品经过流通进入市场中,通过

---

[1] 傅雪清.区域产业配比分析方法与应用[D].重庆:重庆工商大学,2010.

购买(包括国家购买、企业购买和个人购买)转入消费,从而完成经济循环。[1]

如图3.1所示,围绕这一循环过程,出现了产业活动过程,也可以认为是一种物质单方向流动的(表现为"资源—生产—流通—交换—消费—废物排放")线性经济活动形式,当然,随着绿色、低碳等循环发展战略的提出,传统的单向物质流动的线性经济活动逐渐被一种循环经济所替代。

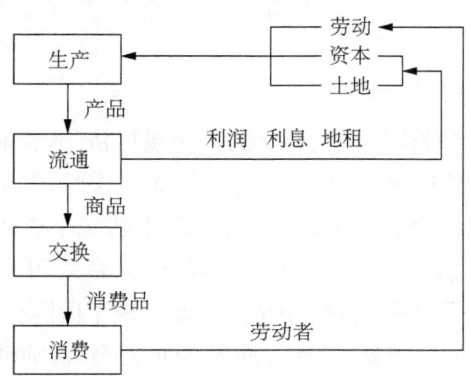

图3.1 都市传统经济活动过程

由于都市经济活动的生产、流通、交换和消费各环节所需区域(地理)位置是不一样的,相对来说,大都市更容易形成产业集聚,并满足完整的生产、流通、交换和消费的需求。例如,作为我国重要钢材来源地的上海,在近一个世纪前,其钢铁产业是根据当地市场的需求逐步形成和发展起来的。从钢铁产业结构的历史基础来看,有几个有利因素仍然可以继承和利用:①借鉴已经出现的早期工业和天然港湾;②与机械工程、化工、轻纺等行业合作关系较为密切,形成了较为合理的工业地域组合,具有较强的工业生产潜力;③当地市场大;④上钢三厂等单厂选址还是比较合理的,这无疑有利于未来的发展。[2]

3. 大都市经济活动特征

大都市拥有良好的适合经济活动的空间位置,主要经济活动特征如下。

1) 都市经济活动利益最大化

追求最大利益是大都市经济活动最主要的目标。当然,这里的利益是一个

---

[1] 伏洋,张国胜,颜亮东,等.青海省农业结构调整与发展循环经济的途径[J].安徽农业科学,2009,37(27):13267-13270.

[2] 杨万钟,陆心贤,沈玉芳.关于上海钢铁工业合理发展与布局问题初步研究[J].经济地理,1984(1):21-27.

综合的概念,包括经济利益、社会利益和可持续发展的利益等。因此,无论是企业还是产业,在进行都市经济活动布局与安排时,首先应以达到最大的经济活动利益为目标。

2) 都市经济活动的"生产、流通、交换与消费"四阶段的统一协调

在大都市经济活动中,通常要综合考虑经济活动的原材料、燃料的来源和市场需求,综合考虑生产、流通、交换、消费等各个环节,协调顺畅,平衡地可持续发展。

3) 都市经济活动部门分工

亚当·斯密的"绝对优势理论"认为,在市场经济中,受利益驱动的微观经济主体,主观上为自己服务,客观上为社会运作而工作时,能够同时获得个人利益和社会利益。实现这一目标的方法在于,社会中的每个微观经济参与者根据自己的优势和专长,去进行专业化生产和市场交易,最终可实现社会福利的最大化。当这种生产和交易的规模超出国界时,便出现了国际分工和国际贸易。[1]

大都市经济活动的部门分工特征,是指不同类型经济活动之间、类似经济活动的不同部门单位之间和同部门内部更低一级的经济活动组织之间在数量、质量和区位上的相互联系和制约的关系。如在第一产业的农业部门内部存在如粮、棉、油等生产部门之分,它们之间就存在着密切的相互联系和相互制约的关系。

3.1.2 大都市产业经济活动功能特征分类

都市经济活动的功能分类法是根据经济活动在产业发展中的地位、作用及相互关系将经济活动划分为以下五类:主导产业经济活动、支柱产业经济活动、基础产业经济活动、关联产业经济活动和潜在引导(潜导)产业经济活动。

(1) 主导产业经济活动意为处于主导的支配地位、对都市经济增长起引导和带动作用的经济活动。如上海的汽车制造业、医药产业等。

(2) 支柱产业经济活动是指在产业经济增长中占比重较大或对总量扩张影响大的经济活动。如上海的汽车零部件产业。

(3) 基础产业经济活动包括为促进经济增长及社会发展、为人民提供公共服务的经济活动。其中最主要的是生产性的基础产业经济活动。如生产服务业。

(4) 关联产业经济活动是由于配合和围绕主导产业的经济活动从而发展起来的经济活动,由于在投入、产出、技术上存在交集与重合,其与主导产业经济活

---

[1] 刘玮.东营市龙居镇产业结构调整研究[D].山东:中国石油大学,2008.

动联系紧密。

(5) 潜在引导产业经济活动是目前作用不大但在将来发展潜力比较大的经济活动。

基于功能分类的经济活动分类体系如图 3.2 所示。

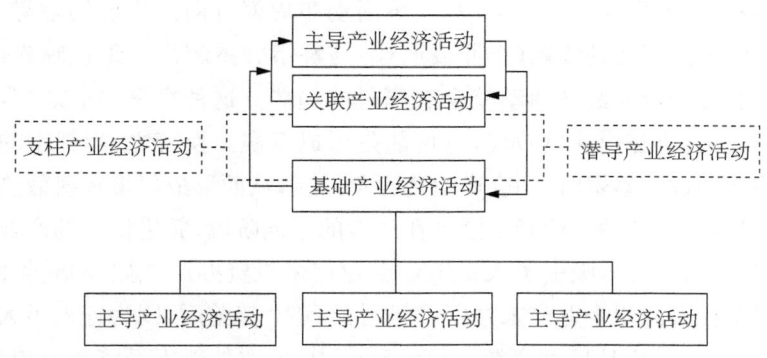

图 3.2　大都市经济活动分类

3.1.3　大都市经济活动对产业集聚的影响

1. 大都市经济活动的规模经济与规模不经济

大都市经济活动的规模经济是经济活动为追求规模经济而天然具有规模扩大的趋势。这种规模的扩大除了数量上的增加外,还也包括质量上的提高、品牌的提升等。大都市经济活动的规模经济涉及两种情况,规模经济现象和规模不经济现象,前者即因为生产活动的规模扩大而导致的平均成本降低,因而产生规模经济效益。后者是指伴随着经济活动规模越来越大,出现平均成本上升,此时不再存在规模经济效益。

从根本上说,大都市经济活动能形成规模经济的原因,具体地表现为以下几方面的情况。

(1) 和任何经济活动一样,规模扩大能带来劳动熟练程度的提高,简化生产步骤,并促进标准化、专业化生产,从而降低管理人员的比例等。

(2) 规模扩张以后,企业将有可能利用大批专业化的机器设备,同时采用更先进的技术和更便宜的生产要素去生产,从而大大提高劳动生产效率。

(3) 规模扩大之后,企业有可能享受采购和销售方面的便利,如现在医药采购流行的"集采(集中采购)"一样,降低单位产品成本。

(4) 规模经济能在更大的市场中分摊推广费用,包括品牌效应和商标保护等都可以节省成本,从而形成规模效益。

2. 大都市经济活动与产业集聚

可以看出,都市经济活动集聚是一种空间现象,同时也是一个集社会、经济、文化于一体的复合体。都市经济活动集聚现象一般多发生在区域开发建设初期,当经济活动汇集到一定程度后,经济活动布局就有向外辐射的趋势。当然,也可以解释为经济活动集聚(企业或产业)与都市关系超出了最佳临界值时,都市相关企业或产业的经济活动就会有辐射的趋势。这种集聚辐射效应,有很多种表现形式,可以是边际负效应,也可能是形成双赢。换言之,当都市的某产业集聚经济活动过度集聚时,便会产生边际负效应,从而形成集聚辐射效应。这种辐射,也包括都市各种工业开发园区在建设的早期阶段,凭借优惠的产业政策和良好的基础设施条件,吸引了大量工业企业前来投资办厂。如2000年前后,上海就吸引了很多温州企业前来办厂。但到了2010年前后,因为迁入了太多的企业,大大超出了城市环境和资源的可承受能力,导致外部不经济现象出现,最后一些企业不得不改变生产对象或放弃开发园区,经济活动的空间辐射随之形成。所以,对于都市经济活动的集聚辐射,不仅要好好把握集聚经济规律,尽可能地贴近或增强与之在原料、产品、经济、劳动力、技术等方面存在经济联系的经济活动,从而得到更多的集聚经济效益;而且也要注重集聚的程度与规模,避免集聚的不经济现象的发生。当然,各种影响因素对都市经济活动的影响是不同的,有些表现为主要的,有些表现为次要的。各经济活动个体受利益最大化的驱使,通常会向对自身经济活动最有利的城市汇聚或靠近,这样主导因素的变化会影响经济活动的布局。

3. 影响大都市产业集聚的重要因素

1) 科学技术因素成为影响大都市产业集聚的重要因素

根据传统观念,即从生产力的要素(劳动者)和生产资料(劳动对象和劳动工具)来看,现代化,主要是指"物",且往往是以物质商品的生产为标志,再辅以机械化、自动化等条件。现在由于这场新技术革命带来的信息化,整个社会要想获得发展将必须以信息价值为中心。生产力发展高低的衡量标准,将不仅仅是实实在在的产量、产值,而是要看知识、信息的拥有量。[1]

这样一来,在产业布局中,越来越多的劳动、资源密集型产业将转化为技术、

---

[1] 蔡靖方.技术进步对产业布局的影响——《经济地理学导论》学习辅导[J].高等函授学报(自然科学版),1994(6):31-35.

知识的密集型产业;占主导地位的物质经济和具体经济将被知识经济和以知识进行服务的经济所替代。因此现今知识、智能和科技对产业结构的影响越来越大。

2) 为何选择大都市集聚的方向——合理产业布局

大都市有合理的产业布局,并能充分、合理开发和利用各地区资源等。同时,新的技术革命的发展、突破,以及众多新技术的迅速采用,使原来劳动密集型产业转化为知识、技术密集型产业成为现实。开展新技术革命,推广多种开发技术并快速推广实施;原本以重大、粗笨特征为主的产品,也将被轻薄、精密产品所取代。这种变化必然会影响对各种自然资源利用价值的评估和开发利用方向的变化。[1] 如 2022 年国家公布的 4 762 家专精特新"小巨人"企业培育名单中,上海有 262 家,占总数的 5.5%,居全国各城市之首,如表 3.1 所示。可以看出,大都市更加适合科技和新兴技术企业集聚。

表 3.1 上海"小巨人"企业数量分布(2022 年)

区域	"小巨人"企业数量(家)	区域	"小巨人"企业数量(家)
浦东新区	64	徐汇区	8
松江区	39	长宁区	8
闵行区	36	普陀区	4
嘉定区	32	宝山区	3
金山区	23	虹口区	3
杨浦区	16	静安区	3
青浦区	12	黄浦区	2
奉贤区	8	崇明区	1

3) 技术趋势影响都市产业集聚的演变

原来人们对地区产业结构是否最优化的衡量标准,往往总是以传统资源禀赋因素为主。在世界新技术革命的影响下,一些发达国家的钢铁、橡胶、造船等一批传统重工业在走下坡路;而一些如芯片、电子、光伏和光导纤维、新材料、生物工程等知识和技术密集型的新兴产业日益成为产业群的核心。我们能预计未来衡量区域产业结构优劣的标准是地方知识和技术信息资源是否得到充分开发

---

[1] 王铭,朱专法.高技术工业与我国生产力布局[J].人文地理,1989(3):23-27.

和合理利用,地方产业是否朝着知识和技术密集型产业的方向发展。[1]

3.2 上海产业集聚形成与全国对比

3.2.1 上海产业集聚的形成

1. 上海城市发展定位和发展方向

1) 上海的发展目标

上海是位于长三角世界级城市群的核心城市,是集金融、科技创新、国际经济与贸易、航运和文化中心于一体的一线大都市,国家历史文化名城。根据《上海市城市总体规划(2017—2035 年)》[2],上海发展目标是到 2035 年建成具有全球影响力的社会主义现代化国际大都市,建设理想的集创新和人文于一体的生态之城。

集创新和人文于一体:建成具有全球影响力的科技创新中心、具有人文底蕴和时尚魅力的国际文化大都市。

生态之城:坚持节约资源和保护环境的基本国策,进一步完善空间、资源、环境和基础设施,筑牢城市生态安全壁垒,持续提高城市的适应能力和韧性,使上海成为可持续发展的绿色低碳国际先行者。

规划还提出了人口分布、经济布局、环境保护、土地利用、基础设施等空间规划的总体措施,包括空间、规模、产业三大主体结构的总体规划。并按照"目标—指标(战略)—战略"的逻辑框架,按照发展规划实施政策和机制,确保城市总体规划的有效实施。[3]

2) 上海城市层级体系

根据《上海市城市总体规划(2017—2035 年)》,上海市域分为四个层级。

第一层级:城市主中心。规划虹桥、川沙、宝山、闵行 4 个主城片区,其中重点发展金融服务、经济、商务办公、文化娱乐、创新创意、旅游观光等功能,以发挥全球城市的首要功能。

第二层级:主城副中心。规划 9 个主城副中心、5 个新城中心和 2 个核心镇中心,建立城市综合服务中心,履行全球城市的部分功能。

---

[1] 石培华,黄炎.解读各国新经济政策[M].贵州人民出版社,2001.
[2] 上海市人民政府.上海市城市总体规划(2017—2035 年)[EB/OL].(2017-12-15)[2022-07-01]. http://www.shanghai.gov.cn/newshanghai/xxgkfj/2035002.pdf.
[3] 林静远.超大城市国土空间规划的编制[J].中国土地,2020(5):17-19.

9个主城副中心：江湾—五角场、川沙、真如、花木—龙阳路、吴淞、张江、金桥、虹桥、莘庄。

5个新城中心：嘉定、松江、青浦、奉贤、南汇5个新城内分别设置新城中心。

2个核心镇中心：金山滨海地区和崇明城桥地区设置核心镇中心。

其中，5个新城的定位如下。

嘉定新城：以汽车研发和制造为核心产业，打造辐射服务长三角、具有独特人文魅力和科技创新力的现代生态友好型园林城市。

松江新城：以战略性新兴产业、服务经济和文化创意产业为支撑，以科教、创新为驱动，这座充满现代活力的城市将成为具有上海历史文化底蕴的集旅游度假和高等教育于一体的重要基地。

青浦新城：以商务贸易、创新研发、旅游休闲为支撑，打造具有江南历史文化底蕴的生态水乡和现代湖泊小城。

奉贤新城：建设具有独特环境价值和科技创新能力的宜居低碳的智慧城市。

南汇新城：建设沿海城市，以先进的制造、航运贸易和海洋产业为支撑，并在自由贸易体制、产业技术创新和智慧文化创新方面进行实验性改造和创新开放。

第三层级：地区中心。随着经济增长和区域人口增长，在主城区、新城以及部分新市镇根据轨道交通站点和枢纽情况设置地区中心，实现公共服务和就业的均衡分布。

第四层级：社区中心。将生活圈作为公共社区资源共享和社区管理的基本单位，计划在每个生活圈内创建社区服务中心，提高人民生活品质。[1]

3）上海产业发展方向

根据上海的城市性质以及未来实现上海2035年的发展目标，以产业发展为主导，推动城市产业向着高端化、高效化、集聚化、服务化、低碳化方向发展。着力建成具有全球影响的科技创新中心，加快构建以科技创新驱动和战略性新兴产业为指引、现代服务业为主体、先进制造业为支撑的新型产业体系。[2]

---

[1] 上海市人民政府. 上海市城市总体规划（2017—2035年）[EB/OL]. (2017-12-15)[2022-07-01]. http://www.shanghai.gov.cn/newshanghai/xxgkfj/2035002.pdf.

[2] 曹宗旺. 转型发展背景下的城市规划理念思考与转变——以上海松江区为例[R]. 东莞：中国城市规划年会，2017.

1）以科技创新与战略性新兴产业引领

结合新兴技术和新兴产业，所打造的产业具有以下特征：技术含量高、带动能力强、市场潜力和综合效益大，在技术上实现重大突破，满足经济长远发展的需要。

依据《战略性新兴产业分类（2018）》（国家统计局令 第 23 号），战略性新兴产业包括：节能环保产业、新一代信息技术产业、生物产业、高端装备制造产业、新能源产业、新能源汽车产业、新材料产业、数字创意产业、相关服务业九大板块。[1]

其一，节能环保产业。从第 23 号文件可以看出，重点开发推广高效节能技术装备及产品，实现重点领域关键技术突破，带动能效整体水平的提高。当前，碳减排形势非常严峻，"十三五"时期，由于受技术研发滞后、边际效应递减、降低能耗强度等因素影响，节能减排降碳潜力难度进一步加大。为此，急需加快资源循环利用关键共性技术研发，包括示范推广先进环保技术装备及产品、提升污染防治水平等。

其二，新一代信息技术。如加快建设宽带、数字、融合、安全的信息网络基础设施，推动新一代移动通信，并着力发展集成电路、高端工业软件、云服务器等核心科技和基础产业。

其三，大力发展生物技术药物、新型疫苗和诊断试剂、化学药品和现代中药等创新药物，并推进优质医疗器械等产品的研发，以预防和治疗重大疾病、改善生物产业状况。推进生物农业快速发展。推进关键生物制造技术的开发、示范和应用。加快海洋生物技术和产品的研制。[2]

其四，高端装备制造业。注重发展航空航天装备，特别是干线、支线飞机和通用飞机，做大做强航空产业。充分鼓励空间基础设施建设，支持卫星及其有关部门的发展。依托客运、城市轨道交通等重点工程建设，强化轨道交通装备建设。大力推广海洋工程装备以解决海洋资源开发问题。[3] 全面推广数字化、柔性化和以系统集成技术为核心的智能制造装备。

其五，新能源产业。全面发展新一代核能技术和先进反应堆，促进核能产业

---

[1] 国家统计局.国家统计局令 第 23 号：战略性新兴产业分类（2018）[EB/OL].（2018-11-26）[2022-03-23]. http://www.stats.gov.cn/tjgz/tzgb/201811/t20181126_1635848.html.

[2] 国务院.国务院关于加快培育和发展战略性新兴产业的决定[EB/OL].（2010-10-18）[2022-07-01]. http://www.gov.cn/zwgk/2010-10/18/content_1724848.htm.

[3] 田茂永.下一个蓝海[J].首席财务官，2010(11)：42-51+12.

发展。加快太阳能热利用推广应用,开拓太阳能光伏光热发电市场。提高风能技术装备水平,促进风能发展规模化,加快建设适应新能源发展的智能电网和操作系统。

其六,新材料产业。大力发展稀土功能材料、高性能膜材料、特种玻璃、功能陶瓷、半导体照明材料等新型功能材料。积极发展高品质特殊钢、新型合金材料、工程塑料等先进结构材料。提升高性能纤维如碳纤维、芳纶、超高分子量聚乙烯纤维等及其复合材料发展水平。同时开展纳米、超导、智能等共性基础材料研究。

其七,新能源汽车产业。着力突破动力电池、驱动电机和电子控制领域关键核心技术,推进插电式混合动力汽车、纯电动汽车推广应用和产业化。同时,开展燃料电池汽车相关前沿技术研发,大力推进高能效、低排放节能汽车发展。

其八,数字创意产业。数字创意产业是将现代信息技术与文化创意产业融合,主要运用现代数字技术,通过技术、创意和产业化的方式进行数字内容开发、视觉设计、策划和创意服务等。目前数字创意产业在会展领域、虚拟现实领域等产品可视化领域有良好的应用和发展。[1]

其九,相关服务业。如商务服务业、计算机服务业、软件服务业、推广服务业等。

2] 以现代服务业为主体

主城区优先发展高端生产性服务业和高附加值都市型工业。根据2012年2月22日科技部发布的第70号文件,现代服务业是指以现代科学技术(特别是信息网络技术)为支撑,建立在新的商业模式、服务方式和管理方法基础上的服务产业。它既包括新兴服务业态,也包括对传统服务业的提升。

现代服务业的九大类采用了世贸组织的服务业分类标准,这九大类别是商业服务,电讯服务,建筑及有关工程服务,教育服务,环境服务,金融服务,健康与社会服务,与旅游有关的服务,娱乐、文化与体育服务。

3] 以先进制造业为支撑

确保先进制造业实力,开发并实施科技创新。集中发展郊区先进制造业,培育更多先进的世界级生产集群。长期以先进制造业集中的工业区为中心,形成

---

[1] 上海市人民政府. 上海市城市总体规划(2017—2035年)[EB/OL]. (2017-12-15)[2022-07-01]. http://www.shanghai.gov.cn/newshanghai/xxgkfj/2035002.pdf.

代表制造业最高水平的产业基地。[1]

4］上海国际金融中心集聚的持续推进

随着两大国家战略——上海国际金融中心建设和"长三角一体化"的推进，上海国际金融中心的"集聚效应"日益凸显。伴随1990年4月18日，国务院正式宣布开发开放浦东，经济技术开发区和某些经济特区的政策在浦东实行。过去30年间，浦东新区工业总产值翻了近60倍。如金桥汽车和5G、陆家嘴金融、外高桥保税区和张江生物医药等特色产业园区快速发展，相关产业集聚效应得到进一步加强。

在"浦东开发金融先行"的第一年，上海证券交易所便进驻开业。如今，上海证券交易所已发展成为拥有股票、债券、基金、衍生品四大类证券交易品种的综合型证券交易所，建立了保障上海证券市场规范有序运作的自律监管体系。在上海证交所的见证下，浦东的金融要素市场逐渐丰富、金融机构逐渐集聚、全球金融交易也越发活跃。在新区助力下，上海几乎囊括了全中国的所有金融市场要素，成了全国金融中心，如图3.3所示。

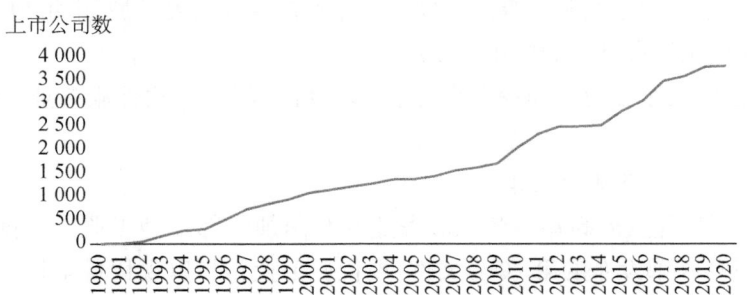

图3.3　1990—2020年在上海证券交易所上市的公司数量

金融业的发展为浦东带来了产业升级与人口集聚效应，开放的政策则塑造了浦东面向国际、引领全国的地位。数据显示，近年浦东区的新增外资公司占新增公司的比例超过了其他大部分区。这一占比在浦东开发之初非常之高（1991、1992与1994年均超过10%），说明浦东的开放从一开始就落到实处；30年来，外资企业新增平均占比为3.36%，也高于上海整体水平（近1年上海的外资注册占比不到1.5%）。新增的外资企业带来了集聚效应与产业升级，推动了浦东

---

[1] 上海市人民政府. 上海市城市总体规划（2017—2035年）[EB/OL]. (2017-12-15)[2022-07-01]. http://www.shanghai.gov.cn/newshanghai/xxgkfj/2035002.pdf.

企业的不断发展与壮大,也反过来致使这一占比逐年下降。短短 30 多年,浦东从当年注册企业总数 1 948 家(1990 年),到 2020 年注册数量增长到 382 515 家,翻了近 200 倍。

2. 上海产业集聚形成助力与上海重点发展的产业

1) 上海产业集聚形成助力

上海的发展规划是要发展科技创新与战略性新兴产业、现代服务业、先进制造业,要形成和发展这些产业集群,需要各个主体之间相互联系和共同合作。

(1) 发挥政府的引导和公共政策的促进作用。产业集群的形成和发展不仅有市场需求的因素,也和政府的导向有关,政府的推动作用很重要,政府应该制定符合产业集群发展的政策。

(2) 加强科技创新,建立高效的研发创新体系。加强产业之间的联系,注重自主创新,形成以科研机构为依托、企业为主体的研发创新体系。

(3) 不断完善产业集群的服务设施。致力于创造和改善软环境。通过完善的服务体系,为产业集群发展提供平台,使之高效地运作和良好地服务,强化服务中心、行业协会等机构的整体功能。

产业集团为推动综合技术创新,应当促进技术传播,加速知识发展并提供社会安全网络。

(4) 促进产业之间的融合发展。如促进先进制造业与现代生产性服务业的融合。一方面处理先进制造业大型工程和项目。以智能生产为核心,围绕应用层、硬件层、网络层、平台层,实施先进产品应用示范、自主突破、支撑标准、平台打造、载体建设五大工程。另一方面,要注意生产性服务业的高速发展。鼓励服务业向专业化和价值链高端拓展,加快服务业发展反馈,放宽服务业市场准入[1],如推动新兴科技和新兴产业融合发展。新兴产业发展,能推进核心技术进步、科技成果转化和产业化。谋求新兴产业发展往往依靠自主技术资源、内部资本和自身实力。

2) 上海重点发展的产业

(1) 科技创新与战略性新兴产业。战略性新兴产业是指以重大前沿科技突破为基础,面向重大发展需求,对经济社会全局和长远发展具有重大引领作用的产业,包括:节能环保产业、新一代信息技术产业、生物产业、高端装备制造产业、

---

[1] 李耀新.加快上海产业经济创新转型发展[J].中国经贸导刊,2016(4):25-26.

新能源汽车产业、新材料产业、新能源产业、数字创意产业、相关服务业九大领域。[1] 上海《关于进一步推进科技创新加快高新技术产业化的若干意见》指出要聚焦新能源、先进重大装备、新材料、民用航空制造、新能源汽车、生物医药、电子信息制造、海洋工程装备、软件和信息服务九大领域。

（2）现代服务业。现代服务业扎根于现代科学技术（特别是信息网络技术），是融合了新的商业模式、服务方式与管理方法的服务产业。它既包括新兴服务业态，也包括传统服务业上的提升。[2]

（3）先进制造业。先进制造业是相对于传统制造业而言，指制造业在借鉴电子信息、计算机、机械、材料以及现代管理技术等方面的高新技术成果，将其综合应用于制造业产品的研发设计、生产制造、在线检测、营销服务和管理的全过程，实现优质、高效、低耗、清洁、灵活生产，获取良好经济收益和市场效果的制造业总称。[3]

先进制造业大致由两大类构成：

一类，传统制造业吸收先进制造技术和其他方面的高新技术（尤其是信息技术）后，进而升级为先进制造业，例如，航天装备、海洋工程装备、数控机床等。

二类，本身带有基础性和引领性，经新兴技术成果产业化形成的新产业，例如，生物制造、增量制造、微纳制造等。

上海制造业投资主要集中在电子信息产品制造业、汽车制造业、生物医药制造业、石油化工及精细化工制造业、精品钢材制造业和成套设备制造业六大工业。在集成电路方面，上海已成为国内产业链最完整、集中度最高、综合技术能力最强的地区之一，涵盖了芯片设计、芯片制造、设备材料、封装测试等全链条；在人工智能方面，上海2019年智能制造产业规模超过900亿元，已成为国内最大的智能制造系统解决方案输出地；生物医药方面，诞生于上海的世界首例体细胞克隆猴、世界首例人造单染色体真核细胞和上海原创的治疗阿尔茨海默病新药甘露寡糖二酸在全球科学界反响巨大。

3）上海产业发展方向

现代服务业是相对于传统服务业而言，具有高技术含量和高文化含量的服务业，其出现和发展是为了适应现代人和现代城市发展的需求。当下，现代服务

---

[1] 国家统计局. 国家统计局令 第 23 号：战略性新兴产业分类（2018）[EB/OL]. (2018-11-26)[2022-03-23]. http://www.stats.gov.cn/tjgz/tzgb/201811/t20181126_1635848.html.

[2] 胡基学. 支持物流业发展的财税政策研究[D]. 北京：财政部财政科学研究所，2014.

[3] 刘佳. 广东先进制造业与现代服务业融合研究[D]. 广州：暨南大学，2012.

业已经不满足现有四大类的定义,如:

一类,基础服务(包括通信服务和信息服务);

二类,生产和市场服务(包括金融、物流运输、商品批发、电子商务、农业支撑服务以及中介和咨询等专业服务)[1];

三类,个人消费服务(包括教育、餐饮、住宿、旅游、医疗卫生与保健、娱乐文化、房地产、商品的零售等);

四类,公共服务(包括政府的公共管理服务、基础教育、医疗、公共卫生以及公益性信息服务等)。

今天的现代服务业概念也在快速变化,变化的内涵是其作为第三产业,因不断与第二产业或第一产业的融合而变化。从这个角度看,上述四类现代服务业会面临重新定义的问题,其内涵会越来越丰富。以抖音为例,其可以是信息服务业,也可以与生产和市场服务结合,成为颠覆变革传统渠道的力量,甚至海外版抖音——tiktok,未来可能打破、颠覆西方工业革命以来官方对相关渠道的垄断格局。同时,抖音也可以与个人消费服务结合,如教育、餐饮、住宿、旅游等,并化身为推广服务业,或本地化生活服务平台等。

上海市委、市政府印发《关于推动我市服务业高质量发展的若干意见》,其中提到:到2025年,上海将基本形成结构优化、服务优质、布局合理、融合共享的服务业发展新格局。上海将着重从以下四大方向入手:新兴服务业、高端服务业、精细服务业、特色服务业,以加快建立符合全球城市功能要求的现代服务业体系。

3.2.2 从专利视角看上海及长三角产业集聚

在当今科技不断发展的背景下,科技创新越来越成为经济发展重中之重。无论是对企业还是产业来说,科技都是第一生产力,是推动产业集聚和企业发展的核心竞争力。而专利就是代表科技的呈现形式,并成为企业参与市场竞争的利器。企业如果没有核心的专利就很难在市场形成强劲的竞争力从而逐渐被市场淘汰。

同时,专利也是知识产权范畴,是知识产权形式之一。知识产权包括专利、商标、版权、著作权、软件、集成电路布图设计等。围绕知识产权展开的代理、转让、登记、鉴定、评估、认证、咨询、检索等活动,都是现代服务业的一种。所以本

---

[1] 史运涛.浅析现代信息网络技术对于现代服务业的支撑作用[J].太原科技,2009(8):21-22+26.

研究进一步选择从专利视角来看上海和长三角产业集聚。

1. 国内先进制造业集聚

进一步从专利视角看,上海完成先进制造业产业集聚的第一阶段。以上海集成电路产业集聚为例,从我国专利区域分布来看,我国集成电路产业专利主要集中在北上广。其中,2019年上海的专利申请量为48 719件,占全国专利申请量的9.5%。集成电路产业专利授权上海25 962件,占全国专利授权量的9.3%。其中,上海的发明专利授权量达到20 026件,占全国发明专利授权量的比重为10.3%。

从专利申请的区域分布看,上海在图形转移领域专利申请具有相对优势,申请量达8 574件,如表3.2所示,排名第二、第三的江苏和台湾分别是3 545件、2 169件;上海在半导体材料领域专利申请具有相对产业集聚优势,申请量达8 958件,如表3.2所示,排名第二、第三的江苏、北京分别是7 838件、7 403件。

表3.2 上海集成电路产业技术研发重点领域分布

产业分支	重点技术领域	专利申请数量(件)	重点技术领域占该产业分支专利申请量比重
集成电路制造业	图形转移	8 574	48.3%
	制造工艺	4 590	25.9%
	器件制造	4 579	25.8%
集成电路支撑业	半导体材料	8 958	59.1%
	核心设备	3 668	24.2%
	非核心设备	2 531	16.7%

2. 科技型产业集聚

从前沿新材料产业分析,2019年上海前沿新材料产业的专利达到31 234件,占全国专利申请量的7.9%。前沿新材料产业专利授权主要集中在江苏(19 428件)、北京(19 119件)、上海(14 257件)、广东(14 146件),分别占全国专利授权量的13.1%、12.9%、9.6%、9.6%。其中,江苏、北京、上海和广东发明专利授权量分别为14 958件、17 358件、13 286件、12 094件,占全国发明专利授权量的比分别达到12.1%、14.0%、10.7%、9.8%,如表3.3所示。

表 3.3　中国前沿新材料产业地区分布

产业分支	中国省市	专利申请总量（件）	发明专利申请量（件）	实用新型专利申请量（件）	专利占总量比例	发明专利授权量（件）	发明专利授权率
纳米材料	江苏	39 039	37 277	1 810	15.1%	11 502	29.5%
	北京	30 129	29 141	979	11.7%	14 262	47.3%
	上海	25 108	24 312	783	9.7%	11 786	46.9%

其中，上海研发重点及专利申请依次分布在纳米材料制备（23 476 件）、检测与表征（829 件）、应用（502 件）等技术领域。

从新型显示产业在我国专利分布状况的角度分析，我国新型显示产业专利主要集中在广东、北京、江苏和上海。四省市原材料及制造装备领域专利申请量分别为 6 343 件、5 718 件、3 540 件和 2 573 件，分别占全国专利申请量的 14.10%、12.71%、7.87% 和 6.12%；上海市新型显示产业类别分布如表 3.4 所示。

表 3.4　上海市新型显示产业类别分布

	专利申请总量（件）	申请量占总比例	专利授权总量（件）	专利授权占总比
制造装备	2 573	6.12%	1 390	5.78%
产品	2 523	5.86%	1 493	6.37%
应用	464	5.25%	157	5.39%

产品领域专利申请量分别为 6 395 件、8 074 件、2 803 件和 2 523 件，分别占全国专利申请量的 14.85%、18.75%、6.51% 和 5.86%；应用领域专利申请量分别为 1 533 件、887 件、607 件和 464 件，分别占全国专利申请量的 19.24%、11.60%、6.72% 和 5.25%。中国生物医药和新型医疗器械产业地区与技术研发重点领域分布如表 3.5、表 3.6 所示。

表 3.5　中国生物医药和新型医疗器械产业地区分布

产业分支	中国省市	专利申请总量（件）	发明专利申请量（件）	实用新型专利申请量（件）	占申请总量比例	发明专利授权量（件）	发明专利授权率
化学药	江苏	15 993	15 927	66	10.02%	4 430	27.81%
	北京	10 767	10 721	46	6.75%	4 178	38.97%

续表

产业分支	中国省市	专利申请总量（件）	发明专利申请量（件）	实用新型专利申请量（件）	占申请总量比例	发明专利授权量（件）	发明专利授权率
化学药	上海	12 675	12 628	47	7.94%	4 058	32.13%
	广东	11 288	11 225	63	7.07%	3 593	32.01%
生物药	北京	14 330	14 078	252	11.19%	6 034	42.86%
	江苏	11 631	11 312	319	9.08%	3 290	29.08%
	上海	13 673	13 376	297	10.68%	3 292	24.61%
	广东	10 374	10 048	326	8.10%	3 026	30.12%

表 3.6 中国生物医药和新型医疗器械产业主要省市技术研发重点领域分布

产业分支	中国省市	重点技术领域	专利申请数量（件）	重点技术领域占该产业分支专利申请量比例
化学药	江苏	创新药物	4 670	29.20%
		抗肿瘤药物	2 220	13.88%
		心脑血管	1 639	10.25%
	上海	创新药物	3 191	25.18%
		抗肿瘤药物	1 916	15.12%
		心脑血管	2 431	19.18%
	广东	创新药物	2 467	21.85%
		抗肿瘤药物	1 210	10.72%
		心脑血管	1 292	11.45%
生物药	北京	新生物技术	5 921	41.32%
		生物技术	2 245	15.67%
		生物分离检测试剂	1 899	13.25%
	上海	新生物技术	4 262	31.17%
		基因工程	2 285	16.71%
		蛋白质	2 229	16.30%
	江苏	新生物技术	5 004	43.02%
		生物技术加工天然药物	2 163	18.60%
		生物分离	1 629	14.01%

3. 国内高端纺织产业集聚

从国内专利区域分布看,我国高端纺织产业专利主要集中在江浙沪。江浙沪三省市的高端纺织产业专利申请总量占全国43.3%,分别为:江苏占比21.4%(74 630件)、浙江占比17.4%(60 595件)、上海占比4.5%(15 612件)。其中,江苏发明专利申请量为54 703件,占23.4%(接近全国的四分之一),浙江紧随其后,申请了47 612件专利,占比为20.4%,占全国总量的五分之一,上海的专利总量为13 138件,占全国的5.6%,江浙沪地区发明专利申请总量接近全国总量的一半。高端纺织产业专利授权也主要集中在江浙沪地区,江苏授权量29 504件,占全国的12.1%,浙江授权量22 433件,占9.2%,上海授权量9 997件,占4.1%。其中,江浙沪发明专利授权总量占全国发明专利授权量的16%,分别为:江苏12 021件,占7.0%,浙江9 812件,占5.7%,上海5 548件,占3.3%,如表3.7所示。

表3.7 中国高端纺织产业地区分布

产业分支	中国省市	专利申请总量(件)	发明专利申请量(件)	实用新型专利申请量(件)	专利申请占中国专利申请总量比例	发明专利授权量(件)	发明专利授权率
纺织纤维	江苏	14 469	11 404	3 065	23.0%	2 618	23.0%
	浙江	5 014	3 436	1 578	8.0%	1 177	34.3%
	上海	4 393	3 850	543	7.0%	1 952	50.7%
纺织加工	江苏	34 894	21 978	12 916	23.3%	4 854	22.1%
	浙江	21 631	8 835	12 796	14.4%	2 769	31.3%
	上海	7 150	5 189	1 961	4.8%	2 507	48.3%
产业用纺织用品	江苏	73 295	49 101	24 194	22.1%	19 623	40.%
	浙江	60 145	28 341	31 804	18.1%	11 320	40.0%
	上海	14 838	11 128	3 710	4.5%	4 432	39.8%
纺织机械	江苏	39 281	21 321	17 960	23.0%	4 696	22.0%
	浙江	28 979	9 870	19 109	17.0%	2 945	29.8%
	上海	6 640	4 099	2 541	3.9%	2 019	49.3%

3.2.3 电子及通信设备制造业新产品与专利产出视角全国对比与上海分析

进一步分析电子及通信设备制造业在我国各个省市的发展情况,以此为产业集聚对区域产业技术创新的影响分析提供更完善的数据支撑和现状支撑。

1. 电子及通信设备制造业新产品全国情况

新产品产出是产业创新发展状况的重要表现之一,新产品是新知识、新技术等实现商业化应用的表现,可以准确地衡量产业技术创新的情况,根据图3.4、图3.5显示,我国2016年电子及通信设备制造业在全国范围内的发展情况,广东地区的电子及通信设备的新产品产出水平最高,达到了14 028.63亿元,居全国首位,相比于第二的江苏地区的产出水平4 462.47亿元,整整高出了2倍之多,这说明广东地区的电子及通信设备制造业在全国范围内属于领军地区。事实上,国内电子及通信设备制造业的大型企业,如华为、中兴等企业均处于广东地区,广东地区是最早的改革开放地区之一,最早接触到了先进的外资企业,由最初的模仿到如今的自主创新,广东地区的电子及通信设备制造业获得了迅速的发展,乃至于在国际上都具有一定的竞争力,与此形成对比的是中西部地区,由于发展相对缓慢,因此具有一定发展性差异。

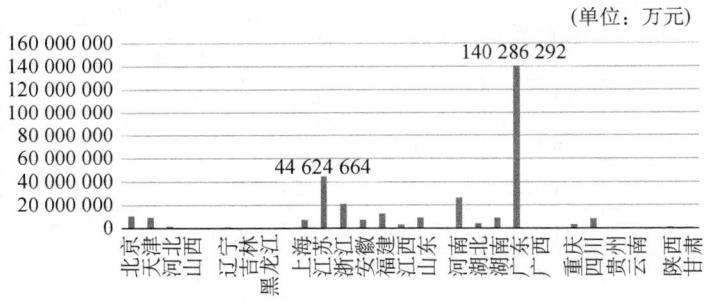

图3.4　各省/直辖市/自治区区域产品产出水平

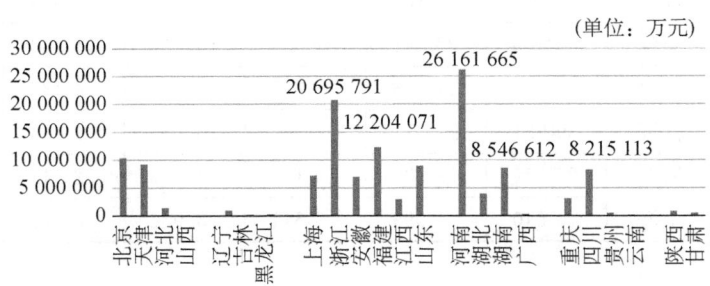

图3.5　除广东、江苏外其他省/直辖市/自治区新产品产出水平

此外,为了进一步探讨电子及通信设备制造业在各区域的产业创新发展的状况,对除产出水平较高的广东和江苏以外的地区进行了新产品产出水平对比。

如图 3.5 所示,可知新产品产出水平最高的地区是河南省。其次是浙江、福建、北京、天津、山东、四川、安徽、湖南、湖北、重庆等地区。经过统计相关数据(东部地区指上海、江苏、浙江、安徽、福建、江西、山东),发现去除上海、江苏两地以外的东部地区新产品产值为 70 945 003 万元,而中、西部地区的新产品产值为 61 909 299 万元(中部地区指河南、湖北、湖南、广西,西部地区指重庆、四川、贵州、云南)。这显示了虽然在全国范围内电子及通信设备制造业在东部沿海地区的新产品产出水平依然较高,但是中、西部地区对全国范围内的该产业新产品产出水平也作出了较大的贡献。

2. 电子及通信设备制造业专利产出视角全国分析

与新产品产出情况相一致,专利产出更为直接地表现了电子及通信设备制造业的创新现状,如图 3.6 所示,广东省在电子及通信设备制造业的发展中位居全国第一。专利是最能体现技术创新的,一般情况下,专利水平越高,也就意味着产业的技术创新能力越强。一个地区的某个产业拥有的专利越多,也就意味着该区域的产业技术创新水平能力越强。相比于中西部地区的情况,东部地区的专利水平都处于较高的态势。

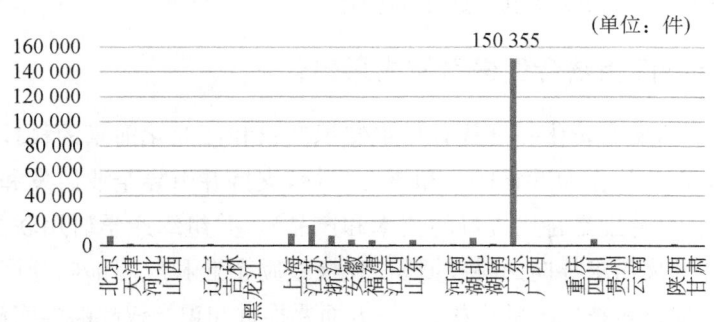

图 3.6 各省/直辖市/自治区专利产出水平

3. 电子及通信设备制造业专利产出视角上海分析

为了进一步在专利产出方面研究电子及通信设备制造业的创新现状,去掉广东和江苏两个地区然后对全国范围内其他省份的专利产生数量再对比分析。如图 3.7 所示,通过对比发现,专利产出水平最高的地区是上海,其他产出水平较高的地区依次是浙江、北京、湖北、四川、山东、安徽、福建。在这些专利产出水平较高的地区中,湖北、安徽、四川位于中部地区和西部地区,其他各地坐落在东部地区,这说明产业集聚程度不同的区域,产业技术创新水平也不同,中西部地区随着产业集聚水平的提高,该产业的产业技术创新也得到了一定程度的发展。

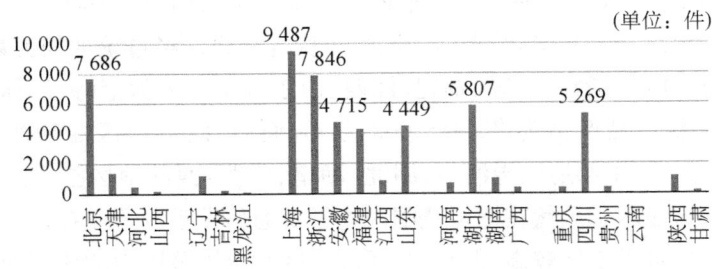

图3.7 除广东、江苏外其他省/直辖市/自治区专利产出水平

3.3 上海推动产业集聚的相关举措

技术和市场是新兴产业发展的两个关键要素。政府要积极营造有利于关键技术研发、科技成果转化和市场应用的环境,具体要从两方面入手:一是注重技术,从生产、供应侧入手,不断创新,改进技术和产品的供给;二是注重市场,从消费、需求侧入手,大力支持创新成果的应用。

3.3.1 点线面相结合促进科技成果转化

在点上,研发和转化一批具有自主知识产权和产业化前景的科技成果。将培育自主知识产权作为首要任务和核心目标,支持并引导企业研发和突破一批关键核心技术(特别是替代进口的技术和产品)。并组织产学研用联合攻关,以企业为主体开展需求导向的科技研发,积极鼓励企业和应用部门开展科技研发与产业化。促进科技成果的产权化,一方面要推进知识产权战略的实施,另一方面要完善相关政策体系,具体做到发展知识产权服务业,促进全社会科技成果的专利产出和利用。

在线上,在掌握关键核心技术或把握主导产品的基础上,发展一批拥有核心技术和自主知识产权的新兴产业链条,推动产业向高端、高效、高辐射发展。当核心技术取得突破时,推动产业链条向中下游拓展。当产业达到一定规模时,推动产业链条向高端环节拓展。推动产业技术创新联盟的构建和发展。

在面上,建设一批具有产业集群特征的科技园区和产业基地,并不断注入科技创新元素,引导产业发展与科技成果相融合,促进创新集群形成和新兴产业发展。

3.3.2 深化体制机制创新 营造良好的社会氛围和政策环境

(1) 推动自主创新已经成为当前全社会的共识,应建立自主创新产品应用的激励机制。在使用政府财政性资金投资时,通过订购首台(套)重大技术装备试验和示范项目,加大政府采购自主创新产品试点工作力度,同时展开推广应用,推进自主创新产品在经济建设和社会发展中的广泛应用。

(2) 促进企业成为创新主体,建立产学研用相结合的产业技术创新体系。要注重发挥政府调控职能,推动产业技术联盟的建立和发展,深化新兴企业试点,完善科技资源共享机制,号召企业积极采用创新要素,鼓励企业注重自主创新。创新组织方式,以行业领军企业为首,带动中小企业参与对接国家科技重大专项和重大科技基础设施建设。加强国家工程研究中心等研发机构建设,同时也要支持企业研发中心的建设。[1]

(3) 注重新兴产业发展的全链条,鼓励支持产业自主创新。通常,技术创新和新兴产业发展的路径是:产业基础研究——产业应用研究——原理样机研制——初步展示和试验方案——中间试验——示范性生产线——市场导入——推广应用——产业化。技术创新和科技成果的产品化,由于存在其主体之多元、过程之繁杂和产品第一次较难进入市场等原因,产品化的过程不能完全依靠市场自发进行。政府可以通过规划引导、政策激励、组织协调、资金支持、示范应用的手段,组织并推动产业自主创新。

新兴产业是新兴科技与产业深度融合的产业,这使得协调科技政策与产业政策显得尤为重要。作为政府,一方面要遵循科学发展的规律,坚持实现国家发展目标与支持自主创新相结合,始终如一地支持产业基础研究;另一方面,还要超前部署,开展具有前瞻性和探索性的先进技术研究;同时要重点突破支撑性产业和战略性新兴产业的关键核心技术;还要通过示范工程、政府采购、推广应用等方式,以企业为主体,带动社会资金进入,推动科技成果的产业化和市场化,提升产业的核心竞争力和自主创新能力。[2]

(4) 产城融合发展。以商业与城市融合为重点,发展完善产业用地设计与布局,构建新型产业园区空间体系,整合发展多个产业中心、城区、社区和零星产

---

[1] 陈柳钦. 我国战略性新兴产业自主创新问题研究[J]. 北华大学学报(社会科学版),2011,12(4):39-45.

[2] 伍建民. 促进战略性新兴产业大发展[J]. 中国发展观察,2011(3):20-22.

业用地；以商务园区、大学校园、文创中心、科技孵化器和商圈建筑为依托，打造线上线下联动的"众创空间"。

（5）搭建知识产权服务平台。高校、科研院所创建知识产权工作站，将高校科技创新群体与产业联盟紧密联系起来，在一个大平台上整合各种相关信息和资源，建立跟踪动态全流程服务，帮助投资者找到最合适的项目；设立风险投资资金，提供投资分析等服务，鼓励专利技术转移。

3.3.3　提升上海产业链水平　打造世界级产业集群

放眼新时代，争做全球产业竞争新标杆，提升产业链现代化水平，打造全球产业集聚地，是上海经济高质量发展的关键。

实施路径是以夯实产业基础能力为根本，提升产业能级，促进供应链与创新链、资金链、空间链的深度协同。

其一，供应链：上下游联动发展，增强产业集聚。

培育上下游产业链领军企业。在头部企业和大型项目的带动下，上海产业链中的制造环节具有明显规模效应，然而在上下游产业链供应中，上海明显缺乏领军企业，关键零部件的生产供应仍然要依靠国内外企业。因此，在发展优势环节的同时，上海要着力弥补产业链短板，通过制造环节重点企业的带动和引进，重点培育上下游产业链关键环节的领军企业，实现关键核心技术、零部件的本地化供应。

同时，建立企业智慧供应链平台。以头部企业和重大项目引领，建立企业智慧供应链平台，通过互联网深入产业链上下游，打破供求信息不畅，以客户需求为核心，把控产业链各环节，加强联系、深化融合，构建"协同共享"的供应生态。政策引导中小企业精细化生产。中小企业产品附加值普遍偏低，难以打造企业品牌，上海要树立支持中小企业精细化发展的价值导向，借助打造"上海品牌"建设机遇，鼓励中小企业通过专业化分工、服务外包、定制化生产与大企业建立可持续的合作关系。

形成企业精细化生产的氛围。包括建立产业园区，增强产业集聚。建设一批高端制造业产业园区，通过体系化园区配套和服务，汇聚各类生产要素和企业推进上下游企业园区内协同研发、供应，增强产业集聚，打造世界级产业集群。

其二，创新链：激发企业创新活力，增强原始创新能力。

建立研发转化平台。推动科技成果转化强化和突出企业的技术创新主体地位，建立以企业为主体、市场为导向、政产学研用紧密结合的功能性平台，围绕技术转移转化、产业化及市场应用等环节,为企业提供技术可靠性验证示范、成果转化、技术推广、科技金融、信息咨询、会计法律、政策服务、市场开拓等领域的优质服务[1],加速技术溢出推动创新成果转化。建设技术创新联合体,开展共性技术联合攻关。借鉴发达国家成功做法,鼓励和支持大型企业联合高校、国内外科研机构,建立技术创新联合体,一同投入、自主运作、成果共享、风险分担,推动关键共性技术的合作研究。

鼓励和支持高校、研发中心和国外研发机构建立技术创新、共同投资、自主活动和产品共享、风险共担的联合体,鼓励关键协同技术。

同时,加大科研投入,增强原始创新能力。注重原始研发和自主知识产权的培育,出台相关政策和资金支持方案鼓励企业创新。如支持企业建立专业化技术(开发)中心,发展海外研发机构;鼓励中小企业创新投入,完善企业研发支出计量变动目录管理办法,扩大研发支出除配给外的优惠政策实施范围;提高对基础研究及其应用的研发投入比例,以基础研究的突破带动引领性原创成果。

优化创新资源配置模式。建立科研创新资源配置新模式,打破大企业控制下的技术研发封闭模式,建立创新、开放、市场化、高效的科研院所和中小企业多方参与的资源配置模式。如围绕非核心技术创新,建立公开、透明、规范的科研创新采购机制,以科研创新的市场化采购形成新的创新生态链。

其三,资金链:加强金融服务对中小企业的支持作用。

一方面,创新中小企业信用评价体系。发挥金融科技的支撑作用,建立新的中小企业信用评价体系,运用一些市场手段如应收账款、订单、预付款、存货与仓单质押等方式,实现对中小企业信用风险的充分定价,消除客观上的"信用偏见",加大对中小微企业的信贷支持。包括建立融资平台,拓宽中小企业融资渠道。发展金融众筹、互联网金融等融资平台,鼓励支持金融机构和制造企业设立金融租赁公司,拓展中小企业融资方式,出台支持融资奖补政策,有效助力中小企业发展。另一方面,建立科技金融服务中心,创新金融服务模式。面向中小企业建立一站式科技金融服务中心,扩大金融服务半径。针对轻资产、未盈利科技型企业,完善创业投资、天使投资、私募股权基金、产业投资基金等在内的服务企业整个生命周期的股权投资服务体系,降低各环节的风险,例如在科技企业科

---

[1] 张仁开.全球科技创新中心建设背景下上海创新功能型平台发展研究[J].科学发展,2016(8):23-29.

研、技术交易成果转化、知识产权保护、产品生产销售、融资等方面。[1]

其四，空间链：延伸产业腹地，强化错位发展。

有序引导企业迁移，延伸产业腹地。积极参与长三角一体化产业发展，强化长三角产业协同和错位发展，鼓励上海郊区与周边地区共建产业园区，有序引导郊区企业迁移；鼓励企业在腹地设立新基地，将生产环节外迁而将研发、销售总部放在上海，进一步强化上海总部经济模式，加速高附加值产业向上海集聚。加强长三角一体化建设，打造世界级产业集群。在供应链体系、标准体系等方面构建完整的执法体系，要落实立法，消除市场和制度障碍，在更大范围、更深层次上整合长三角资源，促进科技要素自由流动。汲取长三角产业优势，结合上海丰富的科研资源、人才资源和产业基础，将上海乃至长三角打造成世界级产业集群。

同时，完善营商环境，激发市场活力。注重城市基础功能建设，吸引国际人才。打造上海城市品牌，注重城市文化、基础设施方面的建设，营造宜居环境，吸引更多国际知名媒体和会计、法律、信息服务相关的国际组织和机构总部在上海落户，增加上海对全球人才的吸引力，培养具有国际水准的上海城市人才。

以市场为导向，建立公平公正的市场环境。放宽中小企业准入领域，完善平等竞争的市场体制机制，促进各类企业公平参与市场竞争。通过制定税收、金融、人才等方面优惠政策，鼓励企业参与国际经济竞争和合作，与全球高端制造业和价值链接轨。不断完善国家公共服务，培育发展符合中小企业需求的多边、多层次社交中介组织。建立支持企业发展创新的公共服务平台体系，加强政策、服务和信息的交流与融合、对接和共享，为中小企业提供一站式服务，促进创新资源交流开放，营造鼓励创新的市场环境。[2]

3.4　上海顺势推动产业结构调整

国务院 2001 年 5 月批复的《上海市城市总体规划（1999 年—2020 年）》，确立了把上海建设成为社会主义现代化国际大都市和国际经济、金融、贸易、航运中心之一的目标，对上海城市发展发挥了重要的引领作用，目前也已初步实现了

---

[1] 盛利.围绕企业全生命周期定制金融服务[N].科技日报,2019-03-05(4).
[2] 史健勇,周敏,夏志杰,等.让民营制造企业在上海创新转型中更好发挥作用[J].科学发展,2018(10):13-23.

规划确定的发展目标。上海需要调整产业结构以促进城市发展，如何调整？要能够促进经济增长，适应工业化增长，与城市发展战略和制度创新紧密结合，优化城市空间，最终打造具有国际资源配置能力、强大国际竞争力和影响力的"全球城市"产业支撑体系。

3.4.1　依托国家"一带一路"倡议调整上海产业结构

"一带一路"倡议有助于产业结构调整。"一带一路"建设是我国对外开放和未来长期对外合作的总体部署，对我国全面开放具有重要意义。上海是中国的经济、金融、商业、海运、科技、文化和信息中心，经济地位优越——位于中国东部沿海经济开发区长三角地区的中心。作为长江经济带的龙头，上海将"丝绸之路经济带"与"海上丝绸之路"连接起来，通过四个中心（国际经济中心、国际金融中心、国际贸易中心、国际航运中心）、自贸区建设和发达的立体交通网络形成对"一带一路"经济区的辐射效应，是中国面向欧亚大陆和亚太地区开放的核心。[1] "一带一路"倡议将有助于上海的产业结构转型升级。上海依托"一带一路"调控产业结构方向和内容如下。

1. 淘汰和转移过剩产能

目前，上海也有一些产能过剩的行业，如钢铁、电解铝等，但这些产能过剩的行业在一些欠发达国家及地区仍有很大的发展潜力。上海可以通过"一带一路"倡议，以资源型和劳动密集型产业为重点，鼓励化工、冶金、建材等重化工产业发展生产线适当搬迁，搬迁至"一带一路"沿线欠发达国家及地区，拓展国际业务发展空间。除了加快地方经济发展外，还将推动上海一批过剩、落后产能加快调整淘汰。

2. 改造和提升传统产业

"一带一路"倡议为上海实现从规模和速度向质量效益转变提供了良好契机，极大地扩大了制造业的覆盖面，使其向自主知识产权、自主营销渠道和自主品牌等方面发展，从而为更新和改进传统产业提供了一个很好的机会。

3. 培育战略性新兴产业

随着经济进入新常态，传统增长动力持续弱化，反而有利于新兴产业的出现。构建"一带一路"，上海将利用全球资源，推进全球科技创新中心建设，培育战略性新兴产业。

---

[1] 曹永琴,李泽祥.上海产业结构调整的路径选择研究[J].上海经济,2018(6):5-15.

4. 加快发展各类服务业

上海市商务委员会现正在推进建设人才、融资、会计、税务、风险管理五大综合服务体系。目前上海已经与新加坡、捷克、土耳其等14个沿海国家经贸部门和重要节点城市建立了经贸合作伙伴关系。因此，借助"一带一路"倡议，上海加快建设国际金融和贸易中心，为国内外企业提供全方位的金融服务，增强上海金融市场在全球的竞争力和影响力，促进"一带一路"货币流通，实行本币结算贸易；同时要提高金融抗风险能力，为"一带一路"建设实现资金往来融通；增加高新技术和高附加值产品占比，实现贸易流通和贸易规模的扩大，不断完善贸易结构，持续简化贸易程序，使上海成为"一带一路"的贸易中心。

5. 加速推进企业"走出去"

上海依托"一带一路"认真落实投资、金融、科技、文化教育"走出去"战略。上海抓住对外开放枢纽的契机，借此推动总部经济发展，吸引跨国公司、国际研发中心、结算中心和国际金融机构落户。同时作为中国自由贸易试验区，上海为准备"走出去"的企业提供了一个窗口，简化我国企业海外投资的审批程序，降低企业融资成本，助力企业扩大对外投资；依托"一带一路"倡议，发挥上海改革辐射效应，带动整个长江经济带区域的企业走出去。

3.4.2 借力"四个中心"和"科技中心"建设调整产业结构

2009年4月，国务院发布《关于推进上海加快发展现代服务业和先进制造业建设国际金融中心和国际航运中心的意见》（国发〔2009〕19号），正式提出上海要打造"四个中心"，包括国际经济中心、国际金融中心、国际贸易中心、国际航运中心，目前这四个中心基本建成。[1] 上海2015年正式审议并通过了《关于加快建设具有全球影响力的科技创新中心的意见》，提出"两步走"规划：第一步到2020年前，要形成科技创新中心基本框架体系；第二步到2030年，要形成科技创新中心城市的核心功能，走出一条具有时代特征、中国特色、上海特点的创新驱动发展新路。

1. 借力国际经济中心建设推动上海产业结构的调整

从21世纪前期世界经济格局的变化趋势来看，中国正在成为全球制造业中心。长江三角洲、珠江三角洲和环渤海地区未来将会成为世界制造业主要的生产基地。上海要建设国际经济中心，就必须要发展发达的制造加工业和先进制

---

[1] 黄汝轩.上海自由贸易试验区金融开放影响研究[D].长沙:长沙理工大学,2017.

造业,这也符合世界制造业中心的特征;这一步同时也还包含着建设"服务经济中心",将通过发展第三产业(金融、贸易和航运)来实现。因此,上海国际经济中心建设的过程中势必会导致产业结构的调整。建设上海国际经济中心将有助于产业结构优化、高端制造业和高端服务业的发展。

2. 借力国际金融中心建设推动上海产业结构调整

上海自贸试验区的建设发展进一步突出了金融改革开放的主线,经过多年努力,上海国际金融中心建设取得了明显进展,金融业发展势头良好,同时也推动了上海产业结构调整——有利于金融产业的结构调整,加快陆家嘴—外滩金融集聚区建设。目前,上海已经成为我国金融机构的主要集聚地,金融市场体系建设完整,涵盖股票、货币、外汇、期货、OTC衍生品、产权交易等多种交易市场;上海金融业经济总量居全国第一,私人银行总部数居全国第一,基金管理公司数量在全国占比超过50%;金融市场直接融资额占全国25%以上。通过大力发展对支持产业结构调整有效的金融服务、产品和工具,发达的金融业可以为重点扶持的高端、前沿产业提供充足的资金和便利的金融服务,从而促进高端产业和高新产业的快速发展。[1]

3. 建设国际贸易中心,促进贸易结构调整

推进上海国际贸易中心建设,要强化人民币与国际贸易中心相适应的国际货币地位,培育更多本土跨国企业和知名品牌,促进服务贸易迅速发展,建设多元贸易平台,增加进出口商品透明度,支持线上线下大宗商品市场深入协调发展。为引导加工贸易转型升级,要鼓励发展离岸贸易、转口贸易、跨境电子商务等新业态,加快推进信息、技术、文化等高附加值服务贸易;充分发挥会展业功能,在上海举办众多具有国际影响力的品牌展览会;稳步实施国家自由贸易区战略,代表国家参与研究制定全球贸易投资规则,有效推动上海成为参与全球价值链分工的战略高地。国际贸易中心的建设,将有利于上海高端价值链和高端服务业的发展,有利于上海产业结构的优化升级。

4. 以国际航运公司建设为抓手,优化上海海运产业结构

具体措施包括:推进"三港三区"、北外滩等海事服务集群建设,加快完善现代航运服务体系,发展海事金融等前沿航运服务;推进船舶租赁、海上保险等优质服务业,促进和规范邮轮产业发展,优化现代海运集疏运体系,提升全球港口竞争力。

---

[1] 曹永琴,李泽祥.上海产业结构调整的路径选择研究[J].上海经济,2018(6):5-15.

5. 以全球科创中心建设为契机,推动上海产业结构调整

全球科技创新中心有四大功能:科学研究、技术创新、产业驱动和文化引领。它不仅是世界新知识、新技术、新产品和新产业的策源地,也是世界先进文化和制度的先驱,是人类文明进步的重要贡献者。因此,上海全球科创中心的建设必须与上海产业现代化转型紧密结合,推动新兴产业加速发展和传统产业变革提升,包括服务业转型升级要积极对接科创中心,以服务业的创新发展推动科创中心建设;制造业提升转型要积极与科创中心结合,在科创中心建设中结合发展,提升上海制造业的"知识密度"和"产业复杂性";重点发展智能制造和前沿制造,改变和提升传统制造,发展新生产。

3.4.3 借助自由贸易试验区建设调整上海产业结构

随着互联网技术在各行各业的广泛应用,经济全球化趋势进一步加强,各国积极参与国际产业分工,推动产业变革和提升,以提高国际产业分工水平。上海在全球分工中的地位逐步提升,但仍处于全球产业价值链的中部和底部;上海自贸试验区是我国闯入激烈的国际竞争、跻身全球价值链顶端、促进贸易和产业结构整体改善、提高参与国际分工的重要先行者。因此,自贸试验区对推动上海经济增长方式转变和产业结构调整具有深远的作用。

1. 利用自由贸易试验区内的优惠政策和独特监管政策,优化上海产业结构,重点发展高端化产业,提高上海在全球价值链中的地位

上海自由贸易试验区建设为上海形成高端要素的比较优势提供了重要平台:在新一轮工业革命的国际背景下,依托上海自由贸易试验区的平台,在国内巨大的内需市场上立足,充分发挥上海在金融服务、研发设计、系统集成和运营管理上的服务优势。聚焦全球产业技术革命演进,为国家创新驱动和转型升级战略服务,汇聚一批国际前沿人才,培养一批国际化企业家和创业团队,研发一批国际领先的科技成果并将进行产品转化。同时,发展做大几家高新技术企业,着力培育新兴产业龙头企业,引领上海乃至全国参与国际经济竞争,努力把上海建设成为在产业安全、具有国际分工"先锋"作用的战略性新兴产业领域的处于全世界核心的创新型城市。[1] 实现从制造能力向服务能力的提升,成为战略性新兴产业的系统设计中心、优质生产制造服务中心、专利与标准

---

[1] 中国浦东干部学院课题组,朱瑞博.以高端化战略提升上海在全球价值链中的地位[J].科学发展,2015(10):55-68.

联盟运营中心、全球资源整合中心，成为全球创新资源以及生产要素整合者。因此，借助自由贸易试验区建设达成上海从全球产业价值链的中低端向中高端升级的目标。

2. 借助自由贸易试验区建设，推动上海高端服务业发展

自由贸易试验区一大功能就是提供便利化服务，在服务业开放创新领域不断实现新突破，推进高端服务业迅速发展。上海自由贸易试验区规划五大产业分别为国际贸易、金融服务、航运服务、专业服务和高端制造，产业布局向服务业高度倾斜；同时，基于投资领域、贸易监管、金融制度等方面的政策支持，再保险经纪、专业健康医疗、独资医院、增值电信呼叫中心、认证机构、游艇设计等一批新兴服务业领域项目已落户自贸区。

3. 借助以临港新片区为代表的上海自贸区建设，推动上海高端制造业（高技术、高附加值和低污染、低排放）的迅速发展

我国经过40多年的改革开放，制造业领域已经在世界上享有一席之地。中国目前已经拥有了最齐全的制造业门类，所以我们之后要做的是找到一个能够体现进一步扩大开放和制度创新的区域。另外一个就是发展，尤其是高端产业。临港新片区在2018年10月份增设为中国上海自由贸易试验区，这是为了不断提高投资和贸易的自由化和便利化，推动上海高端制造业的快速发展。

与国内其他自贸区不同，以临港新片区为代表的上海自贸区建设是更深层次、更宽领域、更大力度的全方位高水平开放。其主要体现了五个"重要"，第一个重要是努力成为集聚海内外人才开展国际创新协同的重要基地，我们高端制造产业离不开高端人才，尤其是在面临"卡脖子"技术时候，临港新片区就是要不断提高原始创新能力，让创新成为上海高端制造业发展的内生动力。第二个重要是成为统筹发展制造企业在岸业务和离岸业务的重要枢纽，并对标国际高水平开放的自贸区，比如纽约、迪拜、东京、阿姆斯特丹等。第三个重要是成为制造企业走出去发展壮大的重要跳板，推动临港新片区制造企业高质量发展并与国际上高水平企业建立起创新链、价值链和供应链合作。第四个重要是充分利用好国内和国外两个市场，以及内资和外资两种资源的重要通道。当然，也包括上海自身的技术资源和人才资源。第五个重要是参与国际经济治理的重要试验田，这个过程中我们要有针对性地进行营商环境机制创新，对标高水平开放的自贸区，最终目标是推动现代化产业体系建设和高质量发展。

以临港新片区为代表的上海自贸区核心建设目标之一，就是要打造更具国际市场影响力和竞争力的特殊经济功能区。尤其要重点发展国家战略的高科技

领域,如人工智能、集成电路等高端制造业产业集聚。临港新片区从成立以来就确立了"7＋5＋4"的产业体系,7是指七大前沿产业集群,分别是集成电路、人工智能、生物医药、民用航空、智能新能源汽车、高端装备制造和绿色再制造。5是指五大服务业,即国际贸易、跨境金融、高能级航运、信息服务和专业服务。最后,4是指四大开放创新经济业态,即培育发展离岸经济、智能经济、总部经济和蓝色经济创新经济业态。

同时,临港新片区有七大特色园区,是上海高端制造业发展的载体。第一个是生命蓝湾,这是临港新片区前沿高端产业的重要承载区和发展高端生物医药产业的先行承载区,形成了生命科技、新能源智能网联汽车、高端智能装备等主导产业集群,并入选上海市重点打造的26个特色产业园区。第二个是东方芯港,目前临港新片区正在积极建设成为更具有国际市场影响力和竞争力的特殊经济功能区,建立以核心技术为突破口的产业集群。临港新片区的集成电路产业对标国际最高标准、最高水平,并打造成以集成电路为代表的硬核产业集群。第三个是大飞机园,临港新片区的大飞机航空产业园区位于浦东机场南侧区域,集聚了中国商飞、机场集团和临港集团三方优势资源,未来将打造成世界级的航空产业集群。第四个是海洋创新园,临港新片区海洋创新园是以"海洋＋智能制造"为特色的专业园区,现已集聚海洋智慧产业、高端装备产业和智能科技产业168家企业,通过不断完善现代海洋特色产业服务体系,填补了上海市海洋智能制造特色产业园区的空白。第五个是信息飞鱼,主要是积极布局人工智能、区块链、互联网经济等新兴前沿信息产业,重点推进人工算法、图像识别、自然语言处理等重要技术的突破,加强人工智能技术向各领域融合,推进区块链与金融、物流、医疗、能源等行业的广泛深度融合。第六个是动力之源,它位于临港新片区前沿产业引领区内,主要是进一步聚焦产业链关键核心环节,加快核心装备产业研制和产业化,发展高端动力关键零部件及成套装备的研发设计。打造全球动力龙头企业汇聚、创新引擎强劲、产业链条完整、功能业态丰富的动力之源特色园区。第七个是国际氢能谷,主要围绕"龙头引领、全链融合、创新驱动、国际合作、场景引领"的20字方针,依托新片区政策优势,加速推进重大项目落地,补齐产业短板。目标是到2025年,氢燃料电池规模突破200亿元,基本涵盖氢燃料电池汽车核心零部件和氢能装备的全产业链,成为上海建设世界一流燃料电池汽车创新中心和产业高地的新引擎,同时也助力临港新片区打造成上海乃至全国氢能发展先行先试区、综合示范区和产业引领区。

3.4.4 依托《长江三角洲城市群发展规划》调整上海产业结构

《长江三角洲城市群发展规划》有助于上海产业结构的整体调整优化。《长江三角洲城市群发展规划》是长三角城市群一体化发展的指导性文件,也对长三角城市群的产业协调发展做出了相应的规定,规划文件的出台将有利于上海产业结构的调整与升级。

1. 依托《长江三角洲城市群发展规划》推进中高端产业发展

《长江三角洲城市群发展规划》指出,长三角区域的目标是打造世界一流的城市群,打造集约、紧凑、疏密合理的空间体系、高附加值的区域协同创新体系和现代化产业体系。到2030年,长三角流域在全球资源配置中的枢纽作用更加重要,服务全国、辐射亚太的门户地位将更加牢固,在全球价值链和产业分工链中的地位将大幅提升,整体打造成世界一流品质的世界级城市群。因此,依托《长江三角洲城市群发展规划》,充分发挥上海核心城市地位,融合建设"四个中心"和"科创中心",加强主导产业网络重点创新,引导产业转型和现代化的需要。重点发展电子信息、装备制造、钢铁、石化、汽车、纺织服装等产业集群,重点产业关系创新、传统产业改造与现代化、现代服务业等;强势发展金融、商贸、物流、文创等核心产业,不断提升核心竞争力,实现主导产业竞争力由低到高升级。实现从全球产业价值链的中低端向中高端升级。

2. 依托《长江三角洲城市群发展规划》优化长三角洲区域产业结构

上海应发挥核心城市作用,依托《长江三角洲城市群发展规划》,围绕"四个中心"和"科创中心"来建设,在优化长三角区域产业结构的同时,推动上海产业结构的优化升级。具体体现为:加强区域间的融通与合作、交流与分享,优化区域内产业布局,创造条件实现生产要素在区域内的自由流动,促进产业升级,辐射带动周边区域和中西部地区发展,提高"一带一路"所涉城市的国际竞争力;带头发展新经济,实施创新驱动发展战略,强化一批高端制造业关键领域创新:例如装备制造、信息技术、生物制药、汽车、新材料等,发展一批现代服务业(金融、研发、物流等),对传统产业进行改造和提升;建设高标准、具有全球影响力的科技创新中心,努力成为全球创新网络的重要中心和国际科学进步、原创性技术发明和高新科技产业培育的发源地;成为全球现代服务业和先进制造业的重要枢纽中心,加快推进跨产业融合发展,特别关注高附加值产业、高附加值关系和中心经济发展,加快发展新的竞争力文化、技术优势,以品牌、品质、服务为基础,打造多元、规模水平居国际前列的先进制造产业集群。形成以服务经济为驱动、智能制造为支撑的现代产业体系；构建长三角一体化框架内的产业集群和产业链，开展高技术领域整体发展合作，利用区域资源和交通优势发展港口主导产业，积极发展主导产业。上海将与周边省市全面协调发展。在区域功能网络上，以上海作为区域内辐射和引领的全球网络，加强基础设施协同，包括加强浦东国际机场和区域城际铁路，以及上海、杭州湾和长江下游的港口的分工合作。深化江海联运模式等。

3.4.5 依托上海全球城市功能定位建设全球城市产业支撑体系

《上海市城市总体规划(2016—2040)》明确提出，至2040年上海将完成建设"令人向往的创新之城、人文之城、生态之城"的全球城市的目标。顺应上海全球城市的功能定位，上海将构建支撑全球城市功能的新型产业体系。

1. 重塑面向未来的新型产业体系

以上海为全球城市的功能定位，上海产业结构将为全球每一座城市的发展提供产业支撑，今后的产业体系应以原有的三次产业结构分工为基础，重塑全新的产业体系，重点发展服务实体经济的平台经济，注重科技研发的创新型科技产业，满足消费者物质需求的智能定制经济，满足市民精神需求的文化创业经济，提供市民公共服务的体育与健康经济，以及面向社会经济基础供给的低碳经济，并向着智能化、平台化、网络化、融合化的特征去发展。

2. 全球城市产业支撑体系应与城市发展、环境友好紧密相连

上述规划中提出，"上海将在2040年建成卓越的全球城市"，那么，上海未来的产业支撑体系必须与城市发展和环境友好相协调，要促进文化创意产业、生命健康和医药产业、教育产业的快速发展；要积极推动具有发展潜力的都市型产业、生产服务性产业；要促进先进制造业、智能制造产业发展，进而发展相关的生产性服务业；推动产业体系全面升级并完善，提升城市环境质量，实现环境绿色、生态友好，城市发展和产业体系的共同发展。

3. 依托城市空间布局调整产业空间布局

规划文件提出了上海城市空间布局规划方案，提出以"开放城市、服务国家、面向全球"为着力点。在"主城区—新城—新市镇—乡村"组成的城乡体系下，搭建由"城市中心、城市副中心、地区中心、社区中心"构成的城市公共活动中心的体系，形成"大都市圈—城镇圈—生活圈"的空间布局。依据城市空间布局的变化，来调整全球城市支撑产业体系的空间布局；产业空间布局需以创新集群为重点，强化多功能结合实现产城融合快速发展，弹性化地为产业发展

预留空间；以主要产业园区为载体，形成产业基地，如张江微电子产业基地、安亭汽车制造基地、金山石油化工产业基地、宝山精品钢材产业基地、临港装备产业基地、长兴船舶产业基地，未来需注重形成先进高端制造业和智能制造业的产业基地。

第 4 章
产业集聚中的辐射与辐射效应

4.1 产业集聚中的产业辐射

在物理学中,"辐射"描述了一个过程,即能量较高的物体和能量较低的物体通过一定的介质互相传递能量的过程。这一过程分为两种。一种是能量较高的物体向能量较低的物体辐射能量,另一种是指能量较低的物体向能量较高的物体反辐射其能量,也就是说"辐射"是双向的,能量传递逐渐缩小物体之间的能量差距,最后状态趋于平衡。

4.1.1 产业辐射的相关理论

1. 产业辐射的定义

产业辐射是指技术领先地区的产业将产业知识和资源要素向技术落后的区域传递,这种能量的转移称为产业辐射。一个区域成为产业系统中的重要组成部分和区域产业技术水平提升的前提是能量的吸收率高于发射率。其内涵可以分解为以下几个方面。

(1) 辐射源的存在:不同地区的技术水平有差异,也就是说存在产业水平差,所以技术水平领先的一方会成为产业辐射源,例如硅谷就是信息产业的辐射源。

(2) 双向辐射的存在:技术水平领先的辐射源和接收方之间有联动效应,在辐射过程中两者之间互相促进,例如新竹与硅谷之间的良好互动实现了中国台湾新竹科学工业园 IC 产业的成功发展。[1]

(3) 选择性的存在:产业辐射存在选择性,产业辐射的效应不是在所有区域都会产生,辐射效应发生的条件是接收方具有一定的产业发展条件,如果接收方并不具有这些条件,产业辐射就不会发生。

---

[1] 王玲.产业辐射机理及其动态优化研究[J].科技进步与对策,2012,29(17):61-66.

(4) 互补性的存在:产业辐射会使产业生态系统逐步形成,使得各个区域在产业价值链上会呈现出互补的态势。

(5) 可忽略的物质媒介:互联网时代下,产业辐射的发生与区域间的距离无关,物质媒介可忽略。当某区域能够最大化吸收投射、辐射的产业知识与资源,并使辐射吸收率为1时,这个产业辐射过程可称为产业黑体辐射,该区域也可被称为产业黑体。[1]

2. 辐射层次

辐射层次是指因为媒介交换的渠道相同,所接受辐射方式相同所形成的产业圈。产业间的媒介交换不同,有直接进行的,也有间接进行的,直接交换影响大,间接交换影响小,这导致它们之间相互影响程度不同,由此产生不同的产业群体,从而构成不同的辐射层。

3. 辐射梯度

辐射梯度指的是产业辐射体系中辐射强度和层次出现的阶梯性变化现象。辐射媒介传递方式及"经济辐射能量"传播方式受辐射源距离远近及产业之间辐射方式的影响,从而发生急剧变化,引起辐射关系发生质的变化,最终形成产业辐射梯度。

4. 辐射网络

产业辐射网络指辐射体系中产业之间进行经济能量传递形成的网状关系。产业辐射所形成的辐射枝、辐射链由相互关联的上下游产业组成,除辐射枝、辐射链上产业之间发生联系外,还与其他产业发生各种联系,有的是直接联系,有的是间接联系,它们之间相互进行经济能量传递而形成辐射网络。[2]

4.1.2 产业辐射的特性

影响产业辐射的因素很多,如经济运动规律、自身运作机制等,产业辐射有自身的规律和特征,搞清楚这些特征对产业辐射机制应用及研究具有重要意义。

1. 传递性

产业辐射具有传递性,一是产业供求活动的变化会引起供求关系的变化,一个企业供求状况发生数量或结构方面的变动会通过辐射网络将这些变化传递给与之相关的上下游企业,继而引起相关企业生产的变动;二是外部环境变化时,

---

[1] 王玲.产业辐射机理及其动态优化研究[J].科技进步与对策,2012,29(17):61-66.
[2] 任一鑫.产业辐射理论及应用研究[D].青岛:山东科技大学,2006.

产业之间关系和地位的相应变化，引起新旧产业发生替换的现象，新的产业兴起，原有产业衰退，原有核心产业辐射强度的变化会通过辐射网络传递给网络中的相关环节，引起其相应的调整，同时新的核心产业逐步形成。

我们应当利用好产业辐射具有传递性这一特性，第一要采取措施保证核心企业稳定发展，保证核心企业所辐射的相关产业稳定发展，从而保证区域经济持续稳定发展；第二要搞清产业蜕变期的时间，分析其蜕变方式，及早对产业结构进行调整；第三要采取措施来延长核心产业的生命周期，使区域经济的衰退期延迟到来，这可以为我们寻找核心企业的替代产业赢得时间；第四要依据产业变化，制定相应政策，调整产业结构，确定重点扶持、资助、发展产业，做好产业更新换代的准备。

2. 派生性

产业辐射的派生性，也叫衍生性，是指以某一企业为核心的供求体系都是该产业的供求活动形成的，该产业直接辐射的领域或产业又以各自为核心形成新的供求关系，这样一环扣一环的发展形成了相互联系、发展、制约的产业关系。

产业辐射的派生性有些在不断扩大，增强了产业辐射的强度，有些在不断缩小，减弱了产业辐射强度。当开发出一种产品的新用途或找出一种新原料时，产业辐射的派生范围会变化，然后产业辐射体系或网络会因此发生变化。

产业辐射具有派生性这一特性，有助于开发新用途、新资源、新产品，从而扩大产业辐射领域，增强其辐射强度。但同时要依据产业辐射派生的范围来分析产业辐射的领域、产业辐射的"经济辐射能量"交换方式、产业辐射的规模和数量，这样我们才能根据变化确定合理的产业网络，构筑合理的产业体系。

3. 动态性

产业辐射动态性，也叫产业辐射动态性规律，是指产业辐射范围、产业辐射领域、产业辐射网络、产业辐射媒介、产业辐射强度及产业辐射体系会随着时间、环境条件变化而变化的规律。

我们应当掌握产业辐射这种动态特性，及时制定策略，调整产业结构，来使区域经济持续稳定发展。

4. 迭加性

辐射媒介具有同质性，同一个行业向多个行业提供某种介质，或者多个行业向同一个行业提供某种介质，这使得同一辐射系统中不同环节的行业与其他相对独立的行业辐射系统完全不同。对于不同环节的行业，当辐射媒介的需求或供需经过辐射迭加后达到一定的辐射规模时,就可以建立相应的行业。这种媒介的可加性称为产业辐射迭加。同源迭加是指来自同一个产业辐射系统的媒介的迭加,不同辐射体系的介质的迭加称为异源迭加。

我们应当利用产业辐射迭加的原则,做好区域产业布局和规划,尽可能实现资源共享,使相关产业联动、协同发展。

5. 层次性

以支柱产业为核心形成的辐射源由多个辐射支路或辐射链组成,每个辐射链或辐射支路从核心辐射源开始,由近到远扩展。根据产业企业与辐射源的距离,工业辐射水平可以分为三个层次:紧密层、过渡层和松散层。紧密层直接受辐射源影响,骨干产业直接拉动或刺激,拉动强度高,刺激程度高,影响大。重点培育和发展的企业和产业作为紧密层,一些有发展前途的企业和产业作为过渡层,其余企业和产业作为松散层。

过渡层不是直接受到支柱产业的刺激,而是通过紧密层受到支柱产业的刺激,间接受到支柱产业的影响。对于这样的企业或行业,除了寻找更受影响和有能力形成规模的企业来发展业务外,还应从这些行业寻找二级支柱产业进行培训,为今后的产业结构调整奠定基础。

松散层是远离支柱产业的产业层,支柱产业对其辐射影响不大。仅对这一层次进行一般性分析就足够了,但需要注意的是,在未来支柱产业衰退的情况下,能否从中培育出一种有发展前景的新型支柱产业十分重要。城市要以支柱产业为依托,进行产业辐射分析,在安排现有产业结构的同时,做好二、三级支柱产业的发展规划,当支柱产业衰退或变化时,及时培育和发展支柱产业。寻找新的经济增长点。

6. 实效性

随着时间的推移,行业的辐射焦点、辐射场和辐射强度在行业生命周期的不同阶段会有所不同,并且会随着时间的推移而变化。在其他条件不变的情况下,周期性的经济波动也会引起供求关系的变化,引起产业辐射强度的周期性波动,从而改变产业辐射之间的关系。在实际工作中,我们必须利用产业辐射的时效性,采取合理措施,最大限度地发挥产业辐射的积极作用,最大限度地减少负面影响。

4.1.3 产业辐射中的介质流分析

当一个产业向另一个产业进行经济能量传递时,需要通过一定的介质作为载体,这就是产业辐射媒介,它是由具有一定使用价值的产品、资金、技术、信息和劳动力构成,是产业辐射体系构成的桥梁。

产业辐射系统中的相关产业之所以能够相互影响、相互促进,形成一个有机整体,是因为辐射媒介作为相关产业之间经济能量传递的载体而流动。如果没有辐射媒介流动,就不会有经济的能量传输,就无法形成产业辐射系统。所以明确辐射媒介流动的类型及其流动方式对于研究产业辐射运行的原理具有重要意义。

1. 产业辐射媒介流的种类

(1) 物质流。物质流是指在行业之间流动的各种材料、能源、设备、设施等。它们是由产业之间的相互供给和相互需求造成的。物质流是产业辐射系统中最重要的媒介流,也是其他媒介流产生流动的原因,没有物质流,就不会有其他媒介流。

(2) 资金流。资金流是指由于资金供给和需求的流动而形成的资金在产业间的流动。资金流是由信息、物质、人力资源、技术等的流动形成的,它与这些媒介的流动方向相反,但在价值上应该是相等的。资金流具有普遍性,可以在所有行业之间流动。除上述原因外,资金流也是由资本借贷、投资等原因造成的,由此形成的资本流在一定时间后会回流。

(3) 人力资源流。人力资源流是指在产业辐射系统中,产业间人力资源流动所形成的辐射媒介流。人力资源流分为技术人员流、管理人员流和劳动力流。在一般情况下,人力资源输入行业不需要向人力资源输出行业支付费用。正是由于人力资源流具有这一特点,其引起的产业辐射领域不断扩大,相关产业也愿意集聚在产业所在地区,因为他们可以在不花钱的情况下获得宝贵的人力资源。人力资源的流动将技术、经验和理论知识传播到相关产业,推动了相关产业的不断完善,提高了产业之间的关联度。

(4) 信息流。信息流是指在行业之间传播相关信息所形成的媒介流。有些信息传播是通过等价交换的方式进行的,即信息获取者必须向信息输出方支付一定的费用。信息的获取并不全是免费的,信息传播过程中也伴随着商品交易,信息是有价值的,因此有些信息的获得需要付出相应费用。

(5) 技术流。技术流是指产业辐射系统中相关产业之间的技术流动所形成的媒介流。技术流分为有偿技术流和无偿技术流。有偿技术流是指技术的输入方需要向技术输出方支付一定的费用。一般来说,技术越先进,输入方需要支付的费用就越高。无偿技术流动意味着技术输入方无须为技术输出方支付费用。

这类技术不属于知识产权保护范围,一般情况输出方会把技术流当作优惠条件,输出给输入方。

（6）知识流。知识流是指产业辐射系统中相关产业之间的知识流动所形成的媒介流。知识流分为通识性知识流和专用性知识流。通识性知识流通过传播媒介流动。一般情况下知识流输入机构无须支付费用,而专用性知识流是需要通过人力资源流传递的,一般是通过教育和培训传递,需要支付知识流的使用费。

产业辐射系统中的经济能量通过上述媒介流传输,但是由于产业辐射系统中媒介的类型和作用的不同,其流动方式也不同。媒介流动方式对以产业辐射为基础的相关研究,意义十分重大。

2. 媒介流流动方向

（1）直接媒介流是指相邻两个产业之间直接进行媒介输入或输出而形成的媒介流。这种流动是由行业供求关系形成的,媒介流的数量、规模和种类的变化将直接影响相关的行业。间接媒介流是指行业间输送的媒介要通过中间环节才能进行输送。这些中间环节可以是一个,也可以是两个以上。间接流的两种形式之一是同类媒介流的延续,这将为研究产业链和循环经济中资源的分级循环利用提供一种方法。间接流的另一种形式是由不同媒介的流动形成的,即在随后的环节中继续流动的媒介发生了质的变化,已经不是原来的媒介了,这种流动方式可以为多元化战略的实施提供依据。正是由于媒介的直接流动和间接流动,才形成了产业辐射系统,进而形成了产业辐射网络。

（2）从媒介流形分析,产业辐射媒介流分为四种流动模式:线性媒介流、树状媒介流、循环媒介流和网状媒介流。

线性媒介流是指产业辐射媒介每个环节逐步流动,无分支、无回流。

树状媒介流是指媒介从某个行业出发经过中间环节时分成多个媒介流向,或者多个媒介流逐层汇聚,最终集中在某个行业。这种流动方式可以为支柱行业提供相关的方法和手段。

循环媒介流是指媒介经过几个环节又回到原来的输出行业,如农业相关产品的流动。这种流动模式将为循环经济的研究,特别是资源的循环利用和资源的优化配置提供相关的理论依据。

网状媒介流是指在产业间媒介相互流动,并且以多种方式流动,最终形成流动网络,这就是形成产业辐射网络的原因。网状媒介流这种媒介流动网络可以为资源的优化配置和合理利用提供理论依据,特别是为循环经济中资源的分级利用、循环利用和优化提供方法和手段。

（3）从资源输入输出分析，媒介流可分为输入流和输出流。输入流是指由于某产业的需要，从而引起其他产业媒介向该产业的流动。这种流动模式通常是树形的，即从多个起点出发，最终汇聚到一个主要产业。这可以为选择支柱产业和主导产业提供相关理论依据。输出流是指产业向其他产业输入媒介形成的流动模式，可为产品、副产品和废物的综合利用提供研究方法。

（4）从产业辐射媒介的流动方式分析，产业既有集聚性又有扩散性。产业集聚是指产业向一定区域集中，但当产业辐射媒介的流动达到一定程度时，产业就会向其他区域转移，造成产业扩散。

产业辐射中的媒介流向类型和媒介流向特征将为产业链选择、多元化战略实施和循环经济研究，特别是资源流向优化、资源优化配置和资源综合利用提供理论依据和方法，并为产业结构调整、优化升级提供理论依据。

4.2 产业集聚辐射中的产业关系分析

4.2.1 产业的定位和作用

产业定位是指基于某区域综合优势和自身优势、各产业的经济发展阶段和运营特性，对主导产业、支柱产业、基础产业的确定，以规划和布局好产业的发展。

主导产业是指在经济发展的特定阶段，在产业结构和经济发展中发挥较强主导作用，对产业结构和经济发展产生广泛直接或间接影响的产业部门。它能利用先进技术和科学技术成果，迅速有效地应对持续增长的需要，隐藏着优秀的发展潜力，是生产链的重要环节，也是区域经济发展的核心力量。[1]

在国民经济中，产业的地位和作用被用作产业分类基准。按这种方法分类的产业主要包括基础产业、瓶颈产业、支柱产业、主要产业、先进产业和战略产业[2]，为制定相应的产业政策和经济发展战略提供依据。

1. 产业集聚辐射体系的地位及作用

在整个产业系统中，由于每个产业的输入和输出量不同，所以它们的地位和功能也不同。如果产业不同的话，它们在整个辐射体系中传播经济能量的大小

---

[1] 古广胜.梅州市融入海西经济区的产业定位[J].全国商情（理论研究），2010(23)：3-4+8.
[2] 张建龙.财政支农理论与实践研究——以北京为例[D].北京：财政部财政科学研究所，2011.

就不同,其作用根据规模和状况而不同。分析如下:

$$M = \frac{\sum_{i=1}^{n} H_{入_i} + \sum_{i=1}^{n} H_{出_i}}{H_{入} + H_{出}} \quad (4-1)$$

式中,$H_入$为各个媒介输入总值;$H_出$为各个媒介输出总值。

在式(4-1)中,M表示某一产业在辐射系统中传播的经济能量的比例。某一产业传递的总经济能量=所有媒介的数量与其不变价格的乘积之和,由整个辐射系统传送的总经济能量等于所有产业提供的总经济能量之和。M越大,行业传播的经济能量越大。也就是说,媒介规模越大,类型越大,量越多,辐射范围越大,对相关行业的影响就越大,反之,对相关行业的影响就越小。辐射系统中所有产业所传播的经济能量按M的大小排序,可以获得产业地位序列表。支柱产业排名最靠前,它对整个产业辐射体系的影响重大,支柱企业发展变化会很大程度影响产业辐射体系。支柱产业的发展和成长刺激了相关产业的发展和成长,支柱产业的缩小导致了相关产业的缩小。排名最后的产业对产业辐射体系的影响度比较低,所以它们的开发和变更对相关产业几乎没有影响。但是,支柱产业的地位并不是静态的,随着时间和条件的变化,支柱产业的地位也会发生变化。原支柱产业既有地位下降成为一般产业的,也有被淘汰的,而一般产业也有发展成支柱产业的。而且有时即使是新兴产业也会取代原来的支柱产业。正确、及时地分析各产业在产业辐射体系中的位置,分析出其发展变化趋势,就能为产业政策制定、产业结构调整提供重要支持,帮助产业优化升级。

2. 产业在产业集聚辐射体系中作用与地位分析

$$M_{产传} = \frac{H_入 + H_出}{H_{体总}} \quad 或 \quad M_{产传} = \frac{H_{产总}}{H_{体总}} \quad (4-2)$$

式中,M为生产和传输;$M_{产传}$为该行业提供的经济能源的百分比。

在式(4-2)中,$M_{产传}$越大,该产业在整个产业的辐射体系中的地位越重要,起到的作用也越重要。这里引入产业辐射体系弹性系数方法,分析产业对整个产业辐射系统的重要性。

其中,产业辐射体系弹性系数$R_{产辐}$的计算方式为:

$$R_{产辐} = \frac{\dfrac{H_{体1} - H_{体0}}{H_{体0}}}{\dfrac{H_{产1} - H_{产0}}{H_{产0}}} \quad (4-3)$$

在式(4-3)中，$H_{体0}$、$H_{产0}$、$H_{体1}$、$H_{产1}$分别表示变更前后的产业集聚辐射系统和产业的输出值，$R_{产辐}>0$，表示产业与产业辐射体系是正相关，$R_{产辐}$影响越大效果越大，产业的发展会提高产业集聚效应，引起其他相关产业的发展和成长，并且该产业的缩小会引起产业集聚的下降，引起其他相关产业的萎缩；$R_{产辐}=0$表明它不会影响产业集聚辐射系统；$R_{产辐}<0$，说明该产业是被产业集聚辐射体系淘汰的产业。

4.2.2 产业发展分析

作为产业辐射媒介的各种资源不足，具有稀缺性，一部分资源又无法再生。资源的变化会引起产业关系的变化。现有资源因为新用途而被开发的话，基于现有资源的产业辐射范围将继续扩大，引起新产业的产生和兴起，使得与原辐射系统无关的产业能够进入辐射体系。新资源的开发会产生新的产业。此时，一些产业将被新兴产业取代，并被产业辐射体系淘汰。

1. 产业集聚与产业发展相关理论

产业集聚，是因为企业家们发现创新有红利，且这个红利可以经过努力合作获得，这样他们愿意抱成团去创新，不同企业家就有动力通过各种专业能力共同合作去追求这个收益，这样就形成了多样性的产业生态系统。其中，产业创新主体以最大化利益为导向，政府则开放所有产业的进入，良好的产业创新生态系统就发展起来了，新兴产业伴随着新兴大科技企业的发展而发展起来了。产业集聚带来的是产业发展。

1) 弗农"产品生命周期理论"

产业发展理论最早可以归结到美国的经济学家弗农，他曾经提出非常有名的学说叫作"产品生命周期理论"。即，当产品在本国诞生，然后在本国慢慢成长，成长到一定阶段在国内的市场出现饱和，为了扩大市场它要出口，以延长其产品寿命；出口以后到了海外，海外其他国家看了这个产品比较好，慢慢就会学过去，那边的产业就会发展起来，与它产生竞争，本国这个产品就衰落了，如果还要继续发展的话，就必须创新出新的产品。

所以在弗农的产品生命周期理论中，需要本国产业到一定阶段去创新发展新的产品。后来该理论逐渐从讨论产品延伸到讨论产业有没有生命周期，实际上产业是有生命周期的。产业生命周期理论是非常重要的，因为产业发展的过程当中，我们看到不同的产业其寿命是不同的，影响寿命的因素有很多，而且其中很大程度上和创新是密切相关的。诺贝尔经济学奖获得者斯蒂格勒，在20世纪 80 年代，也论证了产业的生命周期是存在的。

弗农还研究了产业的边际转移理论。产业在发展过程当中会转移、扩张和分化，转移就是由于区域内要素的差异使产业从这个区域转移到有优势的区域，再加上全球化开放的态势，使得全球的经济受益于产业的扩张与转移；而分化就是随着技术的进步和不断的创新，新产业分化出来了，比如说最早的移动手机只是一种移动电话而已，但现在它已经分化出软件、互联网等很多相关的产业。所以随着技术进步，产业会不断地分化，在原有产业的基础上延伸出很多与原先产业有一定相关性的产业，甚至是该产业的一种升级，这就是产业的分化转移。

2) A-U 模型

哈佛大学的 Abernathy 和 Utterback 提出了著名的"A-U 模型"，该模型指出新兴产业形成与发展是一个动态过程，包括了产品创新、工艺创新在时间上动态发展，从而影响产业的发展演化。[1] 由该理论可知，一个新产业的产生，是由新产品的初始创新开始，然后是进行相应的工艺创新和产业组织等创新，最后取得市场上的成功。一旦成功，其他的模仿者就会进入此领域，也开始生产，开展市场竞争，这样一个新产业就产生了。如今天我们的新能源汽车、智能手机、可穿戴设备等产业无不如此成长起来。然后是产品的不断迭代导致该产业不断发展至成熟；到了一定阶段产业进入成熟阶段，需求饱和增长放慢，之后产业会衰落甚至退出历史舞台。模型还证明了产业生命周期曲线就是众多产品生命周期曲线的包络线。当前，产业集聚带来产业技术进步，产业技术进步反映了一种动态的经济效率，它是衡量经济绩效一个重要指标。同时，产业技术进步，又进一步促进产业辐射。产业技术进步包括产业内的发明、创新和技术转移（扩散）的过程。

2. 产业发展弹性分析

产业之间的发展变化和相互替代关系可以用几个物理量来表示。

（1）产业发展弹性：研究产业和产业的关系，也就是特定产业发展变化的时候，引起其他产业的变化程度。

$$R_{产物} = \frac{\dfrac{Q_{y物1} - Q_{y物0}}{Q_{y物0}}}{\dfrac{Q_{x物1} - Q_{x物0}}{Q_{x物0}}} \quad (4-4)$$

---

[1] 王勤,李灿江.基于 A-U 模型的金融支持传统产业创新驱动发展研究[J].上海金融,2019(11):73-79.

在式(4-4)中，$Q_{y物0}$、$Q_{x物0}$、$Q_{y物1}$、$Q_{x物1}$分别表示变更前后的Y和X产业媒介的流动量。计算产业和产业发展的弹性系数的方法有两种。一是向Y产业媒介输入产业和Y产业被输入媒介发展弹性系数，$R_{产物}>0$，X产业输入和Y产业输入媒介的一致性意味着无法替代，$R_{产物}$越大，两个产业之间的关联越大，相互辐射能力越高，$R_{产物}=0$，表示输入媒介与被输入媒介之间无关系，媒介的更改不会影响其他产业；$R_{产物}<0$，则输入媒介与被输入媒介之间存在替代关系，一种媒介被另一个媒介取代，替代的最终结果是产业替代。使用这种方法，可以分析业界间媒介流量的关系，以此为基础，计划开发现有媒介的新用途的方法，发现哪个行业将兴起，哪个行业被淘汰，有利于产业网络和产业链的调整，进行资源的发现和替代。

同时，X产业输入Y产业媒介与Y产业输出媒介发展弹性系数，$R_{产品}=0$，输入的产业媒介与Y产业生产无关；$1>R_{产品}>0$，表示输入Y产业的媒介和Y产业生产虽然有关联，但并不是绝对的影响因素。$R_{产品}>1$，从X产业到Y产业的媒介输入，对Y产业的生产产生了很大的影响，其输入量和质量将影响Y产业产出的媒介，以及$R_{产品}$越大，其影响越大。

通过$R_{产品}$，可以分析产业之间的关系，区别产业中各种辐射媒介的作用，但媒介对产业兴亡的影响需要结合媒介用途进行详细分析。此外，我们还将分析哪些媒介可用于满足同样的需求。在前面的分析中，虽然只分析了产业媒介的影响，但是为了分析产业和产业的关系，需要引入产业发展价值弹性。

（2）产业发展弹性系数：在有关产业间关系强度的研究中，有替代和被替代。也就是说，如果X产业的发展发生了变化，X产业的变化与Y产业的变化的比率。

$$R_{产价} = \frac{\dfrac{H_{价y1}-H_{价y0}}{H_{价y0}}}{\dfrac{H_{价x1}-H_{价x0}}{H_{价x0}}} \quad (4-5)$$

在式(4-5)中，$H_{价y0}$、$H_{价x0}$、$H_{价y1}$、$H_{价x1}$分别代表变化前后Y、X产业的产值。式(4-5)反映的是当X产业发展变化时，Y产业对X产业变化的反应程度，所以算出来的系数反映的是X产业变化后，Y产业产值变化幅度与X产业产值变化幅度之比。[1]

---

[1] 赵雪莲.产业蜕变传递机理研究[D].青岛：山东科技大学，2009.

$R_{产价} > 0$,X 产业和 Y 产业就是互补的产业关系。也就是说,X 产业发展成长的时候,Y 产业发展成长。如果 X 产业缩小,Y 产业就会缩小。$R_{产价}$ 越大,相互的拉动、刺激越大。$R_{产价}$ 越小,效果越小。$1 > R_{产价} > 0$,两者关系弱,$R_{产价} > 1$,两者关系强。产业用这种特性为研究产业开发如何推进其他产业的发展以及其他产业缩小所引起的产业缩小的原因提供了理论基础。

$R_{产价} = 0$,两个行业之间没有关系。

$R_{产价} < 0$,产业和产业之间有替代关系。也就是说,随着 Y 产业的发展和成长,X 产业甚至会缩小或被淘汰。当 Y 产业缩小,X 产业就会成长壮大。这种关系是产业的替代、结构调整和结构优化的基础。

所有的产品、企业和行业都有生命周期,在生命周期的各个阶段都有各种各样的特性,会对相关行业产生各种各样的影响。产业和企业的发展和衰退必然会导致城市经济和地区经济的发展和衰退。如果城镇和地区只有一个产业,或者有以特定产业为核心的产业系统,那么支柱产业衰退时地区经济就会衰退,无法维持发展。为了实现地区和城镇的稳定可持续发展,必须将产业更替带来的经济发展变动控制在最低限度,发展多个无关联的支柱产业或开发由产业辐射形成的多个无关联的产业是最好的。利用产业发展变化的弹性分析,可以选择与之无关联的产业或产业集团,为地区或城镇科学合理的产业布局提供理论基础。[1]

4.2.3 产业关联分析

产业关联性是指国民经济中各种细分的产业部门之间的经济和技术联系。产业关联分析也被称为投入产出分析,是指基于产业关联表和产业关联模型,定量分析产业间的输入和输出的相互依存性。产业关联的分析结果可以作为经济计划的制定、产业政策的制定、经济预测的基础依据。[2]

1. 产业的关联方式

在复杂的经济活动中,各种各样的产业之间有着广泛而密切的经济和技术关系,其本质是产业间的需求和供给的关系。也就是说,在经济活动的过程中,各产业一方面需要其他产业将其输出作为要素的输入和消费来提供,另一方面,各产业又向其他产业提供其产出以满足其他产业的需求。产业关联性是指以各种投入产品和生产产品为连接纽带的产业之间的技术和经济联系。产品劳务联

---

[1] 任一鑫.产业辐射理论及应用研究[D].青岛:山东科技大学,2006.
[2] 梁丽萍.商贸流通业发展的产业关联演变与关键路径选择[J].商业经济研究,2016(11):23-25.

系、生产技术联系和价格联系等一般作为产业间合作、相互联系的基础,进而形成各种类型的产业间合作。[1]

1) 按产业间供给与需求联系分:前向联系和后向联系

前向联系是指部分产业因为有生产工序的先后,前一个产业部门的产品是下一个产业部门的生产要素,这样一直到最后一个产业的产品,也就是持续到最后一个产品为止。后向联系是指后续产业部门作为先行产业部门的生产消耗,为先行产业部门提供产品。[2]

2) 按产业间技术工艺的方向和特点分:单向联系和多项循环联系[3]

单向联系指 A、B、C、D 等一系列产业部门之间,先行产业部门在生产过程中直接向后续产业部门提供产品,但后续产业部门的产品不再回到上一个产业部门的生产流程。多向循环联系前期与单向联系一致,在前期也是前面部门生产的产品作为后续部门生产性的直接消耗,提供给后续部门,但不同的是,多向联系的后续部门会返回材料供给给相关的先行部门使用。[4]

3) 按产业间的依赖程度分:直接联系和间接联系

直接联系是指两个产业部门之间有为了提供产品和提供技术的直接联系。所谓间接联系,意味着两个产业部门没有直接的生产技术连接,只是通过其他几个产业部门的中介联系。

2. 投入产出法

产业关联法中所谓的投入,是指原材料、辅助材料、燃料、电力、固定资产的折旧以及产品生产所需的劳动力的投入。它是任何产业从事某种经济活动都必须耗用的物质资料和必须使用的劳动力。[5] 所谓产出,是指产品的总生产量,比如生产和消费(中间产品)、生活消费、积累、纯出口(后三个统称为最终产品)等分配使用的方向和数量。这是特定的经济活动,即从事产品或劳动的所有产业所得到的结果。[6] 从国民经济中各个产业之间的联系来看,某个产业的产出就是另一个或几个产业的输入,某个产业的输入是另一个或几个产业的输出。[7] 在市场经济情况下,经济系统的各个部分之间的输入和输出的相互依存性表示为商品

---

[1] 时省.知识密集型服务业对中国创新经济的影响研究[D].合肥:中国科学技术大学,2013.
[2] 李宁.京津冀生产性服务业与制造业协同发展研究[D].天津:河北工业大学,2017.
[3] 于千钧.中国海湾扇贝产业结构、特征和绩效研究[D].青岛:中国海洋大学,2014.
[4] 曲久龙.信息产业的产业关联研究[D].长春:吉林大学,1998.
[5] 李洋.生产性服务业与制造业互动性研究[D].成都:四川省社会科学院,2007.
[6] 李丹.城市发展与房地产业关系研究[D].秦皇岛:燕山大学,2010.
[7] 张巍.唐山钢铁行业发展问题研究[D].哈尔滨:哈尔滨工程大学,2005.

交换关系,即商品的相互购买者、资源的占有者或使用者,以及卖方之间的关系。[1]

3. 投入产出法的理论基础

投入产出分析是从一般均衡的假定出发,把各部门的产品量的依存关系表现为方程组。[2]再依据统计材料,制成一种矩阵形或棋盘形的平衡表,表现国民经济各部门产品的供给和需求相平衡的全貌;并由此求得每一部门的产品总量与它生产这个总量所需其他部门的产品量的比例(称"技术系数"),从而确定上述方程组中的有关参数值。[3]从含有这些参数值的方程组,推断某一部门产销情况的变化对其他部门的影响,计算为满足社会上一定的"最终消费"(即个人及政府消费、投资和输出)所需生产的各种产品总量,并预测国民经济发展的前景。[4]

4. 投入产出表

投入产出表和投入产出模型是产业关联分析的基本工具如表 4.1 所示。投入产出表是包含一定期间(通常 1 年)国民经济的各种产业的投入源和产品去向的表。投入产出表中有实物产业关联表和价值产业关联表,其中最广泛使用的是价值产业关联表。

表 4.1 价值型投入产出表

投入\产出		中间产品				最终产品			
		科技创新和战略性新兴产业	现代服务业	先进制造业	合计	积累	消费	净出口	合计
物质消耗	战略性新兴产业								
	现代服务								
	先进制造								
新创造价值	折旧								
	劳动报酬								
	社会纯收								
总产品									

[1] 李洋.生产性服务业与制造业互动性研究[D].成都:四川省社会科学院,2007.
[2] 张雷.投入产出指数(IOP)核算理论与推导[J].中外企业家,2014(3):3-4.
[3] 沈振华.关于人才预测的几点看法[J].上海高教研究,1982(1):126-131.
[4] 迟明园,金兆怀.东北地区服务贸易对经济增长的影响[J].当代经济研究,2018(6):73-79.

实物产业关联表是根据各种产品的实物单位来测量的。在实物投入产出表中,由于测定单位不同,无法直接加算各列的数值,所以难以收集制造工序中各产品的总材料消耗量(投入量)的统计数据,以及其他因素,所以对经济分析的适用受到限制。

价值投入产出表中记录了所有中间产品值、最终产品值、新创造价值、总产品价值,这些全部用货币表示测量值。

从水平角度看,各行数字反映了行业提供新的价值项目,从垂直角度看,数字序列反映了行业新创造的价值构成。

(1) 从水平上看,各产业的总产值＝各产业提供的中间产品的价值＋各产业的最终产品的价值。[1]

(2) 从垂直角度来看,各产业的总产值＝各产业消费的中间产品的价值＋各产业的新创造的价值。

(3) 对于全体国民经济,从水平方向看的总输出值和从垂直方向看的总输出值必须相等。

4.2.4　上海产业发展与辐射领域

1. 上海产业发展

上海在产业发展过程中,逐步排除落后于时代的产业,培育和整合技术革新和战略性新兴产业、近代服务产业、先进制造业,实现产业变革和升级,加强上海作为国家经济的中心城市的辐射和原动力。上海通过产业发展实现了自身的发展,之后通过产业的扩大和转移实现了对外辐射,从而推进了周边地区的发展。

1) 产业发展带动经济发展

产业发展是上海加强整体实力、在外界发挥作用的前提条件和基础。上海凭借其高经济能源水平和强大的经济实力,可以在外界发挥主导作用。在经济和社会发展方面,上海的城市互动作用比其他城市都要优越。经济实力的强化对于城市的集聚来说是不可缺少的条件,只有在一定程度集聚的情况下才能产生辐射。辐射产生的本质是产业带动经济发展。城市的经济实力越强,其辐射力就可能越强。因此,经济实力在一定程度上反映了城市的辐射作用。

---

[1] 顾国达,周蕾. 全球价值链角度下我国生产性服务贸易的发展水平研究——基于投入产出方法[J]. 国际贸易问题,2010(5):61-69.

2）产业发展引领科技创新

在当今世界,科学技术革新能力已成为地区实力最重要的体现。在经济全球化的时代,具备强大技术革新能力的地区,在产业分工中处于高端地位,可以创造刺激国民经济的新产业,拥有领导社会重要独立知识产权的经济发展实力。总之,技术革新的能力是当今社会活力的标志,是地区发展的关键点,也是决定区域辐射作用的重要因素。

3）对外交流为产业发展提供机遇

今天的世界是一个开放的世界,区域开发可以在国内和国际范围内进行。如果没有一定程度的开放性,就完全没有外部辐射。区域的开放度越高,对辐射和被辐射的影响越大。参加对外开放市场、培育产业链的国际分工,为上海产业提供了抓住技术进步的可能性。

近年来,上海的全球化企业适应了产业发展的整体趋势,通过对外投资促进了上海和其他省市的共同发展,形成了投资辐射的独特特点。一方面,上海积极推进了外溢发展战略。通过企业的扩大和发展,输出资本、技术、信息、管理方面的优势,加强了经济中心的服务、辐射、运行功能,促进了城市和内陆的经济发展。另一方面,上海的企业通过外溢和扩张形成了"瓜蔓藤效应",促进了上海经济发展朝着内地持续扩大的趋势。

4）产业发展带动交通通信发展

交通网络和通信设备是地区之间传播资源和信息的媒介,决定了中心城市的辐射方向和辐射范围。

2. 产业发展与集聚辐射领域

一般来说,中心城市能在放射线中起主导作用的主要原因是它们具有更高的经济能源水平和强大的经济实力。在经济和社会发展各方面,相对优于其他城市,因此能在城市互动过程中占据主导地位。这里从劳动力需求、交通运输、金融业、商业、生活服务五个方面来探究国际化大都市所发挥的辐射带动作用。

1）劳动需求领域

劳动是所有产业都能辐射的领域,这也是所有产业发展的最终目标。解决食品、衣服、住房、运输等人们日常生活问题是经济发展的基础。产业对于劳动力的需求分为两类:一类是专用需求,即劳动者具有相关产业的技术、知识和技能;另一类是通用型,即劳动者所掌握的技术、知识和技能是所有专业通用的。

劳动力总需求量＝产业需求量＋辐射领域需求量

产业需求量＝专用劳动力需求量＋通用劳动力需求量

2）交通运输领域

每个产业的产品要输送出去，离不开交通设施，要根据产业规模的大小建立相应的交通运输设施，进而带动区域经济的发展。

3）金融业领域

产业需要投资，生产经营也需要资金，从而带动金融业的发展。

金融产业发达，集聚度高的地区，相应地对其他地区的辐射效果也大。这个主要反映在金融产业发达的地区，资金筹措很容易，可以迅速有效地引导资金的合理流动，提高资本分配的效率。资金更容易筹措并输送到其他需要资金的地区，可以推进其他地区的发展。

4）商业领域

生产需要设备这一点将拉动生产资料领域产业的发展；劳动力需要解决基本生活问题，这一点将拉动消费领域产业的发展。

5）生活服务领域

这主要是由产业或相关产业的间接辐射形成的，包括商业、运输、房地产等。随着科学技术的发展，生产水平提高，人们的消费观念发生了变化，生活服务产业将发生巨大的变化。

4.3 产业集聚中的辐射效应

4.3.1 辐射效应的成因

在关于产业辐射原理的研究中，同种辐射媒介有多种用途，通过不同的媒介可以满足同样的需求。产业辐射的这种特性为产业辐射网络的形成提供了基础。[1]

1. 产业辐射网络形成的基础是产业辐射媒介多种用途的特性

同一种类的产业辐射媒介有多种用途，可以在不同的产业中使用和在不同的产业之间流动。由此可以看出，通过媒介的流动，产业和产业之间形成的关系不是线性关系，而是一种多重网络性关系。对一个产业来讲，其他产业和它只能

---

[1] 孙晓惠.煤矿企业与地方经济协同发展模式研究[D].青岛：山东科技大学，2010.

形成一种多渠道线性辐射关系,但所辐射的产业之间也同样存在产业辐射媒介的流动,这就将原来线性辐射关系演变成网络辐射关系。煤炭产业生产的煤炭有很多用途,最基本的用途是燃烧产生热量,这个用途将其与电、餐饮、其他产业相结合。同时,煤炭是重要的化工原料,煤炭产业是钢铁产业不可或缺的原料,与钢铁产业相连,相互辐射形成以煤炭为主体的产业辐射网络。

2. 同一产业生产的多样性

一般情况下,一个产业不仅生产一种产品,而是生产许多不同属性的产品,满足不同产业的需要。

这些具有不同属性的产品流经不同行业,让相关行业可以紧密联系在一起形成网络关系。产业辐射网络形成的主要原因是生产的多样性和产业辐射的相关行业之间的相互交换。在循环经济开发模式中,将各个产业中生产的产品、副产品、废弃物看作资源,除了通常的产品生产之外,各产业还包括副产品和废弃物的生产。这种观念的形成使产业生产的多样性进一步扩大。循环经济的发展丰富了生产的意义,所有产业都有多个产品产出,这些产品只能通过交换来实现,因此,循环经济的开发模式扩大了产业间的交换范围,完善了产业辐射网络。

3. 同样的需求可由多种不同的媒介来满足,从而引起产业辐射网络的产生

生产要素的组合和生产组织十分多样化,同一产品的生产可以通过不同的生产技术和生产设备来满足。这个生产特性满足同种生产可以在多个媒介上实现的要求。[1] 可以使用不同媒介的事实决定了媒体之间存在替代关系,决定了业界在交换辐射媒介时可以与多个产业相互联系。某行业与其他行业连接形成多通道线性辐射关系,产业之间进行媒介交换,层层连接形成产业间的网络辐射关系。

4. 同一产业输出输入的多样性促使产业辐射网络的形成

生产产品不仅需要各种各样的工具,还需要各种各样的资源和材料,由此决定了行业输入的多样性,决定了产业在生产和开发的过程中需要与很多相关行业进行沟通,这些产业要与其他相关产业交流,必须形成相互关联、相互影响的产业辐射网络。同样,各个产业生产的产品有很多种类,它们根据用于传递经济能量的用途在不同的产业之间流动和交换。相关行业间通过产品交换、相互影响,形成了相互连接的产业辐射网络。

---

[1] 尚永东. 煤矿企业与地方经济协同发展模式的构建[J]. 科技视界,2012(4):122-123.

5. 社会分工与协同加快了产业辐射网络的形成

科技发展使得社会分工越来越细,许多产品被分解成许多部分,由各种产业生产。由于这种生产趋势,行业间的交换会变得更加频繁,交换的领域也会变得更广泛、更深刻。为了更有效地向社会提供产品,产业界间的合作也变得紧密,不仅仅是商品交换,还有技术、资本、信息、人才等很多合作。分工的进一步细化影响了相关行业之间的合作关系,形成了更加完善的产业辐射系统。因此,随着社会分工的持续改善和越来越紧密的合作关系,产业辐射网络的形成和改善更加迅速。

6. 产业辐射媒介的替代性

产业辐射媒介替代性决定了同一产业能根据媒介市场的需求和供给、生产状况和科学技术的发展来调整所需介质的种类、数量和规模,调整与相关产业之间的关系。产业辐射媒介的替代性特性引起辐射媒介流动方向和渠道的变化,从而引起产业之间关系的变化,并且这种替代性扩大了辐射媒介流动范围,引起产业辐射范围的扩大,使产业辐射网络扩大。

7. 产业和产业间经济辐射能量交换是产业辐射网络形成的关键

物理上的辐射是指高能量物体向低能量物体传递能量的过程,这种辐射结果必然引起一方能量绝对量的减少而另一方能量绝对量的增加。产业辐射中经济能量传递是相互对等的,也就是说,一方必须向另一方输入特定的媒介,另一方也必须以同样的方法向输入方输入其他的媒介。暂时不平等的放射线会影响整个辐射体系,但不会有破坏性的影响,若长时间持续下去的话,必然引起媒介输出方无法生存,最终以失败而告终,辐射源消失,相关产业受影响,引起产业辐射体系的调整。正是由于产业之间的经济能量交换存在对等性,才形成了产业辐射网络。由于产业之间互相进行经济能量交换,形成的不是线性的连锁关系,而是辐射状的网络关系。线性关系只是一种特殊情况。

4.3.2 辐射媒介

以中心都市为核心,向外围都市辐射过程的影响因素非常复杂,从影响辐射效应的媒介出发,包括政府政策、中心至外围都市之间的通信交流,如公路铁路等交通情况这些主要因素。一方面,政府政策作为"风向标",对产业转移起引导作用,产业转移离不开政府政策的牵引,另一方面,都市间交通的便利程度也大幅度影响辐射效应,如中心都市和外围都市间距离的远近程度,若外围都市距离远,位置偏僻,则很难接收到中心都市的辐射效应;除了都市间直接距离这一因素之外，交通通达程度也有一定影响，以长三角为例，南通和嘉兴与中心都市上海的直接距离都为150公里，但由于上海与南通间隔着长江，且沪苏通铁路于2020年7月才实现通车，这些不便利的交通因素阻碍了南通接受上海的经济带动效应，与嘉兴相比，上海的中心辐射效应对南通的作用较小。此外，通信和交通的条件也对都市间生产要素和市场的流动产生了积极的推动作用，这也是促进产业转移的重要因素。

4.4 产业集聚中的辐射网络

4.4.1 辐射网络的构成

产业集聚经济辐射效应的形式一般可以分为三种类型，分别为点辐射、线辐射以及面辐射。其中，点辐射主要指以大中都市为中心并向外围都市扩散的现象。大中都市凭借自身的区位优势，在一定区域范围内通常具有经济中心的地位，起到辐射源的作用。这些中心都市不断向周边地区提供技术和资金，从而带动整个区域的发展。线辐射一般是以交通线等为辐射路径，以交通带动经济发展，中心都市的经济会沿着交通线的分布向外围都市扩散。当中心与外围都市之间的交通通达性相对较高时，都市间信息交流的成本就更低，流通速度也更快，相应的市场空间和资本空间也会进一步扩大，从而带动产业集聚经济的整体发展。面辐射可以理解为点辐射与线辐射的结合体。面辐射在点辐射与线辐射的基础之上，中心都市与其周边地区之间的辐射效应带动起来之后，这个面会继续向外扩张从而形成更宽的辐射面。在各类经济辐射过程中，不难看出经济辐射对于区域经济整体发展的重要性。

产业辐射网络首先由结点构成，每个结点就代表一个产业，一个产业是许多制造类似产品或类似产品的公司的集合。每个行业不仅有不同的媒介输入即生产要素，也有媒介产出，即产品、副产品和废物。每个分支既有产业辐射系统内相关产业的媒介输出和投入，也有产业辐射系统外的媒介输出和输入。对于一个产业点来说，它的输出大于输入为优，输出与输入的差值越大越好。产业辐射网络的第二部分是箭头线，是一条带箭头的直线。代表辐射媒介的流向，箭尾代表资源输出行业，箭头代表资源媒介输入行业，箭头线上的字符代表输入和输出资源的类型和数量。产业辐射网络第三部分为资源流的层次，展示了资源在产业辐射系统的相关产业中的使用情况。产业辐射网络的第四部分是资源流向，一个资源从哪里输出到哪里,中间经过了什么变化,流向的最终结果是什么;而外部输出媒介的总价值与对内部输入的总价值的差值越大,辐射系统效益越好。

4.4.2 产业辐射的种类

一个经济实力、科技发展和开放水平较高的地区,如果与一个综合经济实力相对较低、科技发展不足、开放程度相对落后的地区进行资源、要素和思想的传播,则距离综合实力强、科技水平高、对外开放程度高的地区越近,作用越强,综合经济辐射越大、辐射速度越快。产业辐射的路径是点辐射经线辐射到面辐射的过程。[1]

辐射理论认为有不同产业间的点辐射、线辐射和面辐射。主产业可以推动许多副产业的生产和发展,副产业可以派生出次级副产业。也就是说,从主产业这个点来看,辐射产生副产业,主产业和副产业形成一条线,这条辐射线又辐射产生次级副产业,从而形成一个面[2],由这个面又辐射产生其他产业,从而形成一个产业圈,一般来说,产业辐射可以分为点辐射、线辐射、面辐射三种。

(1) 产业辐射中的点辐射是由区域经济的点辐射产生的,因此这两个点辐射有很多共同点。在产业经济中,点辐射是指以某产业为核心对相关产业形成的辐射作用,其分成多个层次。区域经济的辐射,像向平静的水面投掷石头一样,以大规模的城市和地域为中心向周边地区扩展,产生的波浪从中心向外部逐渐扩展。从静态的观点来看,中心城市或区域的现代化进程和经济发展水平相对较高,技术、才能、资本相对充足,居民的思想、想法、生活习惯也可能比周边地区先进,如果周边地区和中心城市或地区能够互补彼此的优势,那么以中心城市或地区为中心的区域的现代化就可以大大加快。

(2) 产业经济中的线辐射源于区域经济的线辐射,二者有很多相似之处。在区域经济中,线辐射一般以铁路干线、高速公路干线、国境、大河流、五大湖的水路以及沿岸的陆带为辐射带状源,扩展到两翼或上下游区域。线辐射由一系列的点辐射组成。辐射干线上一系列城市或地区的经济发展水平和现代化程度相对较高,辐射干线两翼的经济发展水平和现代化程度相对较低。其结果是,城市和地区的资本、技术、才能、高度的创意、思维方式、生活方式都在辐射干线上,在两翼落后地区相互传播,促进了整个区域的经济发展和现代化进程。线辐射

---

[1] 管志华.国家中心城市政策背景下郑州经济辐射力研究[D].重庆:西南大学,2018.
[2] 余秀荣.国际金融中心历史变迁与功能演进研究[D].沈阳:辽宁大学,2009.

分为中心带、过渡带、受益带三个层次,这些经济辐射能量的发展和变化之间的关系类似于点辐射,但没有点辐射更直观,很难被人看见。

产业经济中的辐射是指由产业链上的相关产业形成的辐射链,是形成产业辐射网络的关键。基本原理和区域线辐射相同。

(3)产业经济的面辐射和区域经济的面辐射十分相似。在区域经济中,点辐射和线辐射会加速辐射区域的经济发展速度和现代化进程。结果就是以中心城市和辐射干线为核心,形成了具有相对较高的经济发展水平的现代化地区。面辐射正常时,它们自身相互辐射,与周边相互作用强,相互影响大,对经济发展有积极影响。面辐射不正常时,它的负辐射效果也很强,自身相互反辐射,相互影响的负面作用很大,对经济发展的负面影响亦不小。产业经济中的面辐射是指通过进一步开发基于点辐射和线辐射的发展而形成的产业辐射网络。辐射理论反映了经济发展和现代化过程中的一般规律,明确了经济发展和现代化过程中影响因素的传递机制,明确了其过程中"经济辐射能量"的传递方法、规模和手段。点辐射、线辐射、面辐射具有相同的特性,无论是哪种辐射形式,都是辐射介质的流动、经济能量的传递和产业间的相互拉动。

准确的说,点辐射和线辐射是抽象的概念,因为地图上的每一个点和线都代表现实中的一个城市或区域,在产业辐射中代表一个产业或一条产业链,所以具有面辐射的特点。每个点辐射和线辐射最终都会以面辐射的形式出现。但是点辐射和线辐射也有它的重要性,尤其是在分析区域之间的差异和相互作用时。点辐射、线辐射和面辐射没有既定的顺序,也不是从点到线、从线到面的过程。在一个辐射系统中,这三者可以同时存在。各种形式的辐射相互联系形成一个复杂的辐射网络,进而形成整个辐射系统。[1] 因此,所谓的点辐射、线辐射和面辐射是辐射的三种基本形式,也是辐射系统最基本的要素。由点辐射和线辐射组成的辐射网络向外推动,形成面辐射。

4.4.3 产业辐射的层级与辐射接受地

1. 产业辐射的层级

产业辐射体系中产业间的关系不同,所形成的产业辐射体系水平也不同。主要分为下面几个层级。

---

[1] 张河清,王蕾蕾.辐射理论在区域旅游合作中的应用[J].广州大学学报(社会科学版),2010,9(12):36-40.

第一级被称为相关强度高的网络级或专业辐射网络级。这个水平的产业以特定的骨干产业为中心,其他产业以骨干产业的生产和运营活动为中心形成。这些产业依赖主导产业。其中一些是机械设备、原材料、主导产业的附属品等。也有利用主导产业提供产品的,对主导产业的产业链依赖程度很高。当主导产业发展时,这些产业上下游企业都会急速发展、成长;当然主导产业也会缩小或转移,这时主要产业链上下游的需求和供给都会相应变化并受到相关影响。

第二级被称为相关强度一般的网络级或过渡网络级。在这个级别上的产业与主导产业没有直接关系,而是与主导产业所直接辐射的产业发生联系,间接受到主导产业的发展和变化影响。其依附主导产业的程度比较低,生产的产品不是专用于某个特定产业,而是可以同时在多个产业中使用,需求的产品也由几个产业共同提供。

第三级是相关程度比较低的基本网络级。由这个级别的产业生产的产品是普遍的,也就是说,几乎所有的产业都可以使用。虽然专业产业和过渡产业的发展和变化有影响,但由于媒介交换的数量和规模不大,影响程度不大,这种产业可以相对独立发展。这些产业大部分是基础产业,通常应用于服装制造、农业、食品加工、一般机械制造业等。

2. 辐射接受地

辐射接受地所在的外围都市接受中心都市的经济辐射的差异也与其自身的一些资源禀赋有关,如外围都市的生产要素供给、技术创新能力等,其中生产要素供给方面的原因有劳动力成本、人均可支配收入、土地成本等。劳动力成本差异是一个重要影响因素,一般情况下,产业会由劳动力价格高的地区转向劳动力价格更低的地方,劳动力在产业间的流动除了受到劳动力价格差异的影响外,还受政治、宗教、文化、意识形态等其他多种因素的影响。除了生产要素供给中两地的劳动力成本差异之外,外围都市的技术创新能力也决定了其接受区域中心都市辐射效应之后的产业发展能力,如人才储备、专家储备等。此外,外围都市自身的基础设施条件也是影响其接受辐射的重要因素,如当地的交通设施、环境承载力等。

第 5 章
大都市产业集聚的辐射效应形成与度量

5.1 大都市产业集聚与辐射效应

5.1.1 大都市产业集聚特征与选择因素

1. 大都市产业集聚特征

德国经济学家韦伯曾在其论著《工业区位论》中提到，工业分布就一般的社会形态而言，通常有往生产费用最低地区延伸的趋势。但是韦伯指出，影响工业经济区位的决定因素既不是社会制度，也不是一定的自然条件、最少费用或其他社会经济因素，而是最大利润，也就是尽可能使产出量与投入量的差量（即利润）为最大。因此在经济活动区位选择的实际操作过程中，常常需要尽可能多地占有市场或接近多个市场以保证在足够大产出的情况下，使投入量（即成本费用）最小，从而使获得的经济效益（即利润）最大。

都市产业集聚选择的经济效益有两个突出的特征，即地域性和完整性。

（1）产业集聚的经济活动往往会选择经济效益好的大都市，特征表现为由于都市间地域差异而产生不同的费用或利润。当然产业集聚的经济活动的可能性各有差异，产品在生产、流通、交换和消费开支或收益上也都有差别，原因是不同都市的自然和经济条件具有差异性。

（2）大都市选择产业集聚经济优势的完整性特征指的是，选择产业集聚活动的经济优势应体现在从产品的生产到产品交付市场或消费地（包括生产、流通、交换、消费等）的过程中。

2. 大都市产业集聚选择的因素

（1）产品运输成本。运输成本是都市产业集聚选择的一个重要依据。它并不只是重量和距离的函数。当然，对运输成本的衡量需要进行综合分析，包括运价率、物流服务业集聚等。

（2）交通便捷。所选择都市位置的对外交通联系是否便利，是不是交通枢纽,含铁路公路等交通运输设施的条件,如靠近铁路或铁路支线,包括水运、空运和港口码头等。

（3）协作条件。所选择的区域是否具备厂外配套协作条件。厂外配套协作条件是厂址选择中经常涉及的一个重要问题。它不仅指不同性质的工业企业要求靠近已有的协作厂,而且也包括寻求将有可能建设协作厂的条件。有些选厂本身就是按协作关系成组的定点组合。

（4）消费条件。所选择的区域是否接近市场,具有很大的消费潜力。工业产品生产的目的是满足社会再生产和人类生活的需要,因此需求的集中点(市场)是选择最佳地点的条件。在这里,我们要充分了解各个行业的消费结构,不同工业企业的产品及其区域分布的特点。

韦伯认为,当集聚而节省的成本超过因运输成本(或人工成本)而节省的生产成本时,就会发生集聚。一般来说,具有高集聚潜力的区域是大多数彼此相邻的区域。

现代研究假设产业空间集聚的主要原因是：①促进专业投资和服务发展；②提供一个以具有专业技能的工人为中心的市场；③使公司从技术溢出中获益。[1] 集聚经济植根于生产过程。指定地理区域内的企业、组织和基础设施之间的连接会产生规模经济和范围经济,具有总体劳动力市场发展、专业知识的集中和本地供应商的增加、消费者互动、共享基础设施等特征。

3. 产业集聚与大都市辐射的关系

产业集聚意味着产业转移,例如某些产业从一个城市或地区转移到另一个城市或地区,而都市产业集聚辐射效应是指一定区域范围内产业和经济间的相互作用。大都市辐射效应反映的是区域经济中的劳动力、资源、产业等要素从经济发展水平较高的中心都市向发展落后的外围都市流动、转移与传播的过程。二者互为原因,互为结果,相互推动,呈现出互动发展的关系。

1）伴随产业集聚的产业转移是促进都市辐射的重要方式

产业转移从企业角度而言,是企业主体将自身业务在空间范围内重新调整和布局。为了追求自身利润最大化,企业必须以市场价格和生产成本为导向合理布局业务发展区域,其中物质生产资料,资本、人才、技术等要素的流动是企业转移业务的基础。地区进行产业转移的过程,不仅是适应和优化地方经济和产业结构的问题,同时也是经济向外辐射的过程。地区间都市辐射效应是在产业

---

[1] 倪旻. 我国服务业集聚对FDI区位选择的影响[D]. 南京:南京大学,2017.

转移的驱动作用下逐渐生成,并通过中心外围地区间产业的转移和迁徙,逐渐带动都市经济的拉动力,从而提高一区域范围内经济整体水平。此外,随着产业承接地要素竞争力的提升,还将会吸引更多的外部产业。

2) 都市辐射效应为产业集聚向产业转移创造条件

伴随产业集聚的辐射的过程也是都市间规模经济效益、技术溢出效应的过程,在这个因素的驱动下,都市间的基础设施和配套设备也会不断地完善,从而为产业转移创造了良好的外部环境。企业为了提高生产效率、降低生产成本、提高竞争力而改变外部环境,将会逐步考虑将企业的产品线进行合理的分配。从都市辐射效应的带动趋势来看,初期当辐射地的经济水平提高后,会进一步吸引其他地区的企业向该地区进行转移,包括相关的生产要素和配套设施等要素的流动,但当辐射地的经济水平等综合条件发展到一定规模和阶段时,产业间过度的竞争和生产成本的提高又会导致规模不经济,该地区的比较优势逐渐减弱,则又会带动产业在区域间的转移。由上可见,都市辐射效应又为产业转移创造了条件。

3) 都市辐射效应能够加快产业结构调整

其一,大都市随着经济和产业发展,会逐步将"低附加值"的传统制造业,或者高耗能产业转移,包括效率低、利润少的劳动密集型工业逐步向周边辐射。比如上海到昆山等。其二,随着业务的小型化和分散化趋势,影响了城市收款和经纪行业的产业配置。其表现之一是一些经济发达国家小企业的快速增长。比如客户在上海,而公司在太仓,等等。全球新科技革命带来的生产规模和公司结构变化的趋势,在初始期会更好。其三,随着新技术革命的到来,打破了资源分配与生产力分配对规模、附加值和产品统一的严格限制。货物的承载能力高,则对其影响不大,加快了都市产业布局的集聚辐射趋势。比如环上海都市圈等。

5.1.2 大都市产业集聚与辐射

产业辐射是产业集聚的结果,当产业集聚发展到一定程度,劳动力价格、土地价格、交通拥堵、原材料和能源价格等区位因素的变化会导致行业竞争力下降、利润下降。为了解决这个问题,产业需要在更好的位置进行重组,进行区域扩散和产业扩散。

1. 产业集聚与产业转移

产业转移是由于经济水平不同而在特定地区发生的一种经济现象。一般在产业生命周期的理论下,经济发展水平较高的一些地区中,比较具有优势的企业通过外商投资将部分产业转移到周边相对欠发达地区,因此这些产业在区域空间的布局也会出现相应的调整,从而优化区域经济结构、提高资源要素的利用率。在产业转移的过程中,生产要素会发生变化并重新组合以形成新的生产力;资本要素的流向及形式会随之改变,投资途径便随之拓宽。从产业发展角度来看,劳动密集型产业过渡到知识密集型产业,会推动劳动密集型产业逐渐由发达地区转移到不发达地区,如珠三角劳动密集型产业向湖南、江西转移,不仅优化了珠三角的产业结构,还带动了湖南与江西的产业发展。由此可见,产业转移可以带来两方面的作用:一方面,产业转移能够优化产业迁出地产业结构,协调产业的空间布局;另一方面,产业转移还能实现各类要素区域间与区域内的合理分工,推动产业链升级。

2. 产业集聚与产业承接

产业承接的概念往往来自产业转移。产业承接指在产业发展过程中,往往需要通过寻找更廉价的地段、更密集的劳动力及更少的劳动力支出来控制产业生产成本,而经济欠发达的地区具有以上的特征,欠发达地区利用这些优势将经济发展水平较高地区的产业转移部分给自身进行生产。产业承接现象也是由于地区之间经济以及产业发展的不均衡,存在一定的梯度差异,经济水平较高地区的部分产业倾向于向土地、劳动力价格更低的地区转移。作为承接地区,经济欠发达,所以有两个方面要进行考量:一是自身所拥有的资源量;二是协调这些资源,承东启西的能力。根据这两点的评估结果,选择适合当地的产业进行转移,即根据资源水平及产业承接能力对转移产业进行选择。通过产业转移,地区间可以进行深度合作与交流,相互配合完成生产转移,寻找最契合当地的发展方向,提高自身资源的利用率与资源开发的合理性,同时通过整合两个地区的资源,也能为产业未来的转型与发展寻找新出路。为了了解经济欠发达地区对相关产业的承接能力,学者作了许多相关研究,总结出以下重要因素:首先,产业生产过程中的投入成本是基础要素,成本高将加重产业链转移负担,严重阻碍其转移;另外,经济欠发达地区对产业的支撑及发展能力也是重要的影响要素,其中包括产业园区的建设、产业平台的开发、地区环境忍耐力等支撑能力和消费市场水平、当地薪酬水平、人才引进程度、科研水平等继续发展能力。

3. 产业集聚与产业扩散

产业扩散是指产业生产(包括产品和服务的生产)日益本地化,但新制造设施的发展并没有消除原产地工业的存在。经济发展领域的不同梯度意味着经济活动正在通过资本投资、技术扩散和劳动力迁移从一个地区转移到另一个地区。在空间维度上,经济活动的变化主要表现在两个方面:扩散和转移。如本书所指,"扩散"是指膨胀和扩散。扩散源向周围的方向依次、近、远扩散,扩散强度随着距离的阻碍而逐渐减弱;"转移"更多指的是波动扩张的现象,一种特定类型的经济活动在从一个地区转移到另一个地区时往往会穿越特定的空间维度。区域间产业转移可以看作是经济发展区域之间比较优势转换的必然结果,即集聚机制不再是经典的要素流动,而是以中间产品为纽带的上下游连接。制造业、中间产品的生产者和消费者的双重身份有利于集聚或国际专业化过程的出现:以较低的成本成为下游连接。相反,成品生产领域为中间产品的生产提供了巨大的市场。

假设一些国家或地区具有自我增强的优势,随着贸易自由化程度的提高,大量制造业集中在该地区,这些地区比其他高工资国家或地区的优势进一步增强。然而,随着时间的推移,全球对工业品的需求持续上升,使得生产集群的经济活动更加活跃,集聚过程得到加强,工资也随之上涨。我们通常看到北京、上海或深圳等经济活动相对较多的地区可能支付更高的工资。随着这一进程的推进,不同地区的工资差距变得越来越重要。毕竟一些企业若在发达地区则无法支付高工资,无法支付高工资的企业目前正在其他地区进行投资,这样企业就有利可图。随着这些企业转移到其他地区,这些地区也开始积累自己的优势,强化自己的优势,这些地区的工资继续上涨;不久,第三个区域进入了同样的过程。进一步考察产业扩散机制,需要考察几个不同劳动强度和投入产出结构的产业。产业扩散可以看作是大量企业离开集中区的行为,但这种行为并不限制个别企业的扩散,也不仅仅是向邻近地区的扩散,它们需要更大规模的环境。产业扩散行为包括企业搬迁到其他地点,以及企业将某些功能联系搬迁或在其他地点设立新的生产、销售和研发地点。[1]

4. 先集聚后辐射

一般来说,企业总部更愿意设在大都市(如上海),同时,企业为成本考虑,更多时候会把生产制造部分放在周边城市,这样就一步步形成大都市产业集聚辐射效应。以江苏泰州医药产业为例,上海和泰州地处长江三角洲,地理位置相近,经济联系密切。近年来,泰州医药高新区主动与上海接轨,促进上海医药产业集聚的辐射效应,如上海复旦张江生物医药有限公司在泰州建立产业化基地。其中,复旦大学通过其与泰州高新区联合成立的泰州健康科学研究所,启动以泰州人为主要研究对象,探索遗传、环境等因素与重大慢性病的关系,并提出预防

---

[1] 钟韵,林耿.珠江三角洲产业扩散机制初探[J].开放导报,2005(3):105-108.

和治疗对策的相关研究项目。有相关数据显示,泰州医药高新区内超过50%的科研项目都与上海有合作,可以说其承接上海的产业集聚辐射很明显。动车组泰州至上海班列于2020年7月1日正式开通,进一步推动沪泰医药产业融合,为上海产业集聚辐射和泰州医药产业与长三角一体化发展战略的融合,开辟了一条更快的道路。通过1998—2013年东部沿海与中西部内陆地区的产业集中率,如图5.1所示,可以看出大都市产业辐射与经济发展联动是一个过程,不能仅仅追求产业集聚,因为产业集聚到一定程度或一定阶段,一定会走向集聚辐射,并通过集聚辐射进一步带动城市经济发展。

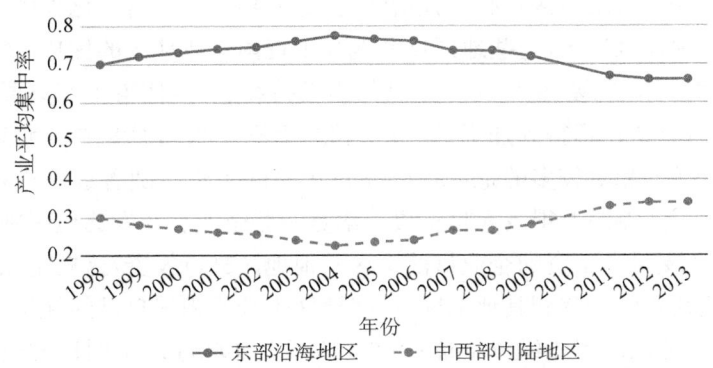

图5.1　1998—2013年东部沿海与中西部内陆地区的产业集中率

其实,集聚辐射一直都存在。其历史最早可以追溯到100多年前苏州大名鼎鼎的"平望米市",苏州平望是当时苏州商品粮集散中心,通过集散中心这里形成了最有特色和影响力的米业和米业集聚,推动平望商业繁荣;同时,这些大米少部分供应本地所需,绝大部分通过运河运往全国各地。这也同时说明平望经销的大米不仅有本地的,也有从湖南、湖北和江西收购来的,辐射面很广。

5.1.3　产业集聚辐射效应对大都市发展的影响

这一部分将从要素集聚效应、交易成本效应和专业化溢出效应三个方面解释产业集聚辐射效应对城市发展的影响机制。

1. 要素集聚效应

要素集聚效应是指产业集聚引致生产要素在城市的集聚及积累,进而促进城市经济的增长。一般而言,在产业集聚升级的过程中生产要素在城市的集聚及积累主要通过以下机制得以实现。

1) 城市地区生产要素集聚的路径机制

(1) 产业集聚通过产业集中和有效土地的利用降低了生产要素的运输成本。产业集中和产业土地有效利用带来的是交通基础设施的改善及物流业的发展。交通优化及网联网的拓宽,使得资源进入城市地区的平均运输"冰山"成本显著下降,即产业集聚使得城市地区市场主体获取资源的效率提升,进而加快了生产要素的集聚和积累。同时,交通优化及网联网的拓宽使得城市地区市场主体获取资源不再受到空间和时间的约束,进而丰富了市场主体获取资源的多样性,从"量"和"质"两个层面优化了城市地区的要素资源。

(2) 产业集聚优化了城市的服务水平,从社会效用层面提升了要素的积累。生产要素的配置受到社会效用的影响:若要素主体在本地区的社会效用上升,则生产要素更倾向于积累至本地区;反之,若要素主体在本地区的社会效用下降,则生产要素更倾向于流向外地区。产业集聚使得城市内产业种类更具多样性,服务型企业数量增加,产业园区基础设施进一步完善,高质量服务产业配套不断强化,促使城市服务水平整体提升,进而优化了城市地区的社会效用,从而强化生产要素积累。同时,服务业的产业集聚加快了城市内部服务行业的发展,其占比上升增加了城市规模扩大带来的边际效益,服务配套水平的提高增加了资本与劳动力要素集聚的意愿。

(3) 产业集聚增加了就业机会的供给,通过劳动力市场需求强化要素集聚。在产业集聚和升级的过程中,城市地区企业和劳动力之间进行双向选择的机制更加完善与丰富,创造了多样化的竞争机制,降低了不对称性,这将吸引更多劳动力进入城市。产业集聚本身就能够提供充足的就业机会和发展机会,集聚产业的增加也促进了城区未开发区域以及郊区功能的开发,进而形成劳动力磁场效应,同时吸引农村剩余劳动力"入城",最终形成要素资源集聚。[1]

2) 城市地区生产要素集聚的结构性调整

要素集聚效应并不单纯地意味着生产要素在量的层面的集聚和积累。在大型城市,要素集聚效应更多地体现为结构性调整,即高层次生产要素的不断集聚和积累,以及低层次生产要素的外流。就劳动力要素而言,生产要素集聚的结构性调整表现为人力资本结构的优化,即高知识密集度人力资源的不断集聚,低知识密集度人力资源出现区外分流。就资本要素而言,生产要素集聚的结构性调整外化为产业结构的优化升级,即高新技术产业投资不断集聚和积累,粗放型和

---

[1] 罗富政. 政府竞争、市场竞争与区域经济协调发展[D]. 长沙:湖南大学,2016.

高污染等产业投资出现区外分流,表现为先发地区向后发地区的产业转移。生产要素集聚的结构性调整使得要素集聚效应,其并不一定表现为城市地区生产要素数量的增加,反而可能引致生产要素数量的下降。

3) 城市地区生产要素集聚的经济增长效应

(1) 投入效应。生产要素集聚,表现为劳动力要素层面的人力资源积累和人力资本优化、资本要素层面的投资量及市场主体的增长,增加和优化了城市地区市场主体的劳动力和资本要素投入,扩大了市场主体产出水平,促进城市经济增长。

(2) 内需效应。内部需求是相对的国内需求,包括消费需求和投资需求两个方面。一方面,劳动力要素集聚,特别是生产要素集聚结构性调整下高收入劳动力的集聚,使得城市地区消费能力不断提升,扩大了内需。另一方面,资本要素集聚,强化了一定时期内全社会形成的固定资产投资和存货增加额之和,进而扩大了内需。内需扩张促进了城市地区的经济增长。

2. 交易费用效应影响

制度经济学视野下的交易成本是指达成交易的成本,以及进行这项交易所花费的总时间和金钱成本,包括传播信息、广告、与市场相关的运输以及为了合同执行而进行的谈判、签约和监督的成本。交易费用效应是指产业集聚通过降低市场主体平均交易成本,促进城市经济的增长。[1]

1) 产业集聚引致平均交易费用的降低

在产业集聚升级的过程中交易费用效应主要通过以下机制得以实现。

(1) 信息不对称改善视角。交易费用的一个重要诱因是信息不对称、不确定以及复杂性,这使得市场主体之间的市场交易行为需要耗费远大于物质成本的代价,如产业链上下游企业主体之间互相寻找市场机遇过程中所耗费的交易费用。产业集聚使得产业链的市场主体实现市场集聚,主体之间的平均交易费用下降。

(2) 市场环境和信任程度视角。产业集聚使得诸多市场主体在市场空间上集聚,处于同一政府主体和社会环境的监管之下。政府主体、社会组织以及市场非正式制度约束使得市场主体之间的信任程度不断提升,社会资本不断充裕,市场环境优化。市场主体之间的谈判,签约和监督成本下降,平均交易费用下降。[2]

---

[1] 辛晓媛. 实施VMI策略的成本条件研究[D]. 武汉:武汉理工大学,2012.
[2] 杨孝良,王崇举. 社会资本、资源获取与移民创业绩效——基于三峡库区的调研数据[J]. 农村经济,2019(2):62-69.

(3) 市场主体有限理性视角。市场主体的有限理性是引致交易费用的重要因素。产业集聚程度的提升，使得市场主体可以更加系统地获取市场信息，进而做出理性决策，避免有限理性问题的产生，降低市场主体间的平均交易费用。

2) 交易费用效应下产业集聚对城市经济增长的作用机制

产业集聚可以通过降低市场主体间平均交易费用促进城市经济的增长，其作用路径表现在以下几个方面。

(1) 平均交易费用降低削弱外部风险冲击。学者们普遍认为，机会主义以及未来的不确定性会阻碍城市经济增长。产业集聚使得城市行政范围内市场主体之间长期合作和内部信用体系趋于完整，可以有效防范机会主义和道德风险，进而降低了市场违约率和外部风险冲击，促进了城市经济增长。

(2) 平均交易费用降低削弱制度差异约束。产业集聚使得市场主体在地理上受到同一正式制度和非正式制度的约束，进而降低了市场主体之间的平均交易费用（如沟通成本、技术互动成本等），促进了城市经济增长。同时，共同制度约束下的正式合作和非正式交流，提高了市场交易活动的效率，改善了原材料和资源投入，有利于最终实现资源的合理配置，促进城市经济的增长。

(3) 平均交易费用降低塑造主体网络格局。产业集聚塑造了市场主体网络结构，有助于降低市场信息的搜集和传播成本，进而提高了企业交易效率，促进城市经济增长。主体网格局还体现在产业链和优势资源配置的优化。平均交易费用降低，使得产业集聚的产业链模式更加合理，产业优势互补推进了城市经济的可持续发展。

(4) 平均交易费用降低减少"冰山"成本。产业集聚通过规模效应降低了产品进入市场的"冰山"成本和平均交易费用，进而提高生产效率，促进城市经济增长。同时，平均交易费用降低削弱了市场竞争机制的约束条件，使得市场在资源配置中的效率提高，生产要素和产品价格趋于均衡，实现价格最低化，进而促进产品产出提升，促进城市经济增长。

(5) 平均交易费用降低推进专业化分工。在产业集聚过程中，交易成本过高制约了知识积累和劳动分工机制下专业化程度的提升。平均交易费用的降低，促进分工和专业化水平的深化，降低了社会外部性成本，进一步强化了经济专业化和规模经济，并促进城市经济的增长。

3. 专业化溢出效应

专业化溢出效应是指产业集聚在专业化模式下引致知识或技术的溢出，进而促进城市经济增长。溢出表现为以技术为主体的生产要素由企业内或地区内向外部企业或外部地区产生影响的机制。专业化溢出效应主要表现为知识或技术溢出效应等。在产业集聚发生的动态变化过程中，产业内部的溢出以及行业之间的溢出可能发生，产业集聚可以促进技术创新和技术扩散，推动市场主体共同发展。

1）产业集聚引致专业化溢出的作用路径

产业集聚程度的提升，使得城市地区的市场规模和市场主体配置规模不断扩大，城市地区内部市场主体数量和质量均在不断增加。然而，市场主体之间存在异质性，既存在具备技术和要素比较优势的市场主体，也存在不具备比较优势的市场主体。在规模效应和要素价格机制的作用下，具备比较优势市场主体的技术或要素出现扩散效应，即溢出现象。一般而言，相对于要素溢出，技术或知识溢出表现更为显著，即专业化溢出效应。

假设产业集聚进程中城市地区存在生产同质产品的 A 和 B 两个市场主体，若企业 A 发明了一种新技术，随着市场信息充分程度的提升以及产品学习模式的推进，企业 B 收到企业 A 的技术扩散，即可以收集新技术的基本知识，并通过自身研究和开发组合成类似的研究成果，也就是该技术已经产生溢出效应。

事实上，专业化溢出效应机制中产业集聚的作用是通过技术创新和技术扩散两方面推进的。在技术创新方面，一方面产业集聚将导致城市企业和产业的积累，城市企业的积累和外部效应将通过促进产业的积累来促进创新；另一方面产业集聚将促进创新所需的人才以及大学、企业和研究机构等在城市地区的集中，进而促进技术创新的进一步优化。在技术扩散方面，一方面由于城市中的各种创新者和创新机构等共享知识、信息、人才和其他要素，这种经常性的相互作用进而形成广泛而紧密联系的社会创新网络。另外，城市为创新提供了良好的环境，城市拥有需要创新的消费者和创新型生产者。供需关系是创新的动力。

2）专业化溢出效应下产业集聚对城市经济增长的作用机制

专业化溢出的作用路径包括：

（1）模仿学习和沟通。具备技术优势市场主体的专业外溢导致了产业集聚区内的持续模仿学习，从而提高了区域整体的技术水平。溢出的知识导致技术水平的不断提高,丰富了特定领域的知识积累,并促进了新的知识溢出。在此路径下,不同的社会部门在功能和资源优势方面具有协同作用和整合优势,跨学科知识溢出可以从中受益。

(2) 合作与交易。产业集聚中的知识溢出主要由技术协作驱动,并且知识溢出因集成领域中产品的地理邻近性和相似性或相关性而变得更有效。知识的溢出受地理位置的影响,产业集聚为市场主体之间的合作提供了基础。产业集聚使得城市内部生产者、供应商、消费者的内部及其相互之间的合作更加频繁,从而加速城市经济增长。

(3) 投资引致技术溢出。市场主体在城市地区的投资行为往往伴随着技术转让等知识或技术传播模式。产业集聚吸引国内或国际市场主体通过直接投资实现技术转移,当地市场主体通过学习和模仿先进技术,具备了技术创新能力,形成知识和涟漪效应,实现了经济可持续增长。

(4) 产业集聚可以通过知识驱动的影响促进城市经济的增长。知识的流出具有外部效应,因为人们在没有特定知识需求的情况下不会尝试学习和获取。在产业集聚的过程中,城市地理位置的邻近可以使这种交流更加频繁,增加了城市的外部性。这些影响通常集中在经济活动活跃的地区,尤其是大城市。大城市便利的公共设施和知识转移可以提高企业的生产力,促进经济增长。[1] 此外,产业集聚通过专业化溢出效应导致市场单位之间知识(技术)过剩,提高全要素生产率,促进城市经济增长。[2]

5.2 大都市产业集聚辐射效应形成

5.2.1 大都市产业集聚辐射模式

1. 市场扩大模式

该模式最早是沃茨(Watts)于 1980 年基于英国酿造业的研究提出的,随着市场地域扩大模式,企业经营从地方向全国发展的过程。规模较大的工厂成本较低,因此位于人口较多的大都市的企业可能较快出现产业集聚辐射。在市场竞争的环境中,一方面都市产业集聚,另一方面产业集聚辐射并伴随市场范围的

---

[1] 林秀丽,赵佳.产业集聚与城市经济增长——基于广东 21 个地级市面板数据的分析[J].产业经济评论,2016(2):82-91.
[2] 李培.产业集聚影响城市经济增长的机制及实证研究[D].长沙:湖南师范大学,2019.

扩大。需要注意的是,沃茨模式有其适用的范围,与都市产业集聚辐射不完全一样,沃茨模式适用于一些生产部门,其不仅生产的规模经济明显,而且与人口关系密切。

2. 企业总部辐射模式

我们知道都市产业集聚的核心之一,是大都市容易形成企业总部,尤其是跨公司企业总部,如上海等大都市是企业总部首选。同时,总公司是整个公司的管控中心,它的主要作用是做出关乎整个公司命运的高层战略决策,例如收购其他公司或出售现有分支机构。[1]

3. 资本推动模式

从美国百年企业过去100年发展史就可以看出,其背后也是一部资本推动并购的历史,如过去100年,美国经历五次并购浪潮。同时,金融资本在企业并购中依然具有举足轻重的地位,与其他产业内企业间激烈的市场竞争不同的是,资本之间更倾向于通过相互间的默契来划分势力范围,在各自的势力范围之内,资本对客户的并购要求拥有否决权。资本在多个地点推动业务增长和投资的因素有很多,最重要的是实现规模经济,降低交易成本,充分利用技术优势和竞争激励。

1) 实现规模效益

在一定范围内,扩大企业生产规模可以降低单位产值的生产成本,从而实现规模经济。随着生产技术和管理技能的发展,盈利能力最好的生产量也随之增加。

2) 减少交易成本

在企业制造产品的过程中,采购原材料、备件和产品销售一般通过与其他公司的业务交易进行。由于不完善的市场,例如区域之间的贸易保护,交易成本可能非常高。为了降低市场交易成本,企业可以通过扩大活动范围,将市场交易转化为公司内部交易。很多企业早期的扩张是企业通过对供应和市场的掌控来实现的,企业通过扩大活动范围增加了经济优势。

3) 发挥技术优势

一方面,由于技术的价值在市场交易中难以实现,具有技术优势的企业往往会扩大在该领域的活动范围,以充分利用其技术优势,获得更多的连续成长周期。

---

[1] 王浩.跨国公司地区总部集聚与总部经济的创新型演进[J].区域经济评论,2013(5):79-83.

5.2.2 大都市产业集聚辐射效应实现形式

1. 大都市城市经济发展水平与产业集聚辐射效应基础

1) 大都市城市经济发展

围绕大都市的城市经济是由产业经济构成的,一个城市经济可以由多个产业构成,每个产业是由多个企业构成,这些产业或企业的发展带动了城市经济的发展。城市中的产业或企业除了在城市内相互产生经济能量交换之外,还与城市周围区域的产业或企业之间进行经济能量交换。产业与产业之间的相互影响就是产业影响。如果发展到一定程度,产生区域间影响则表现为经济区与经济区之间的影响。[1] 城市经济规模的发展受产业或企业发展的影响,因此城市与周围区域之间的经济辐射是产业之间经济辐射的外延。

城市经济的发展并不是在城市的各处同时出现,相反,是在某些经济增长点出现。创新和技术进步是经济发展的主要驱动力,往往发生在高科技行业的一些企业中。高新技术产业可以看作是增长极,可以带动其他产业的发展。[2] 领头产业和其他产业之间建立基于经济联系的发展共同体,共同带动城市经济的发展,实现城市经济的均衡发展。

2) 大都市城市经济发展测度

城市经济是指由工商业等各种非农业部门聚合形成的区域经济。城市经济依托城市作为交通运输发展区,二、三产业蓬勃发展,经济结构不断优化,资本、技术、劳动力、信息等生产要素高度集中;集聚效应、集聚和散射效果非常明显。2018年年末,我国常住人口城镇化率达到59.58%,比1949年年末提高48.94个百分点,年均提高0.71个百分点。总体而言,我国城镇化发展经历了探索性发展、快速发展和质量提升的过程。

城市经济发展水平测度方法如何测定?简单来看,一般看该城市的人均GDP、人均收入,特别是白领的平均收入水平等。当然,也可以复杂一些,如层次分析法、TOPSIS法、熵值法等。如表5.1所示,其中指标权重是参考的,根据不同城市经济发展水平,设置不同的权重进行测定。

---

[1] 吴荻.集成型循环经济模式研究[D].大连:大连理工大学,2009.
[2] 周海波.交通基础设施、产业集聚与区域经济发展:关联性与效率分析[D].南京:东南大学,2017.

表 5.1 城市经济发展水平指标及权重

指标	权重	指标	权重
国内生产总值(亿元)	0.089 6	进出口总值(亿元)	0.087 2
零售业产值(亿元)	0.086 2	实际利用外资总额(亿元)	0.097 3
就业人数(亿元)	0.084 9	金融业在岗职工(万人)	0.101 7
人口规模(万人)	0.083 7	制造业在岗职工(万人)	0.007 2
公共财政支出(亿元)	0.102 2	港口货物吞吐量(万 t)	0.090 6
固定资产投资(亿元)	0.090 1		

3) 大都市服务业兴起与产业集聚辐射效应

随着社会经济的发展。服务业在国民经济中的地位越来越高,在经济结构中的比重越来越大,并成为衡量一个国家或地区市场经济发展水平及其竞争力的重要标志。20 世纪 80 年代中后期,西方发达国家服务业的比重普遍超过了60%,并呈现持续增长的态势。如纽约是美国的经济中心,也是世界金融与贸易中心及文化和信息中心。在 2006 年国际城市竞争力排名中,纽约城市竞争力排名全球第一,是国际大都市的成功典范。2005 年,纽约第一、二、三产业产值构成比为 0.2∶11.4∶88.4,其中服务业产值占 GDP 的比重达 88.4%。同年,纽约第三产业就业构成中服务业就业比重为 89.3%。可见,纽约已呈现明显的服务业占主导的经济结构。

服务业是现代经济的重要标志。在中国增长阶段转换期,大力发展服务业是经济转型升级的主攻方向,做强做优做大服务业,对于转方式、调结构、扩内需、促就业都具有重要意义。伴随中国产业结构持续升级,第三产业对城市经济的拉动作用不断增强,成为经济增长的引擎。服务业平稳较快增长,规模持续扩大。中国服务类消费需求旺盛,中国服务消费占居民总消费支出由2013 年的 38%上升到 2018 年的 49.5%。可以看出,大都市城市经济发展,不仅带来市场集中,也是第三产业形成产业集聚的天然"温床",带来第三产业的发展。

在服务经济时代,大都市城市服务业与城市化具有互动发展的依存关系,现代服务业向城市集聚构成了城市化的新内容。城市是服务业(尤其是知识密集型的现代服务业)集聚的首选之地,服务业在城市集聚不仅有助于加快城市化进程,而且对服务业自身的发展起着至关重要的作用。

大都市现代服务业兴起,一方面使得经济服务化和产业融合发展趋势明显。尤其是平台经济、共享经济、数字经济蓬勃发展,催生经济发展新动能,推动服务业能快速从传统服务业向现代服务业过渡,也是城市经济发展到一定阶段自然形成的趋势。另一方面,大都市现代服务业发展,带来高新技术产业的发展,推动产业结构优化与升级,并促进产业集聚辐射效应形成,包括城市传统制造业"空心化"趋势等。

2. 大都市产业集聚辐射效应实现形式载体

大都市集聚辐射实现形式为:人流、物流和信息流。

(1) 人流是指都市或者都市圈的经济活动区域之间人员要素的流动,它是经济活动间实现人力资源优化配置的主要方式。当然人才一般具有方向性特点,就是从工资水平低的地区向劳动力工资水平高的区域流动的趋势,也就促进了都市产业集聚。

(2) 物流是指都市经济活动间存在物质要素的流动,它是经济活动间实现经济联系的直接外在表现形式。比如苏锡常都市圈是长三角经济发达地区的原因就在于其存在物流等高度发达的服务业,也就是早期支撑"长三角包邮区"的核心物流要素;也正是由于没有发达的交通网络,中国中西部区域的资源才难以对外流动。

(3) 信息流是知识经济时代经济活动空间联系的重要实现途径,无论集聚还是辐射,信息流都是非常重要的方式。

李克强总理在《2020年政府工作报告》中明确提出,要进一步加强新型基础设施建设,推进城市新型城镇化建设。当前加强新型基础设施建设,不仅包括新一代信息网络,特别是5G应用的拓展,还包括充电站建设,以及更加注重推动信息消费等消费场景的拓展。例如新能源汽车,激发新的消费需求,促进产业现代化。"新基建"将通过建设和完善信息基础设施,为生产和生活的各个领域创造"新互联互通"。当然,新一代信息化基础设施将为长三角经济高质量发展、人民生活质量、城市高水平管理提供坚实的基础环境。为长三角区域一体化进程注入新活力。

中共中央政治局常委李强于2022年11月4日在上海出席第五届中国国际进口博览会开幕式,指出中国将坚定实施扩大内需战略,推动形成强大国内市场,以国内大循环吸引全球资源要素,促进深层次改革开放,促进扩大世界开放合作共识,推动共建"一带一路"高质量发展,推动构建人类命运共同体。

5.2.3 大都市城市经济辐射范围度量

城市不是封闭的,是动态发展的。在城市化的进程中,上海凭借自身的优势,迅速集聚周边地区的资源,获得自身的发展壮大,进而在周边地区发挥了重要作用。集聚是原因,辐射是结果。分析城市经济辐射范围可用断裂点理论、产业集聚的测度方法等。

1. 断裂点理论

断裂点理论是关于城市与区域相互作用的一种理论。由康维斯(P. D. Converse)于1949年对赖利(W. J. Reilly)的"零售引力规律"加以发展而得。该学说认为,一个城市对周围地区的吸引力,与它的规模成正比,与它的距离平方成反比。[1]故两个城市影响区域的分界点(即断裂点)公式如下,设 A 和 B 是两个相邻的城市,该城市的腹地分界点为 X, X 点满足:

$$D_{AX} = \frac{D_{AB}}{1+\sqrt{\frac{S_B}{S_A}}} \quad (5-1)$$

在式(5-1)中,D_{AB} 为城市 A 到城市 B 的通行时间;D_{AX} 为城市 A 距断裂点 X 的距离;S_A、S_B 分别为城市 A 和 B 的规模(选取各个城市发展质量为代理)。[2]

2. 产业集聚的测度方法

使用实证方法测度产业集聚是当前较为成熟的研究产业集聚的方法。国内外学者对产业集聚进行了测度,产业集聚的测度方法有多种,具体可分为三种主流的测度方法,分别为空间基尼系数对产业集聚的测度,赫芬达尔-赫希曼指数对产业集聚的测度,区位熵方法对产业集聚的测度,以及其他从此三个测量方法中衍生出来的 E-G 指数等方法。

(1) 空间基尼系数。这是在洛伦茨曲线的基础上发展而来的,基尼系数为测度产业集聚提供了重要的测量手段,其通过某一产业的员工数以及某一产业的产值情况来计算趋于整体的产业集聚程度,该种方法使用也相对普遍,常见的

---

[1] 林润辉,谢宗晓,米捷,等.不同地理位置网络对创新绩效的影响——基于国家工程技术研究中心的实证研究[J].科研管理,2016,37(8):18-27.

[2] 陈子真,雷振丹.粤港澳大湾区城市间经济辐射力及影响因素分析[J].地域研究与开发,2019,38(5):57-62.

测度公式为：

$$G = \sum_{i}^{n}(s_i - x_i)^2 \tag{5-2}$$

在式(5-2)中，G 为产业集聚的测度结果即空间基尼系数，s_i 表示的是 i 地区某产业的从业人员数占据全国该行业的从业人员数的比重，x_i 表示的是 i 地区的从业人员数占全国总从业人员数的比重，对所有地区进行加总可得出某行业的空间基尼系数。空间基尼系数也可以用产值和增加值进行计算。G 是产业集聚的测度结果，即空间基尼系数。基尼空间系数也可以由初始值和附加值计算得出。G 的值在 0～1 之间，测量结果越接近 0，说明整个空间的工业布局更加统一。如果测得的结果更接近于 1，则表明整个空间的集聚产业化程度较高。但大量研究表明，空间基尼系数的测量结果存在一定的差距，即空间基尼系数大于 0 并不一定表明存在聚类。

因为这种系数的检验缺乏对企业规模差异的考量，尤其是对产业规模较大的区域，这种测度方法具有一定的缺陷性，由于我国本身就是一个地区范围和地区空间非常大的区域，使用空间基尼系数来测度具体产业的集聚程度具有一定的偏差性，因此本书暂不考虑使用基尼系数进行产业集聚的测度。

（2）赫芬达尔-赫希曼指数。该测量方法又称为 H 指数，赫芬达尔指数是用来测度产业集聚的重要衡量指标，是经由西方学者提出，并在后人的研究基础上完善而得的，现已在一定程度上被用于测度产业集聚的指标，该测度方法的理论渊源更早地源于贝恩的 SCP 范式，即结构—行为—绩效理论，经前人的改善之后，就目前而言，比较常见的计算公式为：

$$HHI = \sum_{i=1}^{n}(S_i/S)^2 = \sum_{i=1}^{n} K_i^2 \tag{5-3}$$

在式(5-3)中，S_i 代表的是第 i 个企业的规模，S 表示整个市场的总规模，K_i 表示第 i 个企业的市场占有率，n 表示整个市场中企业总数量。H 指数可以全面体现市场企业数量和企业间相对规模状况，还能反映某行业集中度差异。当某产业由独家企业垄断时，H 指数将会等于 1，当市场中参与竞争的每个企业具有相同的市场份额时，H 指数等于 $1/n$。在现实情况下，经常运用赫芬达尔指数的倒数作为产业集聚程度的测度。该指数的取值范围也是 0～1，如果值越接近于 1，行业市场份额就越不均匀。赫芬达尔指数的实质是根据企业的规模程度赋予每个企业一定的权重,规模较大的企业占据了较大的权重,规模较小的企业占据了较小的权重。相比于空间基尼系数,由于赫芬达尔指数将行业内的企业数量和企业的大小规模等因素考虑在了研究范围之内,因此可以相对准确地展现产业集中程度的情况。但赫芬达尔指数也存在一定的局限性,例如较高的 H 指数并不能完全推导出较高的集聚度,而较低的 H 指数并不能够代表某一产业在区域内是分散的,其仍有可能实现空间维度上的集中,另外其对数据的要求程度比较高,很难收集到完整的测度数据。

(3) 区位熵指数。区位熵针对区位分析具有一定的优势性,可以准确地衡量一个地区产业的专业化程度,并体现一个产业在一个地区的分布情况,相比于其他指标而言,在研究区域产业集聚时具有相对的优势,又被称为专门化率,现已成为测量产业集聚的主要用途指标,其较为普遍的计算公式为:

$$LQ_{ij} = (q_{ij}/q_j)/(q_i/q) \tag{5-4}$$

在式(5-4)中,LQ_{ij} 是 j 地区的 i 产业在全国的区位熵,q_{ij} 表示 j 地区的 i 产业的相关指标(例如产值、从业人员数等),q_j 表示 j 地区所有产业的相关指标,q_i 指在全国范围内 i 产业的相关指标,q 为全国所有产业的相关指标。一般情况下,区位熵指数与产业集聚水平是存在正相关关系的,即该指数越大,表明产业集聚水平越高。使用该方法的测度优势在于,首先,在数据的可获得性上占据了优势,其次,该指数也可以比较明显地描绘出产业集聚水平的情况,尤其对于某一地区的某一产业的集聚情况而言,选取该测算方法占据了重要的测度优势和描绘优势。在上述测度方法之外,还有一些其他衍生的测度指标,比较具有代表性的就是 EG 指数法。

3. 产业集聚的辐射效应测量——以上海为例

长三角城市群包括上海市和江苏、浙江、安徽三省部分城市,上海产业集聚对长江三角洲城市群的辐射具有带动作用。这里以上海产业集聚对江苏、浙江、安徽三省的省会南京、杭州、合肥的辐射带动作用为例进行研究,并使用断裂点分析法测量核心城市对周围区域的辐射范围。

1) 城市间距离 D_{AB} 的确定

通过获取各个城市的经纬度,通过经纬度计算出各个城市之间的距离,如表 5.2 所示,以此距离作为公式中的 D_{AB} 值。

表 5.2 各城市经纬度

城市	经度	纬度
上海	121.472 644	31.231 706
南京	118.767 413	32.041 544
杭州	120.153 576	30.287 459
合肥	117.283 042	31.861 19

运用经纬度计算工具,计算得到上海到南京、杭州、合肥的距离,如表 5.3 所示。

表 5.3 上海到各城市的距离(公里)

城市	南京	杭州	合肥
上海	271.295	163.937	402.857

2) P 值的确定

这里 P 用各城市的先进制造业、现代服务业、科技创新与战略性新兴产业三个产业集聚的辐射效应指标为代理。

(1) 基础指标权重 W_i。由于产业集聚的辐射效应的指标体系中,各个指标的量纲不同,为了消除量纲的影响,采用变异系数法,它是原始数据标准差与原始数据平均数的比值,没有量纲,这样就可以进行客观比较了。

$$CV_i = \frac{\sigma_i}{\mu_i} \tag{5-5}$$

式中,CV_i 代表指标 i 的变异系数;μ_i 代表指标 i 的均值;σ_i 为指标 i 的方差。

$$W_i = \frac{CV_i}{\sum_{i=1}^{n} CV_i} \tag{5-6}$$

式中,W_i 代表指标 i 的权重。

(2) 产业集聚辐射效应 P:

$$P = P_i \times W_i \tag{5-7}$$

式中,P 代表产业集聚的辐射效应。

3) 辐射场强

核心城市对其他城市的辐射作用,可以以场强表示点的辐射力大小。经济辐射场强公式为:

$$F_{AX} = \frac{S_A}{D_{AX}^2} \tag{5-8}$$

式中，F_{AX}代表城市 A 对城市 X 的辐射场强。

4）城市间的空间联系

为了展现城市间的空间联系，引入最大引力线模型。一般来说，最大引力线途中，城市被连接次数越多，表明引力越大，中心度越高。各城市选取其最大引力即最大联系强度值F_{ij}，公式为：

$$F_{ij} = \max[F_{i1}, F_{i2}, \cdots, F_{i(n-1)}, F_{in}] \tag{5-9}$$

式中，F_{ij}代表各城市所得到的最大引力，将相应城市两两连线，得到最大引力线联结图。

5.3 大都市产业集聚辐射效应的度量标准

5.3.1 大都市产业辐射效应指标体系构建原则

1. 大都市产业集聚选择因子指标体系

针对不同的产业选择范围和层次，分析比较不同区域间的地域差异时应采用不同的因子指标体系。图5.2给出产业选择的因子指标体系。

图5.2所示影响因素中，有些因素，比如区域产业政策、集聚现状与可能，对所有经济活动区位选择均有重大影响。产业政策特别是产业集聚政策对经济活动的宏观选点意义重大。都市产业政策中鼓励发展的产业会在诸多方面存在优惠条件，这些条件将有效地降低经济活动的建设和生产运营费用，提高经济活动的利润。企业之间的相互依赖和集聚效应也是影响企业投资区位的一个重要因素。

集聚能给予企业所关注的子因素各不相同。当然，针对具体的产业，即使是同一大类产业中不同性质的子产业，比如工业中的劳动密集型产业、资本密集型产业、技术密集型产业和高新技术产业，服务业中的为生产服务的服务业和为生活服务的服务业等，它们的区位条件需求也存在较大的差异，布局决策时需要具体问题具体分析。

2. 辐射效应指标体系构建原则

统计指标体系由许多不同的相互关联的指标组成，用于说明所研究的社会和经济现象的相互依存关系和局限性。经济影响的驱动效应是一个需要从政

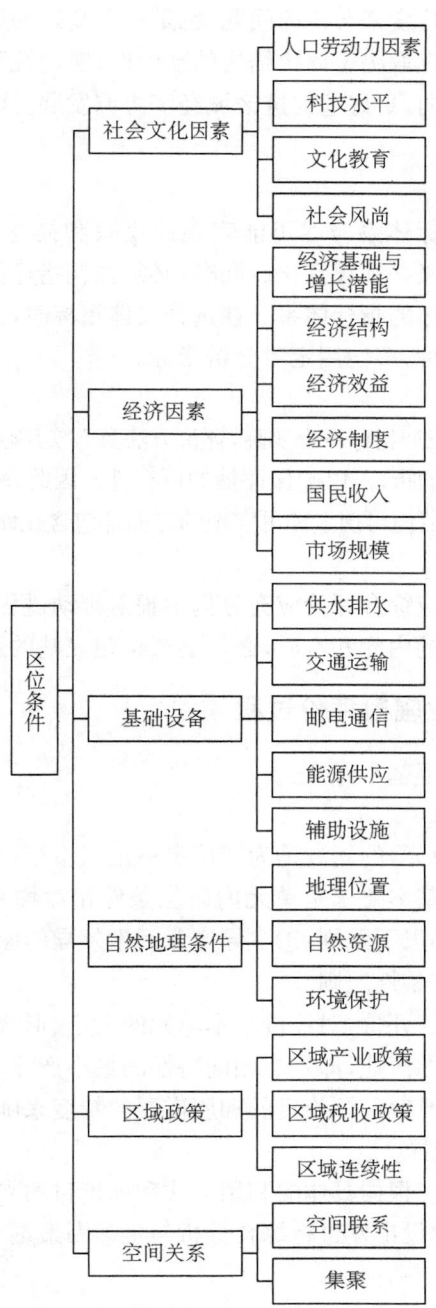

图 5.2 都市产业集聚选择因子指标

治、商业、文化等多个角度来看待的问题,也是一个复杂的结构问题。因此,指标的选取和界定方式不仅取决于评价结构的准确性、实用性和科学性,还取决于大都市如何调整发展方向,更好地促进区域经济协调发展。因此,索引系统的结构必须遵循一定的原则。

1) 科学性

辐射诱发作用指标体系应尽可能客观地反映和描述城市辐射的过程和规律。指标的解释和定义必须规范化。同时,必须强调指标体系的完整性,按照目标建立全面、实用、有序的指标体系。在选择具体指标时,要注意指标的完整性,避免或少使用模糊指标,多使用定量分析指标。

2) 可行性

可行性原则是指所列指标符合实际,评价方法具有实用性。在指标选择上,应尽可能选择可量化、可用的指标,以确保评估的可行性。因此,软辐射的一些影响目前并未纳入评级指标体系,但可衡量和可实现的方面都包含在评级指标体系中。

3) 全面性

经济城区辐射效应综合评价应充分揭示辐射带动过程,避免片面概括,为体现经济城区辐射效应的内涵和本质,必须逐层构建完整的系统评价指标。

5.3.2 大都市产业辐射评价过程

评价过程包括以下基本环节。

1. 划定评价单元

评价单元(产业单元)的划分是为了确定一定城市产业单元分辨率下的产业差异分。评价单元的基本要求是单元内区位条件相对均一,单元之间有较大差异,单元划分时应遵循以下原则:①主导产业因素差异的原则;②相似性原则,如产业集群等;③边界完整性原则。

根据不同产业条件评价,对评价基本单元的大小、形状、同质性要求也不同,评价单元可以是传统的产业,即具有相同特性的最小产业单元,也可以是新兴产业,可根据研究产业的特征、评价目的和所需要的精度来确定。

2. 评价因素的选择

评价因素的选择应根据具体的利用方式和评价目的来选取。从产业组织的实际要求,或者都市建设出发进行综合分析与主导因素重点分析的基础上,确定若干评价因子。

3. 单因素评价

参照某种经济活动布局方式已知的最优布局条件,分别确定各因素的评价标准,分析各因素的地域分异规律,各评价单元对每个因子进行打分(一般采用 0—100 分或 0—1 分的记分方法),即确定各评价单元的评价指数。通常根据不同的参评因素对评价单元的影响方式不同,采用不同的单因素评价方法(即评价因素的量化方法)。扩散型的因素有都市中心城镇影响度、产业集聚中心影响度等。

4. 权重的确定与综合评价

在确定了参评因素的基础上,还需根据不同因素对不同经济活动影响的重要性程度进行排序,确定各因素的权重。常用的权重确定方法包括:特尔斐法、层次分析法、成对因素比较法和主成分分析法等。在单因素评价的基础上,综合考虑各因素的权重,利用一定的综合方法(常用的有多因素综合评判法、极限条件法等)得到各单元产业条件评价的综合作用分值。

如产业的可持续评价分别针对产业的生存支持系统(资源禀赋、投入—产出等)、发展支持系统(发展成本、发展潜力等)、环境支持系统(环境容量、承载力)和社会支持系统拟订标准,来描述产业可持续发展的状态。

在进行综合评价时通常可采用定性分析法(如实地调查法、因素与因素集分析法和比较分析法)和定量分析法(如经验指数和法、模糊综合评判法、极限条件法和神经网络法、灰色系统法、遗传算法等非线性综合评价方法)相结合的方法。

5. 评价结果的检验与校正

初步评价的结果可能由于基础数据的不准确或计算模型方法的选用不当导致结果的不准确;在此应运用实地踏勘和统计检验等多种检验方法进行相关的检验和评价结果的调整,并最终确定正确、合理的区位条件评价结果,作为经济活动布局的基础。

5.3.3　大都市产业辐射评价指标体系与指标选取

1. 产业集聚的辐射效应指标体系

研究产业辐射的效应指标体系的相关文章很多,可分为以下几类:

城市产业辐射效应的指标有劳动力供给、产业投资额、科技投入、教育投入等。[1]

经济发展质量评价指标有国内生产总值、就业人数、人均财政支出、教育支出、企业数量、固定资产投资、劳动生产率、技术市场成交额、科技支出、国内发明专利申请授权量、居民可支配收入等。[2]

---

[1] 李俊玮,常远,高菠阳. 城市群内城市产业辐射效应测算[J]. 工程管理学报,2015,29(3):60-65.
[2] 陈子真,雷振丹. 粤港澳大湾区城市间经济辐射力及影响因素分析[J]. 地域研究与开发,2019,38(5):57-62.

高新技术产业创新水平测度指标有科技研发指数(人力投入、资本投入、创新主体数量)、科技创新支撑指数(科技计划项目数、人均财政收入金融环境、政策环境)、科技成果转化指数(产业增加值、技术市场合同、劳动生产率)等。[1]

参考以上指标,并结合上海产业发展的实际情况,这里从劳动力需求、金融业、科技创新、供应链、经济发展五个方面选取指标,选取了劳动力供给、固定资产投资、科技创新、总产值、供应链带动5个一级指标,并下设17个二级指标,以形成一套产业集聚辐射带动作用指标体系,各项指标数值采用科技创新与战略性新兴产业、先进制造业、高端服务业三个产业的数据之和,如表5.4所示。

表5.4 产业集聚的辐射效应指标体系

指标体系名称	一级指标	二级指标	
产业集聚的辐射效应指标体系	劳动力供给(万人)	从业人员数	
	固定资产投资	各区域固定资产投资	
	科技创新	科技研发指数	专利授权量(项)
			科技人力资源(人)
			科技经费投入(万元)
		科技成果转化指数	企业科技成果转化指数(高新技术产业增加值)
			市场成果转化指数(技术市场合同成交额)(万元)
		科技创新支撑指数	科技政策环境[国家级科技计划项目(项)]
			省级科技计划项目(项)
			省级以上科技成果奖(项)
			科技服务平台[科技中介服务机构数(个)]
			产学研联盟企业比例(%)
			人均财政收入(元)
			经济基础[人均GDP(元)]
	生产总值(亿元)	各区域生产总值	
	供应链带动范围	横向(同类竞争):各区域内同类产业总产值	
		纵向:上下游供货产业(产值、企业数量)	

---

[1] 张明斗,霍琪炜.高新技术产业创新水平对经济发展的影响研究[J].哈尔滨商业大学学报(社会科学版),2020(5):3-20.

2. 城市辐射带动作用指标体系

根据前文对上海辐射特点的分析,结合上海辐射的实际情况,并考虑到指标体系的构建原则,选取了劳动力需求、交通运输、金融业、商业、生活服务五个方面,选取了对外投资、对外服务、对外消费3个一级指标,并下设10个二级指标和23个三级指标,形成一套包括一级指标、二级指标和三级指标的经济中心城市辐射带动作用指标体系,以评估经济中心城市辐射带动作用[1],如表5.5所示。

表5.5 城市辐射带动作用指标体系

指标体系名称	一级指标	二级指标	三级指标
城市辐射带动作用指标体系	对外投资	实物投资	1. 新签项目数 2. 新签项目投资额 3. 项目投资完成额 4. 银行异地贷款
		证券投资	5. 企业债券投资额 6. 权益性债券投资额 7. 其他证券投资额
	对外服务	劳务服务	8. 派出人数 9. 年末在外人数
		工程服务	10. 新签合同份数 11. 新签合同额 12. 完成营业额
		会展服务	13. 参会企业数 14. 新签协议额
		招商服务	15. 异地商会数 16. 商会新签协议投资额
		外包服务	17. 服务外包合同份数 18. 服务外包合同额
	对外消费	个人消费	19. 赴港消费额 20. 国内消费额
		政府消费	21. 对外援助额
		社会捐助	22. 基金捐助额 23. 企业捐助额

---

[1] 张云云,张新华,李雪辉.经济发展质量指标体系构建和综合评价[J].调研世界,2019(4):11-18.

3. 上海市产业集聚辐射力指标选取

进一步以上海市产业集聚辐射力模型为例,进行指标选取,其中权重可以根据不同区域进行分配,如表5.6所示。

表5.6 上海市产业集聚辐射力指标

序号	指标	序号	指标
1	从业人员数(人)	9	省级以上科技成果奖(项)
2	产业投资额(万元)	10	科技中介服务机构数(个)
3	专利授权量(项)	11	产学研联盟企业比例(%)
4	科技人力资源(人)	12	人均财政收入(元)
5	科技经费投入(万元)	13	人均GDP(元)
6	技术市场合同成交额(万元)	14	区域内同类产业产值(元)
7	国家级科技计划项目(项)	15	上下游供货产业企业数量(个)
8	省级科技计划项目(项)	16	上下游供货产业产值(元)

5.4 大都市产业集聚辐射效应影响因素与实证分析

5.4.1 大都市产业集聚辐射原理与过程分析

大都市产业集聚的基本原理,主要包括因地制宜原理、集中与辐射相结合原理、地区专门化与综合发展相结合原理、统筹兼顾与综合平衡原理等,它是针对都市经济活动或产业组织过程中所涉及的经济活动与产业集聚的关系、经济活动中的产业关系,以及产业整体经济活动体系的空间关系、统一协调关系等主要关系,是针对在地方空间中要确定的产业和经济活动的位置、强度和关系的过程,如表5.7所示。

表5.7 大都市产业集聚辐射基本原理

基本原理(过程)	针对的主要关系	都市产业集聚辐射经济活动特征
因地制宜	经济活动与产业集聚关系	位置、强度、关系
集聚与辐射相结合	都市产业集聚的数量、质量和产业关系	强度、产业经济空间、结构

续表

基本原理（过程）	针对的主要关系	都市产业集聚辐射经济活动特征
地区专门化与综合发展相结合	都市产业集聚间的数量、质量和空间关系	空间关系、产业经济主次结构（规模结构）
统筹兼顾与综合平衡	区域整体产业集聚活动统一协调关系	产业经济数量、质量和产业经济空间结构

当然，这些原理是相互兼容、互为前提的，既有因地制宜下的集聚与辐射相结合，也有因地制宜下的地区专门化与综合发展相结合；不仅存在地区专门化与综合发展相结合下的集聚与辐射相结合，也存在统筹兼顾与综合平衡相结合下的因地制宜、集聚与辐射相结合、地区专门化与综合发展相结合。在运用这些原理进行都市集聚辐射活动决策时，要学会把握组织决策的前提与背景的基本特征，即系统性、开放性和动态性。

1. 因地制宜

因地制宜，通常是指决策过程中，根据不同产业的发展情况而采取适宜的办法。

（1）都市产业集聚与辐射要与社会经济条件相结合（关系）

都市产业集聚辐射活动的开展是生产、流通、交换、消费的完整过程，离不开原料资源、燃料资源、劳动资源、水资源、交通运输条件等各类资源和条件，因此都市产业集聚与辐射要尽可能地接近这些要素和条件来分析，包括如何促进它们在生产、技术和经济上的联系等。

（2）都市产业集聚或辐射与当地环境变化相适应（动态性）

都市产业集聚或辐射与当地环境变化相适应，如当下的在线新经济等，都是在疫情等大背景下出现的新商业模式，要考虑社会环境可能向好的方面、有利于活动开展的方向发展，也有可能朝坏的方面、不利于活动开展的方向变化。

（3）都市产业集聚经济活动与技术发展水平、经济发展水平相适应（存在性与动态性）

当下，数字化赋能、5G等都要充分考虑到与技术发展水平、经济发展水平相适应，既不能超越也不能落后，包括不断涌现出新模式新业态，出现新的经济活动与环境的结合，经济的发展或萧条，改变着都市产业经济活动之间的联系，这都会改变都市经济发展结构。否则将会带来都市经济发展的损失。

（4）都市产业集聚与辐射的经济活动与区域发展环境相结合

这一部分强调都市会受到更大的经济环境的影响（开放性/空间层次性）。

如长三角、京津冀、粤港澳等,都市产业经济活动在一个地方的布局既要考虑区域内的经济环境因素和社会经济环境因素的综合作用,也要考虑整个国内或周边的经济或社会环境因素的影响,以及经济全球化、疫情等重大社会卫生事件的影响。

2. 集聚与辐射结合

集聚通常是指资源、要素和经济活动在地理空间中呈集中分布的状态,同时也指资源、要素和经济活动在都市空间中集聚的趋势和过程。一般而言,经济活动都趋向于集聚在资源和要素相对集中的区域。根据集聚的经济活动体系,都市产业集聚可区分出不同类型的产业集聚,如都市工业集聚、都市商业集聚、都市交通运输业集聚和城市集聚(综合经济体系的集聚)等。都市产业集聚对都市经济的作用主要体现在,集聚使都市内的资源要素、企业、经济部门不断地向优势区位移动,促进了都市在区域经济增长中心的形成和发展,并获得一轮又一轮新的动力。

同时,都市产业集聚与辐射是矛盾的对立统一体:一方面,产业集聚给大都市带来资源、要素和经济活动的集中;另一方面,集聚到一定程度又会出现分散分布的辐射状态及趋向与过程,并促进资源、要素、企业、经济部门在大都市周边趋于相对均衡、缩小地区经济发展差异的基本机制。很多时候,过度集聚会带来一系列不经济问题,所以,都市产业集聚的企业适当辐射,可避免过度集聚带来的种种弊病,而且还可以充分利用各地区的资源,包括产、供和销密切联系起来,进一步促进都市经济发展,缩小地区经济发展的差异。

可以看出,大都市产业集聚与辐射相结合呈现出一个合理的度,是都市经济活动的特征之一,符合集聚与适当的辐射相结合的规律。因此,在大都市经济活动组织中,要把握好都市产业集聚与辐射相互结合的度。

当然,都市产业集聚或辐射都应与技术发展水平、经济发展水平相适应,与都市经济活动的内在要求、内在联系的变化相适应,既要因地制宜地集中,也要因地制宜地辐射,更应考虑周边甚至国际大环境的影响,采用与一定经济发展阶段和发展水平相适应的集中与辐射相结合的模式。

5.4.2 大都市产业集聚辐射效应的影响因素

1. 影响产业集聚辐射效应的内在因素

1)国民经济发展水平

衡量经济发展水平的主要指标之一是国民收入,经济发展水平与产业发展相互影响是有限度的。随着经济的高水平发展,国民收入会相应增加,社会对产品的需求量很大,这为产业规模的扩大和产业的相互影响提供了动力。相反,经济发展水平低、行业规模小,势必制约行业发展,使行业辐射产出不足。20世纪80年代末,西部地区与东部地区人均国民收入差距拉大,东部地区工业快速增长,带动了工业影响力的发展,而西部地区则是相反的情况。

2) 资源价格

这里的价格是产品成本允许的价格作为资源价格,而不是市场价格。价格变化会导致消费者需求的变化。一般情况下,价格下降、需求增加、产业规模增加,因此会导致对各种资源的需求增加、工业辐射功率增加、工业辐射强度增加,反之亦然。

3) 产业内部的竞争

一个产业的集聚圈一旦形成,产业内部的竞争就会传递到整个辐射体系内的相关产业。一个产业的研究与开发、引进新技术和采取新战略等方面的努力都会促进另一个产业的创新与升级。一个产业集聚圈内的信息迅速流动,为产业辐射的发展提供了动力,有助于产业及时了解新的动向,保持本产业的先进性,促进主导产业与前后产业的相容性,加强产业辐射的强度。

4) 主导产业的发展状况

辐射产业圈的形成,通常只有一个主导核心产业在发挥作用,通过主业的衍生、分工、创新、模仿,逐步形成产业集群。因此,产业集群的辐射生产受先进产业的影响。当产业辐射圈中作为"能源"的主导产业具有发展潜力时,就会吸引更多的新产业,新产业的加入必然带来新技术、新工艺,而新技术、新工艺将通过产业集群内的产业辐射网络流动,加快全行业技术进步和创新,扩大产业辐射规模,为产业影响力注入新动力。

5) 企业的经营者

产业集聚圈是由多个企业构成的,企业的好坏直接影响产业集聚圈中产业辐射强度的高低,而企业的前进与否又受到经营者能力、魄力和领导水平的制约,也是克服困难的动力和推动企业发展的源泉。一个好的企业家能使企业高效、严谨地运作,使产品推陈出新,在同行中处于领先地位,看清潮流,掌握市场发展趋势,选择新的产业突破口,为自己的企业能更好地发挥产业辐射作用提供源源不断的动力。

2. 影响产业集聚辐射效应的外在因素

1) 产业的市场需求

产业的需求条件是指产品的市场需求,即产业的成长和发展空间。各分公司的产品在市场上交换,为市场生产。一个行业失去了市场,也就失去了地位,一个行业在没有市场需求的情况下,能够站稳脚跟、发展壮大是不可想象的。因此,只有产品有市场,产业才能发展,主导产业会带动产业辐射的发展。产品有生命周期:产品在生命周期的不同阶段有不同的性能和生长情况,产生的性能不同,影响了行业的辐射输出和辐射强度。在产品发展到成熟的过程中,行业的辐射力增加;反之,在产品衰退阶段,市场对产品的需求减少,行业发展也会恶化,辐射力下降。公司也有生命周期:在生命周期的不同阶段,公司有不同的维度和不同的发展重点。由此产生的辐射功率不同,辐射强度也不同。产业集群可以引领产业发展,产业处于生命周期的不同阶段,辐射强度不同,辐射功率也不同。例如,如果在一个地区建立了一个商业集群,目前处于行业衰退期,那么该地区的企业就失去了发展的有利阶段,所产生的辐射也就失去了动力。

2) 第三产业发展

第三产业即各类服务业或商业。三产业的划分是世界上较为常用的产业结构分类。我国的三类产业划分是:第一产业是指农、林、牧、渔业(不含农、林、牧、渔服务业);第二产业是指采矿业(不含开采辅助活动),制造业(不含金属制品、机械和设备修理业),电力、热力、燃气及水生产和供应业,建筑业;第三产业即服务业,是指除第一产业、第二产业以外的其他行业。1978年至今,我国经济经历了从高速向中高速转换。在增速回落的同时,中国经济结构正在发生全面、深刻的变化。如图5.3所示,第三产业发展经过两个重要时间节点,分别是1986年第三产业超过第一产业,以及2013年第三产业超过第二产业。

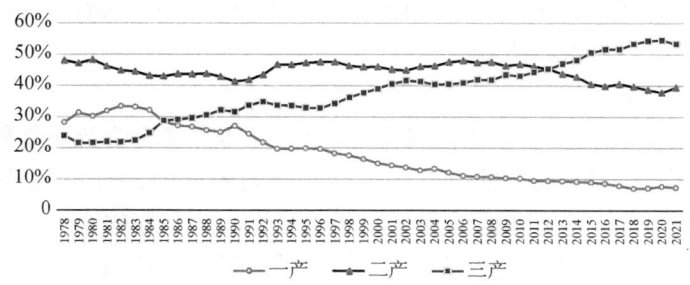

图 5.3　1978—2021 年中国三次产业结构占比趋势图

第三产业的发展,带来的就是经济服务化和产业融合发展趋势明显。中国逐步迈向服务经济时代。平台经济、共享经济、数字经济蓬勃发展,催生经济发展新动能,带动中国服务业发展。当前,我国经济更加依赖内需、更加依赖服务、更加依赖消费驱动,尤其是随着移动互联网、大数据、云计算、人工智能、物联网等数字技术在中国服务业中的广泛应用,网络订餐、在线旅游、在线教育、移动支付等线上服务消费发展潜力巨大。

当然,反过来第三产业的发展也带来制造业"空心化"趋势,促进产业集聚走向辐射。以上海制造为例,"上海制造"是上海制造业综合水平的象征,是上海制造业优秀声誉的综合。作为品牌,曾经的"上海制造"反映了当时上海制造业的领先地位,特别是全国纺织产业的生产技术和工艺水平在全国所处的领先地位,以及工业设计和产品质量的领先,反映了上海制造业的整体实力。从20世纪50年代到80年代,上海的制造业无愧为国家制造业的领头羊。但是,21世纪初,特别是2008年全球金融危机以后,由于国内外需求减少、供给侧改革、消费结构升级等因素影响,上海制造业比例下降。数据显示,2019年上海制造业附加值占GDP的26%,接近"十三五"规划目标底线即25%。

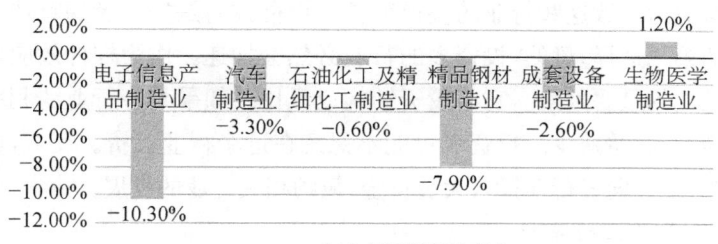

图 5.4　2019 年上海制造业支柱产业占比同期对比图

从上海六大支柱产业的角度看,2019年上海六大重点产业工业总产值9 554.2亿元。如图5.4所示,电子信息产品制造业减少10.3%,汽车制造业减少3.3%,石油化工及精细化工制造业减少0.6%,总产值比2018年同期减少4.8%。另外,精品钢材制造业减少7.9%,完整的成套设备制造业减少2.6%,生物医学制造业增长1.2%。上海的服务产业近年来发展迅速,经济结构发生了巨大变化,也带来产业集聚到产业辐射效应的形成。

3)经济波动及其政策

宏观经济学是影响产业辐射力的重要因素,只有研究社会主义市场经济条件下的经济波动规律,才能充分发挥产业辐射力。经济周期波动最重要的表现就是经济周期。周期性的波动引起产业的扩张和收缩,以及产业规模的扩大和致密化,产业辐射生产的扩大或减少。危机时期大量产品充斥市场,找不到市场,企业被迫关门大吉,产业规模缩小,产业辐射强度减弱,产业辐射力低下,消费和生产开始进入恢复期,使产业辐射力逐步增强,在高层阶段,新企业不断涌现,产品价格上涨,利润大幅上升,引起产业规模和产业辐射力的扩大。政府制定了多项经济政策,通过经济杠杆和行政手段鼓励和限制产业发展。一些经济政策是诱导性的,为某些行业提供了罕见的政治条件,一些经济政策是强制性的,而另一些则迫使它们扩张或收缩,还有一些经济政策既是诱导性的又是强制性的。经济政策不仅可以直接支持或限制某些产业部门的发展,而且可以直接影响大部分影响产业结构的因素,间接影响产业辐射强度。当受经济政策制约时,产业发展受到损害,导致产业影响动力不足甚至丧失。因此,经济波动及其政策是影响行业辐射输出的重要因素。[1]

4）投资结构

投资就像血液,产业的主体可以从中快速成长。投资结构与投资的方向和金额有关。投资方向直接决定了投资在不同行业的划分。对某些产业的持续大量投资将不可避免地导致这些行业的快速增长。投资方向是投资者的首选,投资水平是投资者的第二选择,显然,投资多的行业必然会加速。作为杠杆效应,利率也是影响投资结构的重要因素。它与投资结构成反比。如果某些行业的利率上升,则投资成本增加,收益减少。投资者可能不愿意在这个行业投资。反之,如果降息,投资者获利,就会向该行业投入大量资金,鼓励相关行业的发展。

5）金融资本推动并购

第三产业最核心部分就是金融资本推动并购。

美国产业发展的历史,也是一部并购的历史,过去100年,美国经历五次并购浪潮。通过对美国五次并购浪潮的回顾,可以从中得到一些对中国经济发展的启示。过去100年,美国的五次并购浪潮分别发生在1897—1904年、1916—1929年、1965—1969年、1984—1989年和1990—2000年。并购活动在20世纪80年代末有所减少,但在90年代早期又重新抬头,从而拉开了第五次并购浪潮的序幕。不同时期的并购浪潮促成美国企业结构的重大改变,美国经济从原先的以中小型企业为主转化为现在的形式,即由成千上万的跨国公司构成。

伴随并购的发生,美国制造业"空心化"越来越严重。制造业占GDP的比重持续下降,已经从1950年的40％降至目前的11％,这一创下72年新低的数据说明制造业在美国经济中的重要性在下降。从美国制造业的从业人数比例来

---

[1] 李张珍.产学研协同创新中的研用对接机制探析——基于美国北卡三角协同创新网络发展实践的考察[J].高等工程教育研究,2016(1):34-38.

看,1945年曾经达到38%的巅峰,但是2019年已经降至8.4%。

与美国100年产业发展历史对应,最近10年上海和长三角产业和资本并购都达到顶峰。如2015年医美行业发展和教培行业的发展等,也从侧面反映出,未来上海和长三角也要经历从产业集聚到产业辐射的过程。

6)科学技术的发展

科学技术的发展是影响产业结构变化的最重要因素之一,技术发展主要与技术结构的变化和技术进步有关。技术结构的变化是新技术产业的出现和技术水平的提高等技术现代化的过程。技术结构的发展变化将导致工业生产组织方式的变化。不同的生产组织方式、不同的供给方式、不同的供给量产生不同的下游辐射输出。不同的需求模式具有不同的上游辐射力,根据其内部法律变化影响产业辐射。科学技术的进步不可避免地会导致生产和消费方式的变化。生产方式的变化导致生产工艺和生产技术的变化,必然导致供需变化、辐射场和辐射介质的变化、辐射功率和强度的变化。技术进步为工业部门提供了新的、高效的生产经营方式和组织方式,提高了生产过程的质量,降低了成本,扩大了市场,增加了利润,进而引发了工业规模的扩大,推动了产业发展。

此外,工业生存环境的变化等因素影响了工业辐射的生产并带动了产业的发展,行业发展受到一定限制,行业发展缓慢。我国东部沿海地区是全国人口最稠密的地区,劳动力的不断涌入使得其他资源不断侵入该地区,促进了经济发展,带动了产业辐射圈和形成了产业集群开发区。我国西部地区虽然自然资源优势明显,但由于人力资源不足,经济发展缓慢。

科学技术的发展既可以支持传统产业的升级也可以推动重大创新成果的应用,它是促进产业结构变化的最主要因素之一,技术的发展主要体现在技术结构变化和技术进步。新技术的产生、技术水平的提高,技术向专门化、综合化发展等技术现代化过程推动了技术结构的变化。技术结构的发展变化将会引起产业生产组织方式的变化。不同的生产组织方式下,供给方式和供给量也会不同,由此对下游产生不同的辐射作用。比如,可以用技术辐射的方式去带动它下游产品的开发,进行一个多样化的市场的应用。[1]

需求方式不同,对上游产生的辐射动力也不同,它将依据其内在规律变化对产业辐射产生影响。科学技术的进步必然会引起生产方式、消费方式的变

---

[1] 李庭辉,董浩.基于LSTAR模型的技术创新与产业结构关系实证研究[J].中国软科学,2018(6):151-162.

化。生产方式的革新会引起生产工艺、生产技术等方面的变化，而这些变化将进一步影响供给与需求、辐射领域和辐射媒介以及辐射动力与强度。技术的进步为产业部门提供新的、有效的生产经营手段、组织方式，提高产品工艺质量、降低成本、扩大市场、增加利润，进而触发产业规模的扩张，为相关产业发展带来动力。

此外，产业生存环境等因素变化也对产业辐射动力产生影响。如劳动力流向人口总量，劳动力流向哪个产业，哪个产业就得到了加强，获得了发展条件，为产业的发展提供了动力。没有得到劳动力的产业，发展就受到一定的限制，产业发展缓慢。我们东部沿海地区，主要位于"胡焕庸线"的核心位置（"胡焕庸线"是我国人口发展水平和经济社会格局的分界线，东部沿海地区分布着我国96%的人口），自古以来就人口稠密，中部和西部地区劳动力源源不断涌入，带动区域经济发展，为产业集聚和产业集群形成提供很好的基础。而我国西部地区，虽然自然资源存在明显的优势，但由于缺乏劳动力，因此经济发展缓慢。

7) 从有形集聚到无形资本集聚、品牌高地

大都市第三产业发展很容易推动产业从有形集聚到无形资本集聚、品牌高地形成，以及打造出"头部"品牌企业。这种集聚反过来又会形成"肥尾"效应，肥尾是一种重尾分布，但是它的偏度或峰度极端的大。重尾分布与无所不在的正态分布作比较，正态分布则属于一种细尾分布或指数分布。

尾端风险是指统计学上两个极端值可能出现的风险，按照常态的钟形分布（Bell Shape），两个极端值出现的概率是相当低的（Thin Tails）；但是有两个极端值的分布有可能出现肥尾风险，也就是原本不太可能出现的概率突然提高了。运用在产业辐射效应上，就是相关企业与大都市头部企业集聚出现一种可能情况，即辐射效应形成。且随着这种辐射效应的增强，可能会带来产业发展的新变化。

5.4.3 大都市产业集聚辐射效应影响实证分析——以长三角为例

1. 不同因素对长三角区域各城市间经济辐射力的影响

提升长三角城市的经济影响力对于促进长三角一体化融合，提升长三角经济形势、增长速度和质量具有重要意义。在此基础上，本研究构建了交通一体化、创新一体化、产业结构高级化、物流一体化、区域经济差异和人才流动便利化等方面的指标体系，考察了各种因素对城市经济影响力的影响。具体指标解释如下：

(1) 交通一体化主要体现长三角地区交通基础设施的完善程度。选择每个城市的高速公路密度作为交通整合的指标。

(2) 创新一体化主要反映长三角地区协同创新水平。

(3) 产业结构高级化则反映长三角地区内各城市产业结构现状。选用第三产业与第二产业的比值作为衡量产业结构高级化的指标。

(4) 物流一体化是以长三角地区城市间物流绩效值的标准差与区域内物流绩效值的最大值进行比较时,得分越高,城市间物流发展的分化程度越低,在长三角地区的均衡度越高。

(5) 区域经济差距主要反映长三角地区经济协同发展程度。

(6) 人才流动便利化反映长三角地区人才流动,采用纪建岳等人的方法确定各地区科技人才比例,兼顾科技人才流动数据的可得性和选择长三角地区城市的技术人才占从业人员总数的比例。为了进一步消除数据的非平稳性,对上述数据进行对数处理。

选取 2004—2016 年长三角地区 11 个城市的数据,检验各因素对区市辐射输出的影响,如表 5.8 所示。由于数据结构属于小写 n 和大写 T 的长面板数据,在组内加入单独的虚拟变量来解决自相关问题。

模型 1 仅解决组内自相关的可行广义最小二乘法(FGLS);

模型 2 可同时处理组内自相关与组间同期相关的可行广义最小二乘法(SMA);

模型 3 进行回归分析。

表 5.8 长三角区域城市间辐射力影响实证分析

变量	模型 1	模型 2	模型 3
交通一体化	0.222***	0.190***	0.184***
	(6.190)	(3.350)	(27.650)
创新一体化	0.133***	0.104***	0.104***
	(3.510)	(3.520)	(23.720)
产业结构高级化	0.036	−0.017	−0.019***
	(0.760)	(−0.480)	(−7.390)
物流一体化	0.023	0.005	0.007*
	(0.880)	(0.300)	(1.820)

续表

变量	模型1	模型2	模型3
区域经济差距	0.019	0.025	0.024***
	(0.430)	(1.500)	(7.350)
人才流动便利化	−0.003	0.036	0.035***
	(−0.040)	(0.930)	(6.210)
C	−109.486***	−111.660***	−111.061***
	(−12.280)	(−8.800)	(−15.500)
样本个数	143.000	143.000	143.000
Wald检验	—	75 574.710	78 138.120
R^2	0.995	0.989	—

2. 长三角区域城市间辐射力影响实证分析

为了避免组内自相关和组间相关对回归结果的影响,采用同时处理组内自相关和组间同期相关的广义最小二乘法(SMA)的结果进行分析与测试。

总之,城市是一个地区的增长极、辐射源、网络枢纽和运营中心。它在区域经济发展中具有明显的集聚性、扩散性和先导性,对促进区域经济增长具有重要作用。在很多情况下,作为区域中心的城市,不仅是一个行政单位,也是促进经济发展的机构。产业集聚规模和竞争力反映了整个区域的经营效率和增长水平。因此,分析和比较城市竞争力可以解释和反映许多问题,包括城市及其郊区的整体实力、发展水平、外部影响和运营效率。

第 6 章
大都市产业集聚辐射内在机制与动力

6.1 大都市经济活动集聚辐射纽带

6.1.1 大都市经济活动集聚辐射纽带——经济活动的联系

大都市经济活动联系是指资金、技术、人力、产品、信息数据等方面在经济活动过程中的融合与交流,并且经济活动作为生产、流通、交换和消费过程中的统一,是都市经济活动集聚与辐射的纽带。根据都市经济活动所需条件,可将经济活动间的联系分为产品或劳务联系、生产技术联系、价格联系、劳动就业联系、投资联系、消费市场端联系、用地联系和公共物品间的联系等主要方面。[1]

1. 产品或劳务联系

在社会生产过程中,每一种经济活动都不能脱离其他经济活动独立存在,经济活动间或多或少需要相互提供产品或劳务,这种联系就是产品或劳务联系,表现在大都市圈之间的各种产品或劳务的往来联系。如长三角地区在产品和劳务方面联系就很紧密,如图 6.1 所示。

数据来源:脉脉数据研究院(2019 年)。

图 6.1 长三角都市人才流动

---

[1] 刘爽.我国物流业与国民经济协调发展研究[D].湖南:中南大学,2010.

2. 生产技术联系

对于企业来说，每种经济活动都需要特定的技术要求，因此也就必须要和其他企业进行协作，并且还要依据都市产业部门所要求的产品特性和技术指标，对所有相关产业在产品和劳务方面都提出要求，这就在生产技术端产生了联系。

20世纪八九十年代，每周六下班的时候，在上海各大长途汽车站、轮船码头、火车站，就会迎来一群群年轻人。他们身着洗得略微发白的蓝色中山装，口袋里插着一支钢笔，斯文清爽的模样一看就是知识分子。他们的目的地大多是上海周边如苏州、无锡等地的乡镇企业。第二天下午，他们又从四面八方来赶末班车，匆匆返沪。当年这股周末"潮汐"如城市新景观，"赶潮下乡"的工程师被称为"星期日工程师"。

3. 投资联系

都市经济活动或产业的发展必须依靠物质资本，如：机器、设备、厂房、建筑物、交通运输设施等。经济发展一方面对人力资本提出要求，另一方面在投资上也提出了相应的要求。加快都市经济发展，不可能依靠加快某一产业的发展来实现，而必须通过相关经济活动的协调发展来实现。

一项由浙江省委政策研究室提供的数据表明，截至2006年年底，浙江在上海投资的企业已达3.5万家，可以看出改革开放初期，浙江企业对投资和进军上海充满了热情。[1]之后到2014年，在沪浙商开始反哺浙江，并形成趋势，有学者称之为"跳出浙江发展浙江"。

4. 消费市场端联系

不同的经济活动之间会因为有共同的消费市场而产生相互吸引或排斥的现象：当某些产品或服务还处在成长期或者发展不完善的阶段时，这种共同的消费市场往往能带来经济活动的集聚；相反，当市场处于成熟期或者发展完善产生饱和阶段时，这种具有共同市场的经济活动就具有相互排斥的现象。

从2018年11月长三角一体化发展上升为国家战略以来，支持长三角发展政策不断落地，使得长三角都市圈经济活力不断提升。2020年至今，医疗、交通、教育、旅游、税收等各类资源要素在区域内有序流动，助推长三角一体化消费市场的形成，以及消费市场发展效应实现从原来的"加法"到现在以及未来"乘法"的跨越。

---

[1] 张乐. 浙企转移投资热潮，3.5万家浙企为何投资上海？[EB/OL]. (2007-08-12)[2022-12-01]. https://zjnews.zjol.com.cn/05zjnews/system/2007/08/12/008693058.shtml.

以南京1912街区为例,最近几年南京1912街区大面积闭店,人气明显下滑,包括1912酒吧街都在走下坡路,核心原因还是消费市场端发生变化。其一是便民生活圈逐步形成,南京每个区都能满足日常的衣食住行游购娱等,人流量基本稳定,首店及特色概念不再稀缺;其二是南京房价太高,年轻人都住到江宁、河西、仙林,市区内反而不方便往来;其三是被新的打卡地所取代,如Future Space。

5. 用地联系

在日常的经济活动中,不同的活动形式会产生不同的用地需求,因此就会导致这些经济活动在选择用地时会产生相互吸引或排斥的现象。比较典型的例子是位于江苏盐城的大丰农场,设置农场是为了安置劳改人员,主要出产粮食和食用油等;但是这个占地面积达300平方公里的大丰农场,在行政上完全属于上海,是上海面积最大的一块"飞地";位于浙江舟山嵊泗县的洋山港,由大洋山和小洋山组成,四面环海,与上海市区有东海大桥相连,是上海建设国际航运中心的深水港。

6. 公共物品联系

公共物品是由公共部门以非市场方式提供的物品或劳务,可以供社会成员享用,是为社会进步和发展所提供的公共产品和公共服务。[1] 2021年3月11日,基于长三角一体化发展的背景下,长三角文化和旅游联盟联席会议在浙江台州举行,会上提出将推进社保卡(含电子社保卡)在长三角区域文旅领域的互认互通互用,使民众一卡在手,就能享受长三角区域文化体验和旅游观光服务。

6.1.2 大都市经济活动集聚辐射纽带——人的联系

通常来说,影响、制约都市经济活动的条件之一就是人口因素,因此人口问题对上海产业集聚的发展有着极为重要的作用。人口是指不断发展变化着的、一定时间内居住于一定地区的人的总和。人是自然和社会的统一体,因此产业集聚辐射需要从人口与经济的结合层面上进行分析。人具有两种属性,因此对于都市经济活动具有双重影响。一方面来说,人是能够进行劳动的个体,是劳动力,是物质资料的生产者;另一方面来说,人在社会中又扮演着消费者的角色,消费生产出来的物质资料。

---

[1] 李伟民. 金融大辞典[M]. 哈尔滨:黑龙江人民出版社,2002.

1. 人口的数量和增长速度

人是生产力中最重要、最活跃的组成部分,社会没有人就没有办法进行生产和运作。人口数量和增长速度对社会经济发展有重要影响:当人口数量和增长速度与社会物质资料生产相适应时,就会促进社会经济发展,否则就会延缓社会经济发展。充足的人口,特别是丰富的劳动力资源,如果利用得当,就能充分开发利用自然资源,吸引劳动密集型产业,使生产规模不断扩大,促进社会经济发展;相反在人口稀少的地区,劳动力短缺、工人的工资较高,相对就增加了产品的高成本,一般来说对产业布局不利。[1] 2017年以来,国内的许多城市都开始了"抢人大战"。比如上海在人才发展方面,把重点放在引进海内外高层次人才、青年科技人才、领军人才、科学院士、创新创业人才、相关的学术和技术带头人、基础研究领域和应用开发领域的领军人才、紧缺急需的创新创业人才等[2],并辅以相应的资金支持、住房优惠、购房补贴、子女入学照顾等政策。因此伴随着政策的出台,各地人才数量和质量有很快的提升,这也进一步带动了都市经济发展,如图6.2所示。

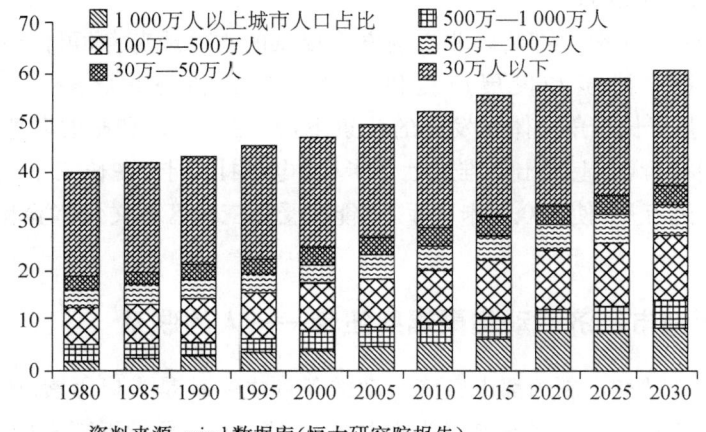

资料来源:wind 数据库(恒大研究院报告)。

图6.2 全球人口向大城市集聚明显

2. 人口构成

一个城市一定数量的适龄劳动人口对于城市实现健康的持续发展是至关重要的。青少年人数过多会增加父母的精力,也会导致国家教育事业的过多负担;

---

[1] 李瑞英.民权县制冷产业集群研究[D].河南:河南农业大学,2013.
[2] 夏云.地方政府科技人才政策优化研究——以上海和深圳为例[D].上海:华东政法大学,2020.

老年人口数量过多则会加重医疗、退休金、福利单位的负担。因此,在一个城市的发展规划及产业布局中,对于城市人口金字塔也要格外重视。

目前,全国各地各大城市都在费尽力气招揽人才,从人才公寓到购房补贴再到优惠贷款,各个城市之间的"抢人"大战越来越激烈,并且这场战争从北上广这些大城市早已蔓延到杭州、重庆、南京、西安、四川等地。吸引人才留在城市,不但能够对城市未来产业发展及产业升级进行人才储备,而且由于吸引的人才大都是年轻人,他们又能够促使这个城市重新焕发活力。比如杭州应届生可以直接落户(45周岁以下);取得研究生以上学历或者40岁以下的本科毕业生可以直接落户南京。所以我们可以看出,大城市之间对于人才的争夺一方面是为了提升城市人口素质,促进城市科技实力增强,另一方面也是为了吸引大量年轻人才,增强主体消费人群数量,如图6.3所示。

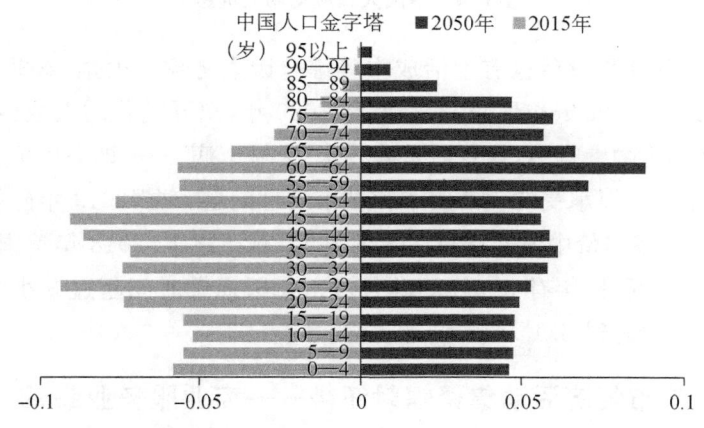

资料来源:wind数据库(恒大研究院报告)。

图6.3 中国年轻人口分布

3. 人口的分布和迁移

人口集聚的背后,也有人口迁移,并促进都市产业集聚辐射。一方面,"二战"后,南亚、东南亚、拉丁美洲的高级知识分子(教授、工程师、医生)大量移居美国、加拿大和西欧,形成"智力"集聚,也有学者称之为不发达国家向发达国家的反向援助。有统计资料表明,美国、英国从第三世界高级知识分子中得到的经济效益,与这些国家对第三世界国家的有形经济援助相当。另一方面,人口向都市集聚到一定程度就会产生集聚辐射。如2014年之后,我国人口流动趋缓,如图6.4所示。

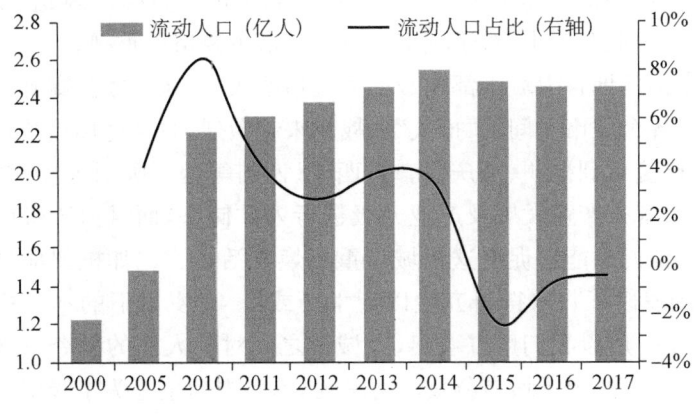

资料来源：wind 数据库（恒大研究院报告）。

图 6.4　中国人口流动明显放缓

当然，这种迁移背后也有生活成本等综合因素考虑。根据《2020 年硅谷指数》（2020 Silicon Valley Index）显示，至 2020 年，离开硅谷的人数连续 3 年超过进入硅谷的人数。当然，这背后是硅谷患"大城市病"——即高房价、通勤难等问题，导致个人难以承受的生活成本和城市治理问题。据《2019 年硅谷指数》显示，2018 年，硅谷房价中值达到近 118 万美元，相比之下，2018 年美国房价中值仅为 22.1 万美元，同年有 6.6％的硅谷员工每天通勤时间超过 3 小时，每天因交通拥堵而耗费超过 8.1 万小时。[1]

6.1.3　大都市经济活动集聚辐射纽带——商业服务业联系

大都市经济活动集聚辐射纽带，还可以从商业服务业的集聚与辐射视角来看。通常来说，大都市进行产业辐射一般都会把经济活动具体到某一特定的市场。克里斯塔勒把获取最大利润作为区位选择的标准，他的观点是商品在流通中面临的主要问题就是服务范围，因为任何一个商业服务点都应有服务区域。"首店"很大程度承担的是集聚辐射联系的纽带，同时具备集聚和辐射两个功能。以重庆为例，重庆 2021 年 7 月成功与上海等五座城市一同跻身中国首批国际消费中心城市之列，抢占"内循环"时代先机。近几年来，重庆在重视创建国际消费

---

[1] 硅谷联合投资与硅谷社区基金会. 2019 年硅谷指数[EB/OL]. (2020-02-12)[2022-06-30]. https://www.bizjournals.com/sanjose/news/2020/02/12/joint-venture-2020-silicon-valley-index-report.html.

中心城市同时,也开始重视发展商业服务业集聚,深度耕耘首店经济,据不完全统计,2019年至今累计引进263家各类首店,即使2020年受疫情影响,重庆也成功引入91家首店进驻。

西部首座国际消费中心城市选址重庆,原因有三。其一,重庆地理位置比成都更优,"一带一路"通过中欧班列和陆海新通道在此与长江经济带交会,便于欧洲和东南亚等区域商贸旅游汇集;其二,重庆是国家战略高质量发展的试验区,将带动以生产廉价低端商品的中国制造迈向高端化,并为未来工业发展提供科技支撑,供给的高端产品则可通过在重庆打造经济中心和购物天堂销售出去;其三,重庆作为"网红城市",近年消费增速比成都还要快,游客人数也比成都多。

当前,我国的城市化率仅有55%,政府计划在未来20年内将以每年1%的速度推动城市化进程,这意味着在未来20年内,大约有3亿人成为新的消费者。这将促使大都市经济活动获得可持续增长。

6.2 大都市产业集聚辐射内在机制

6.2.1 大都市产业集聚辐射与经济增长动力

大都市产业集聚辐射与经济增长动力主要来自以下几个方面。

1. 资源支持度

任何一个产业的发展都需要很多相关资源来支持,如:人才、资金,政策等。这些配套资源越充分,作用力越强,种类越齐全,则越有利于该产业的成长与发展;反之,若资金短缺、技术缺陷、人才稀少,则该行业发展越为困难,越容易受到限制。在一个市场中,产品种类丰富,则相应的产业体系就完善,能够带动的相关产业辐射范围就越大;反之,产业发展就会得到限制,影响产业辐射范围。

2. 科技发展

随着新一轮工业革命的到来,新技术新工艺不断涌现,科技创新必将带来新产业的兴起。在这一轮新的工业革命的影响下,会有一大批新兴产业蓬勃发展,而一些夕阳产业则面临淘汰,在这个过程中势必会引起产业辐射体系的重组和调整。科技发展能使原有资源被开发出许多新用途,引起资源流动方向、流动方式的变化,引起产业关系的变化;科技发展会出现许多新材料、新能源等,引起产业辐射范围的扩大和调整,打破原有平衡关系;科技发展能引起资源利用效率的提高、资源利用方式的变化。[1]

3. 生产方式

随着社会的不断发展,科技带来的便利延伸到我们日常的生产生活中。如:人工智能、自动化生产、机器人等技术的不断运用,给生产方式带来了急剧的变化。这种生产方式带来的变化引起资源利用方式、数量、种类的变化,引起产业关系的调整和变化,引起产业辐射体系的调整和变化;生产方式发展变化对产业辐射关系的调整和变化是突变性的,能突然引起产业关系的重组和变化。[2]

4. 消费方式

在当下这个时代,伴随着互联网技术的快速发展和普及,人们的消费方式和消费观念正在发生着明显的变化。如:普及的移动支付、火热的直播带货、多元化的线上购物场景等。我们必须深刻地意识到,人们的消费方式已经有巨大的改变,消费方式的改变能够带来消费产品数量和种类的改变。产品的更新与替换传递到上游就是产业结构的调整,结果就是部分相关产业蒸蒸日上,不断兴起,部分产业则日落黄昏,逐渐被淘汰。在这个动态变化过程中,这些产业的发展在更深层上则能够引起产业辐射范围的扩张和收缩。因此,人类消费方式及消费观念的改变在某种程度上一定会引起产业结构的调整,进而影响产业辐射的范围。

5. 分工与协作

在全球化浪潮中,国与国之间进行着不同的分工,同样企业间也在进行着不同的分工,而且这种分工越来越细化,不可逆转。不同的企业承担着不同的工作,他们通过有效的协作使得整个工序有序进行,这相应带来的则是更加复杂的辐射体系。伴随着科技进步,数字技术加持,整个社会都将会更加数字化、智能化,因此会出现许多新兴产业,这同时也会带来产业辐射体系的整体调整。

6. 文化环境

不同国家有不同的文化,不同的种群也存在着不同的文化环境。文化环境能够从内在对一个人的生产方式和生活方式产生影响,那么围绕着这种地理差异或者种群差异就会产生不同的产业,因此文化环境能够通过影响生活习惯,进而影响产业辐射体系的形成和发展。

---

[1] 任一鑫.产业辐射理论及应用研究[D].青岛:山东科技大学,2006.
[2] 任一鑫,李雪梅,韩港.产业辐射体系变化传递机制探讨[J].山东科技大学学报,2008(1):70-74.

6.2.2 大都市产业集聚辐射效应作用机理

由于我国幅员辽阔,各个地区在进行工业化发展和都市化进程中,一些地区凭借良好的资源禀赋、优越的地理位置,会得到政策的优先扶持,故而会使得这些地区的某些行业获得率先发展并逐渐形成规模优势,而其他大部分地区相较于优先发展地区而言,经济水平和产业水平则相对落后。当优先发展地区的优势产业发展到顶峰时,出于降低成本和扩大市场的需求,成熟产业会向劳动力成本、租金成本更低的地区转移。此外,交通条件的改善也会使得产业跨区域运输成本逐渐降低,进一步促进核心都市的成熟产业逐渐向外围地区辐射。与此同时,核心都市在技术和创新的驱动下,开始向更先进的产业发展。产业的成长到衰退的过程也是核心都市向外围都市经济辐射的过程,如图 6.5 所示。

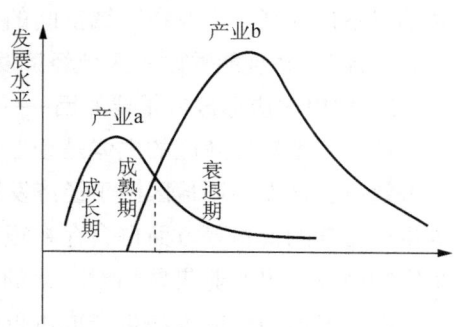

图 6.5 产业生命周期

都市间产业的转移和经济辐射效应会使得部分企业不断发展,在这个过程中企业能够较好地提高生产效率,同时意识到科技带来的巨大利益,因此会不断重视科技产出,强化科学技术支撑,围绕相关产业也越能够得到一定程度的提升与发展。我国在改革开放发展初期,实行先富带动后富,根据地理位置的优越性,东部沿海地区(如:珠海、厦门、汕头等)通过国家相关政策的帮助,承接了许多发达国家的劳动密集型产业和资本密集型产业,这些产业也迅速在东部沿海地区形成优势,逐渐发展为我国发达地区的主导产业。但产业的不断发展需要大量的劳动力、土地和资本,这些城市在发展的过程中,生产要素成本不断上涨,而部分企业为了提高产品竞争力降低生产成本,就要考虑向国内欠发达地区进行转移。在产业转移和经济辐射的作用下,各个区域间逐渐形成了以发达都市为中心,外围都市为边缘的都市群结构。

6.2.3 大都市产业集聚辐射效应的内在机制

1. 辐射效应的基础——区域梯度差异

纵观世界经济发展的历史,可以发现经济发展的本质就是地区间产业结构的调整和升级,产业和经济不断地从低级走向高级,产业结构不断得到优化,地区经济也相应地得到发展。各个国家和地区在经济发展过程中有不同的特征：一般都是从劳动密集型产业（例如：纺织工业），到资本密集型产业（例如：汽车制造业），再到技术密集型产业（例如：电子信息业），最后是知识密集型产业（例如：生物医药行业）。在产业发展的过程中，由于各个国家和地区在经济和产业发展水平方面不均衡，并且不同地区的优势主导产业也不同，因此各个地区的产业发展就会存在梯度差异。那么企业就需要结合地区的资源禀赋条件，充分地利用好地区间的资源差异，不断地向资源最优化的地区进行产业集聚辐射。产业集聚辐射不仅提高了产业在区域空间的布局水平，同时对资源的利用效率也有了一定的提升，并且能够改善区域经济发展的不平衡性。

2. 辐射效应形成的重要原因——地区间的成本差和市场拉力

产业集聚辐射效应的主体是企业，企业经营活动的最终目的是谋求最高的经济效益。然而不同地区由于经济发展水平存在差异，需求市场在劳动力、土地等生产要素的价格等方面也会存在很大的差异，而市场需求和生产要素成本也是影响企业做出产业集聚辐射决策的重要原因。当其他地区条件相仿时，企业便会将业务向经营成本和生产成本低的地区进行辐射。通过产业集聚辐射，企业一方面可以降低生产成本从而获得更高利润，另一方面也可以开辟新兴市场获得未来增量市场，为企业开辟新的发展空间。

3. 辐射效应形成的重要推动力——外围地区积极承接

就大都市而言，能否适当地承接中心都市的产业集聚辐射效应也是其经济发展的关键。外围都市一方面既要抓住中心城市经济的带动作用，另一方面又要结合自身经济和产业发展的特色来与中心城市的产业承接进行对接，只有这样才能更好地接受经济辐射效应。外围欠发达地区通过承接产业集聚辐射可以实现技术创新、带动就业和经济增长，从而推动欠发达地区经济实现跨越式发展，如图 6.6 所示。

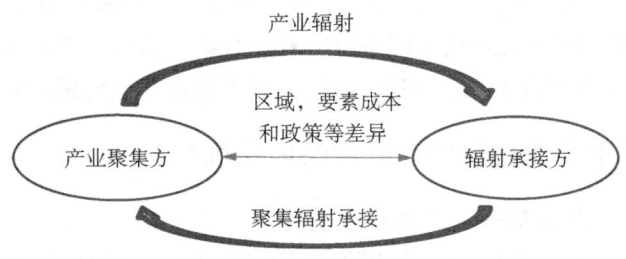

图 6.6　产业集聚辐射原理

产业集聚辐射效应按作用过程分为三个方面,分别是辐射源头、辐射媒介以及辐射接受地。在都市群中,中心都市就相当于辐射的源头,中心都市依靠自身发达的经济水平、产业结构、优质的人才与技术等,能够对周边都市产生较强的经济带动作用。中心都市的辐射力度离不开辐射媒介的传导,这个辐射媒介就包括中心都市与外围都市之间的交通联系、信息交流、两地的政策互导等因素。同时辐射接收地,即外围都市自身也需要对中心都市的经济辐射表现出一定的承接优势,包括外围都市自身的经济发展水平、基础设施建设、对中心都市的吸引力、在产业上与中心都市的匹配度以及未来的发展能力等,如图6.7所示。

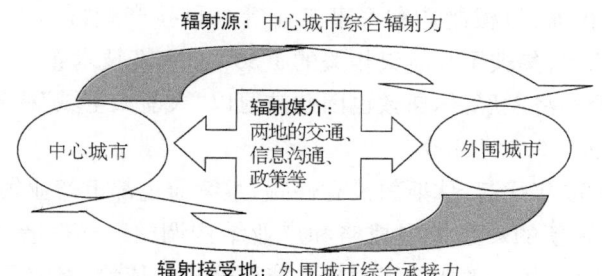

图6.7 都市产业辐射机理

4. 大都市产业集聚辐射效应的动态调整

大都市产业集聚的辐射效应是一个动态调整的过程,而不是静止的。这里以美国休斯敦产业集聚与辐射效应为例进行分析。休斯敦创立于1836年,是美国南部第一大城市、全美第四大城市,并先后从"石油城"转型到"火箭城",再从"火箭太空城"到今天的"科创城",一路走来伴随的都是大都市产业集聚与辐射效应的产生和持续动态调整升级,这种动力不断推进休斯敦城市发展。

1) 第一阶段:1901—1960年

1901年,休斯敦附近斯宾德尔托普发现石油,这一消息立即引发"石油热",并形成休斯敦第一次经济高潮。

1930年,以得克萨斯东部再次发现大油田为契机,休斯敦产业集聚进入高潮,到20世纪30年代中期,仅休斯敦市方圆约960公里内,就生产了全世界50%的石油,全美超过45%的基础石化工业活动和全美200强能源公司中的45家皆在休斯敦附近的墨西哥湾地区。[1] 在这一阶段中,休斯敦地区集聚了

---

[1] 于玮玮.休斯顿石油工业发展之路[EB/OL].(2010-04-07)[2022-06-15]. http://www.doc88.com/p-41599502845.html.

3 700多家与能源相关的公司,被誉为"世界石油之都"。休斯敦围绕"石油"形成的产业集聚也出现辐射效应,整个石化和能源公司逐步向全美,乃至全球辐射。

2) 第二阶段:1961—1990年

休斯敦并未因为石油产业的衰退而出现萧条,而是通过都市产业集聚与辐射效应的动态调整,通过多元化的产业结构调整,把发展重心放在高科技行业。1961年,休斯敦抓住了美国国家航空和宇宙航行局(NASA)航天中心落户的机遇,同期出台了一系列政策措施引进和培养高端人才、企业家团队,大力发展了航天设计、电子仪器、机械制造和军事工业等高科技产业群。[1]此后,休斯敦以太空中心为原点,集聚了与航天相关的1 300多家高技术企业,带动了休斯敦的都市产业集聚经济发展,休斯敦也因此被冠以"火箭太空城"称号。

3) 第三阶段:1991年至今

自20世纪90年代起,休斯敦没有停顿,继续通过都市产业集聚与辐射效应的动态调整,实施新的转型发展战略和产业结构调整——打造美国科创中心。通过新的产业集聚,休斯敦摆脱了对单一能源经济的依赖,奠定了休斯敦世界医疗城及美国航天城的地位。如今休斯敦得州医学中心已发展为世界上最大的医疗集群,约有50多家顶尖的医院、医学院、研究所等机构,每年接待约720万名患者,形成今天休斯敦的多元产业发展以及高科技产业兴起的格局。2020年12月,科技巨头慧与科技,宣布将从硅谷迁往休斯敦。可以看出,休斯敦多次通过产业集聚与辐射,不断抓住历史机遇,吸引新的产业集聚,又不断通过产业集聚辐射,吐纳换新,成为今天全球资源型城市转型科创城市的表率。

6.3 大都市产业集聚辐射内在动力——基于产业融合的视角

随着工业化进程的加快,我国的制造业、服务业、科技创新与战略性新兴产业也开始进行全面的融合。聂子龙、李浩认为产业融合是指不同产业或同一产业不同行业相互渗透、相互交叉,最终融为一体,逐步形成新产业的动态发展过程。[2]

---

[1] 安淑新.国外石油资源型城市转型经验借鉴示[J].宏观经济管理,2015(10):86-88.
[2] 聂子龙,李浩.产业融合中的企业战略思考[J].软科学,2003(2):80-83.

6.3.1 制造业与现代服务业融合发展

制造业是中国国民经济的支柱,然而高能耗、高排放、低自主创新能力是制约其持续良性发展,积极参与国际竞争的主要因素。近些年来,高技术服务业在全世界范围内快速发展,这种高技术的知识密集型服务业,其优势在于可以将高技术"服务化"渗透到其他产业中,从而促进其他产业发展。比如"互联网+"就是典型的高技术服务业之一,"互联网+"简单来说就是"互联网+传统行业",随着社会发展和科技进步,利用互联网构建移动信息平台可以使二者进行有效融合,改造传统行业的生产方式和产业结构。

我国于2016年出台了关于发展服务型制造的行动指南,其中提出了服务型制造的概念,这也是产业融合创新的新形态,是现阶段生产加工企业主要的转型方向;通过制造和服务的结合,可以从单纯出售产品向着同时出售服务的方向转变,不但可以提升生产效率,还可以满足产品附加值,提升价值链,确保企业效益。[1]

就高技术服务业与制造业融合对技术创新效率的影响机制而言,一方面高技术服务业与制造业融合有利于优化生产要素、促进技术溢出、拓展企业技术受益范围、提升人力资本水平,进而促进企业技术创新。比如低成本和高质量的电讯服务,既是资讯服务和其他可数字化产品的中间投入,又是一种重要的信息传送机制,可为制造业的发展提供必要的技术基础,二者的充分融合有利于技术的溢出,助推区域创新效率的提升。另一方面,高技术服务业与制造业融合有助于削减企业高污染的生产环节,降低企业能耗和污染排放,为提升绿色技术创新效率奠定坚实基础。[2]

1. 产业融合发展途径

在产业融合发展的过程中,我们需要从适宜的角度通过科学的分析方法去展开研究。通常来说,现代制造业有三种发展途径。第一种就是制造业服务化,即通过顾客参与、服务要素投入与供给,最终实现价值链中各利益相关者的价值

---

[1] 刁金霞,胡海东,王俊杰,等.产业融合创新与制造业高质量发展[J].科技创新与生产力,2020(1):9-11.

[2] 贺祥民,赖永剑.产业融合对绿色创新效率的非线性影响——基于高技术服务业与制造业融合的经验证据[J].技术经济与管理研究,2020(9):3-8.

增值,也可以理解为是制造企业由提供有形产品向提供"产品＋服务"转变的过程。[1] 近些年来,随着我国科技实力的进一步提升,人民服务意识的增强,我国在部分领域,如汽车、家电、智能制造等领域已经逐渐形成了基于产品本身功能之上的配套服务。第二种就是服务业到制造业的延伸与发展,这种模式的典型就是生产性服务业。制造业的开端是消费服务业,各种新颖的产品在人们对美好生活的追求中变为现实。如服务于家居消费的扫地机器人、智能化厨房和智能化窗帘;服务于信息消费的智能手机和智能耳机;服务于运动消费的可穿戴设备和智能运动装备。第三种就是现代制造业与服务业融合发展,先进制造业和现代服务业融合是顺应新一轮科技革命和产业变革、增强制造业核心竞争力、培育现代产业体系、实现高质量发展的重要途径。[2]

2. 产业融合发展策略

其一,重视产业发展规律,重新规划产业新发展理念。产业结构有自己的演进规律,推动产业演进的因素也有很多,一般可以分为供给因素、需求因素和其他因素。不同国家产业发展道路有所差异,但都是存在规律的,因此重视演进规律对于提升企业融合发展极为重要。产业结构演进中的一条主线是沿着人均国民收入,相关理论涉及配第-克拉克定理、库兹涅茨的人均收入影响论和钱纳里提出的工业化阶段理论。[3] 中国是社会主义国家,因此应该结合实际国情,充分考虑当前企业发展面临的问题,如:创新能力不强、经验不够丰富、企业与科技未能有效结合等。在这样的基础上,重新规划产业发展理念,提高管理者决策能力,把产业融合发展当作企业重中之重。

其二,完善融合发展机制,优化创新发展政策。产业融合发展离不开部门间的融合协调合作,因此在促进产业融合发展的同时也应把重点放在建立有效的协同机制上面。任何行业的发展都离不开政策的指引,在融合发展的道路上,应鼓励多种形式的创新。如:加大对专精特新中小企业的扶持和帮助、创新设置发展模式奖励基金、充分发挥中小企业灵活创新优势等。在这个过程中,我们还要营造产业融合创新发展环境,鼓励大众创业、万众创新,促进行业整合。

---

[1] 唐国锋,李丹.工业互联网背景下制造业服务化价值创造体系重构研究[J].经济纵横.2020(8):61-68.
[2] 国家发展改革委.关于推动先进制造业和现代服务业深度融合发展的实施意见[EB/OL].(2019-11-15)[2022-07-01]. http://www.gov.cn/xinwen/2019-11/15/content_5452459.htm.
[3] 谭淞.产业结构演进的一般规律——来自发达国家经验[EB/OL].(2018-05-15)[2022-07-01]. https://doc.mbalib.com/view/4311af354926f207334a84c6db77f15f.html.

其三，以企业为主体，推动产学研一体化。在产业融合发展过程中，始终要坚持以企业为主体，贯彻产学研一体化机制，建立一种良性循环。产学研就是"以产养研，以研促产"的发展模式，企业如果想实现持续发展的战略目标，就需要稳健的人才团队，通过这种方式可以使得高校企业联系在一起，形成强强联合的优势。通过产学研融合，企业可以进行技术和信息的积累，开阔自己的视野，快速完成客户需求和知识资源的积累，并且这也是融合发展的重要途径。在这个基础上，企业要尽快解决目前技术实力不够和缺乏核心技术的现状，促进产业结构发展。

其四，完善现代化基础设施，优化平台治理机制。当前应结合产业融合发展的新趋势、新产业、新业态，加大基础设施尤其是网络基础设施建设力度，强化基础设施的互联互通，提升基础设施网络化、智慧化水平，优化基础设施系统功能。在此基础上，积极发展新一代信息技术服务业、智能物流系统、第三方物流等，促使制造业企业整合、分离、外包物流业务，降低制造业运行的流通成本，提高流通效率。[1] 未来中国的发展离不开新基建，如：5G基建、特高压、城际高速铁路和城际轨道交通、新能源汽车充电桩、大数据中心、人工智能、工业互联网等。这新一轮基建，将会构建中国现代化的基础设施，促进中国产业经济发展，推动产业融合发展。

其五，打造一批融合发展先进示范区。通过政策先行和机制创新，集聚创新要素以打造先进示范区，可以积累实践经验，起到示范作用，调动企业发展积极性。积极调动各地发展积极性，鼓励创新政策有效实施，可以培育发展新动能。产业融合发展需要制造业、服务业相应的配套设施支持，同时在产业集聚过程中，同样可以为提供支持的企业带来成本的降低、信息渠道的扩大。

改革开放以来，虽然我国的服务业快速发展，但是与国外相比仍是大大落后，还有很大差距。产业融合将成为未来价值增长的主要增长点和活力源泉，推动经济全球化发展。伴随着经济全球化和服务化的日益深入，服务业已经成为世界经济的主导，因此产业融合发展给了我国实现追、赶、超的机会，能够促进产业经济持续发展。

6.3.2 新兴产业与科技服务业融合发展

2016年，国务院印发《"十三五"国家战略性新兴产业发展规划》，指出未来

---

[1] 郭朝先.产业融合创新与制造业高质量发展[J].北京工业大学学报,2019,19(4):49-60.

5—10年是全球新一轮科技革命和产业变革从蓄势待发到群体迸发的关键时期。信息革命进程持续快速演进,物联网、云计算、大数据、人工智能等技术广泛渗透于经济社会各个领域,信息经济繁荣程度成为国家实力的重要标志;3D打印、机器人与智能制造、超材料与纳米材料等领域技术不断取得重大突破,推动传统工业体系分化变革,将重塑制造业国际分工格局。[1] 科技服务业通过技术和知识为社会提供服务,而新兴产业则依靠新的技术和知识逐渐进行产业升级,二者进行融合将成为推动全球经济复苏和增长的主要动力,加之新冠疫情对国际分工和产业重构的影响,全球经济发展将进入新时代。

1. 产业融合发展途径

1) 科技创新

21世纪,科技将成为促进产业发展最大的动力,我们现在朝着中国制造2025的目标迈进,着力建设智能工厂、智能生产和智能物流。长期以来,我国产业发展的道路都是引进、消化、吸收、再创新,如:高铁、互联网、光伏、核电技术;但是随着我国技术不断积累,高铁已经成为我国的一张亮丽名片,也建成了世界上最大的移动互联网平台,这就要求我们必须引领创新转型,走产业融合之路,支撑产业迈向中高端。

2) 组织优化

科技服务业和新兴产业都属于高信息技术,知识含量高,那么二者通过产业融合,就需要优化组织架构,使得企业能够更灵活地适应市场的变化。市场结构决定着企业的市场行为,而市场行为又决定了企业的市场绩效,所以产业融合会改变市场结构,这一定会带动产业组织内部结构的变化。产业融合会扩大产业组织规模,同时还会加大组织管理难度。因此,从组织优化角度看待产业融合,要确保组织结构扁平化,针对组织架构不断优化,以提升组织之间相互协作效率和推动结构的升级。

3) 市场竞争

市场原因会导致各行各业出现差不多的利润,如果某行业投资回报率高,那么资本都会涌入,最后会达到一个逐渐平衡的情况。随着中国的不断发展,经济实力愈来愈强,产业之间的竞争也变得越来越大。通过科技服务业和新兴产业的融合可以扩大生产边界,促进市场规模扩大,激发市场经济活力。产业融合可

---

[1] 国务院."十三五"国家战略性新兴产业发展规划[EB/OL].(2016-12-19)[2022-07-01]. http://www.cac.gov.cn/2016-12/19/c_1120146605.htm.

以形成产业重组、产业渗透,再加上未来科学技术的导入,越来越多的产品会进入市场,这就会形成一个更加激烈的市场。

4) 消费升级

近些年来,我们可以直观感受到生活变得越来越好,我国人均 GDP 突破1万美元,引起了消费者的消费升级。以前传统的"大件"如空调、电视、冰箱,早已经进入百姓家庭,后来慢慢普及的是智能手机、投影仪,再到现在的 VR 眼镜,这都是人们生活水平逐步提高的表现。比如华为公司和美的集团合作生产的冰箱,有鸿蒙操作系统的加持,这就是科技与制造业融合的典型。在这个快速发展的时代,传统行业在不断萎缩,甚至已经日落西山,但是新兴产业却如雨后春笋一样不断涌现,所以我们要看到消费结构的调整,运用新技术新产品,同时也要做到良好的服务。在这个过程中,我们可以通过产业融合看到良好的商机,因为有需求就有市场,在这个过程中不断提高企业的市场份额和市场竞争力。

2. 产业融合发展策略

科技服务业是以专业的知识和技术为基础,为科技创新活动提供专业化和服务化的支撑行业;战略性新兴产业是一种高技术、高知识、低能耗,并且能够带动产业转型升级的新兴产业;因此,二者的融合发展是相互促进的,可以增强经济发展的协调性和可持续性。[1]

1) 转变政府职能,处理好政府和市场的关系

科技服务业和战略性新兴产业作为我国未来产业发展的重点,二者的有效融合将会产生很大的辐射效应,带动周围相关产业快速发展。但是在进行有效融合的过程中,"看得见的手"和"看不见的手"如何协调配合将成为工作的重点。一方面,市场是资源配置最有效率的形式,市场决定资源配置是市场经济的一般规律;另一方面,政府能够保障宏观经济稳定、推进可持续发展,弥补市场失灵。因此,在科技资源配置中,政府要协调好资源在市场、高校、企业之间的有序流动;强化基础研究,增强市场科技活力。

2) 构建科技资源共享平台,推动产业联盟建设

通过建设知识网络数据库、举办科技创新比赛、举行科技论坛和会议、开展地区间或国际的技术合作会议等方式构建开放型的科技资源共享平台,可以实现科技信息共享、数据共享。搭建共享平台也是为了实现资源互通,要素更快流

---

[1] 陈立枢.科技服务业与战略性新兴产业融合发展研究[J].改革与战略,2014,30(10):95-98.

动,推动产业联盟的形成。科技服务业之间建立合作联盟,能够建立合作探讨机制,解决新兴发展中企业所面临的问题,使不同类型的企业协同发展。

3) 赋能科技创新,促进战略性新兴产业发展

对于新兴产业,一方面,政府要发挥优秀教育资源,为企业提供创新人才;另一方面,企业要贯彻自主创新行为。积极推进产学研联盟的建设,支持鼓励建设国家重点实验室,形成以政府为主导、企业运行为主体的高效运作的科技创新机制。[1] 科技创新资源优化的重点是坚持市场经济原则和科技资源配置规律,围绕科技资源完善法律法规。解决制度壁垒和地方利益壁垒,要营造科技资源自由轮换、公平竞争的市场环境,以及解决科技资源短缺、配置低效的问题。

知识经济时代,知识和科学技术成为最具活力的生产要素,通过知识就可以创造财富已经成为这个时代最鲜明的特点。科技服务业是一个高知识含量的行业,其发展能够深挖行业潜力,加快发展方式转变。一方面,科技服务业不但已经成为第三产业重要的组成部分,而且已经在国民经济中占有越来越重要的地位;另一方面,科技服务业日益成为产业结构调整和转型升级不可或缺的重要组成部分,尤其是对现代化产业发展具有十分重要的促进作用。[2] 在推进科技服务业与战略性新兴产业发展的过程中,两者并不是孤立发展,而是一种产业链和集群化的协同发展。国家战略性新兴产业规划及中央和地方配套支持政策确定的有7个领域23个重点方向,"新七领域"为节能环保、新兴信息产业、生物产业、新能源、新能源汽车、高端装备制造业和新材料。战略性新兴产业,指明了国家未来发展的主要方向。因此,通过科技服务业和新兴产业融合发展可以带动周边产业发展,形成产业辐射效应。

6.3.3 制造业与战略性新兴产业融合发展

1. 科技创新助推制造业升级的路径研究

企业经济增长往往来自技术的改进和科技的创新,优化产业结构,促进企业生产智能化,为传统制造业向智能化、数字化迈进提供了强大支撑。究其原因有以下几点。

---

[1] 中核集团标准化小组. 加强科技创新,培育战略性新兴产业[EB/OL]. (2012-07-14) [2022-07-01]. https://www.docin.com/p-441236207.html.

[2] 袁兆亿. 现代科技服务业状况及发展思路[EB/OL]. (2017-07-18) [2022-07-01]. http://www.doc88.com/p-2798686228438.html.

1) 创新成为企业内部增长驱动力

世界知识产权组织(WIPO)发布的《2021年全球创新指数报告》中,中国位列第十一位,位居中等收入经济体首位,实现连年增长。中国虽然是发展中国家,但是也正由制造大国向创新大国迈进,这离不开中国所有企业对于创新观念的重视。

2) 依靠信息技术向智能化迈进

现在我们正处在向工业4.0迈进的时代,即智能化时代,也是利用信息技术促进产业变革的时代。在时代发展的过程中,最离不开的就是科学技术的提升,比如蒸汽机的发明,使我们进入蒸汽时代。在新一轮的科技革命过程中,大数据、人工智能显得尤为重要,并且延伸到各行各业,渗透于当下整个经济社会。这些技术的运用,改变了传统的思维方式和经营习惯,也为制造业的发展带来了动力,促使企业向着智能化迈进。

3) 构建开放型世界经济,激发制造业创新能力

科技创新的回归点依然是经济的发展,经济的发展依靠贸易的增长,只有构建开放型国际贸易,才能激发世界经济的快速增长,因此,各国实施开放性贸易交易政策,促进制造行业经济贸易往来,加速投资、交易,促进消费循环发展,维护和加强多边贸易体制,为不同国家发展提供充足空间,推动世界制造业的优化整合、科技创新。[1]

2. 高端装备制造业与战略性新兴产业融合策略

1) 健全政府内部机制创新制度

在经济全球化,科学技术快速迭代的背景下,产业要面对提高生产率和竞争力的压力,需要快速地实现技术和知识的贯通。实现这一目标,离不开政府内部健全的创新机制,因此政府有关部门应朝着制造业和新兴产业融合发展的趋势做相应的机制调整:一方面,要秉承摸着石头过河的原则,通过试点的方法不断总结经验再普及,充分听取有关专家的意见,制定初步的方案;另一方面,精简办事流程,强化立法监管,保障消费者、企业及生产者之间的利益;同时还要加强对人才的重视,加强引导和培训,提供充足优质人才队伍。

2) 坚持市场和用户主导

产业是否能够发展壮大,最终还是要靠产品和市场来检验,只有能够满足消

---

[1] 李若冰,魏爱玲,彭婧,等.以科技创新助推制造业改造升级的研究[J].现代商贸工业,2017(27):3-4.

费者需求,令消费者感觉满意,才是一款好的产品,这样企业才能有持续的生命力。坚持市场和消费者为主导就是要设计出一款能够让消费者满意的产品,和顾客做朋友,站在用户角度去思考问题。高端装备制造业与战略性新兴产业融合策略更要强化市场用户导向,以满足用户需求为根本。在遵循市场特点和经济发展规律的基础上,也要不断调整融合的方向,推动二者朝着不断优化市场资源配置的方向发展。

3)大力推进"两化"深度融合

两化融合是信息化和工业化的高层次的深度结合,是指以信息化带动工业化、以工业化促进信息化,走新型工业化道路;两化融合的核心就是信息化支撑,追求可持续发展模式。"两化"深度融合要坚持以下基本原则:一是创新发展,增强创新发展能力,是两化深度融合的战略基点和改造提升传统产业的优先目的;二是绿色发展;三是智能发展,智能发展是信息化与工业化融合长期努力的方向;四是协调发展。[1]目前,我们国家不仅仅软件方面跟国外存在较大的差距,关键零部件还存在"卡脖子"的现象,甚至基础设施也有一定距离。结合中国当前的现状,我们不能也没有时间像国外那样先工业化再信息化,这也是我们国家提出两化融合、跨越式发展、走中国特色社会主义工业化道路的原因。在"两化"过程中,要注意以下几个方面:第一,中国企业在创新领域不仅要能够创新,而且更要具备能够产生竞争力的创新,除了在企业内部树立创新意识,还要充分结合当下蓬勃发展的信息技术对创新进行整合。第二,结合微笑曲线进行分析,当前中国制造还处于"嘴唇"的位置,处于价值链的低端,制造一个苹果手机,苹果公司的利润是我们的几十倍,在这个过程中我们还是高排放,高污染,因此,要把企业发展方向朝着数字化、智能化、网络化方向推进。第三,提高制造业装备行业的自动化、智能化程度,在钢铁、医药、石化、建材等行业加快先进过程控制技术的普及,实现生产过程动态实时掌握。第四,系统整合业务系统,通过把企业内部各个部门,诸如:质量、生产、营销、供应链等部门进行整合,打通内部信息沟通渠道,推进研发、生产、销售、管理、控制无缝衔接,建立集成数据管理平台。

当前,新一轮科技革命蓄势待发,各国都纷纷出台相应政策来支持创新发展,抢占新一轮产业竞争制高点,打造国家竞争新优势。推动两化深度融合,重

---

[1] 王建伟. 国家推进两化深度融合工作思路及相关政策措施[EB/OL]. (2014-11-14)[2022-07-01]. https://wenku.baidu.com/view/eef4105deefdc8d377ee323c.html.

点是围绕落实《中国制造2025》，面向十大领域，分别是新一代信息技术产业、高档数控机床和机器人、航空航天装备、海洋工程装备及高技术船舶、先进轨道交通装备、节能与新能源汽车、电力装备、农机装备、新材料、生物医药及高性能医疗器械。我们的工作重点是：①以制造业数字化、网络化、智能化为标志的智能制造作为主攻方向，加快推进两化深度融合；②依靠我国的互联网基础设施，促进传统企业业务转型和产业升级；③必须意识到科技创新的巨大作用，强化科学技术的巨大推动作用；④在各方的综合努力下，尽快推动建立现代通信技术行业体系。通过以上的实施，推动"两化"深度融合，促使企业融合发展。

4）强化产学研用协同创新

产学研用不同于我们过去所说的产学研合作，前者更强调应用和用户，强调产学研必须以市场为导向，要有企业的参与。各国战略性新兴产业和高端装备制造业发展的现实需求与历史经验表明，产学研用协同创新是战略性新兴产业发展的最优路径。[1]在生产实践过程中，我们可以发现任何一项技术的创新，必须通过应用才能够转化为现实中的生产力，提高生产效率，为人类社会带来进步。同时，战略性新兴产业是机遇与危机并存的，未来收益高但潜在风险和投入也是很高的。比如说我国的核电产业，现在中国的核电技术位于全球领先地位，无论研发还是实践均在全球领先，核电产业在我国也是新兴产业，可以成为一个很好的典范。从全球范围来看，产业之间融合效应不断扩大，伴随着我国进入发展新阶段，如何更快提升产业绩效和创新能力，在很大程度上都有赖于产业融合发展。

6.4　大都市产业集聚辐射实施措施

产业集聚可以通过低成本效应、分工效应、品牌效应、竞争效应和公共环境效应五个效应发挥其功能，也就是在一定的经济区域内围绕少数主导产业，通过资源的充分利用与产业链的相互配套，上中下企业形成规模化专业生产企业的集聚，促进产业集聚区产业发展。[2]集聚区域形成后，就会产生强大的号召

---

[1] 温兴琦.高端装备制造业与战略性新兴产业融合与应用研究[J].中共宁波市党委学报，2016，38(1)：124-128.

[2] 卢江海.产业集聚促进产业发展的五大效应[EB/OL].（2016-06-01）[2022-07-01］.https://www.doc88.com/p-7896389246471.html?r=1.

力,能为企业带来更大的知名度和商机,产生辐射效应。

6.4.1 市场自发措施:以互联网平台企业为例

1. 互联网平台企业供给侧变革与现状

互联网平台企业,可以定义为以现代新兴的互联网技术为基础,专门从事网络资源搜集,互联网信息技术的研究、开发、利用、生产、贮存、传递和营销信息商品,可为经济发展提供有效服务的综合性生产活动的产业集合体,是现阶段国民经济结构的基本组成部分。互联网平台企业是指以计算机网络技术为基础,利用网络平台提供服务并因此获得收入的企业。

互联网平台企业本质上是一种特殊的服务业(第三产业),我们可以从互联网企业的发展中看见经济服务化的趋势,看到服务业显示出了强劲的上升势头。首先,互联网企业的生产过程中所投入的软件成分比重比较大,在生产中更为注重技术、信息、知识的价值。这是生产过程的软化。同时在互联网产业中,服务生产成为最重要的生产部分,比如饿了么、淘宝,以及物流平台的建设都是为了服务出发的,显然由于互联网公司的平台导致很多人消费需求确实上升了。同时我们在国内也能享受到国外互联网公司的服务,如亚马逊等。接着是互联网产业的特点,有信息技术化,启动成本低,表现形式多样化,正外部性,刺激需求作用等特点。信息技术化这个特点就不多解释了,互联网的服务都是以信息技术平台为基础的。

2. 大都市互联网平台企业形成产业集聚(寡头垄断)的原因

1) 正外部性

外部性(溢出效应、外部影响或外差效应)指一个人或一群人的行动和决策使另一个人或一群人受损或受益的情况。经济外部性指经济主体(包括厂商或个人)的经济活动对他人和社会造成的非市场化的影响,即社会成员(包括组织和个人)从事经济活动时产生的成本与后果不完全由该行为人承担。显然,互联网企业的外部性是正向的,互联网企业的发展,在发展主营业务的同时,构建的平台也可以为别的企业或政府创造价值。比如由于微信架构的用户平台,我们可以轻松借助这个平台开发如随申码那样的防疫工具,也能保障足够的普及度。

2) 启动成本低和进入壁垒高

互联网公司的发展不需要大量的资产设备,主要是通过员工的智力来编程以不断地调试创造新的服务,网络框架最初也都是人一点一点编出来的,这不是说没有成本,只是相对传统工业企业比,成本低了很多。阿里、腾讯等大公司已经有了很多初始的平台和底层架构,产生了很高的规模经济,同时由于先进入的很多技术已经被提前申请了专利,拥有了绝对费用壁垒,也由于先发优势,大量客户已经产生了习惯,销售渠道已经基本被这些寡头垄断的企业所控制了,导致其实际进入壁垒是非常高的,只是启动成本低而已。

同时,互联网产平台企业现状有寡头垄断、范围广泛、服务趋同、价格歧视、政府支持和以需求侧为主的现状。政府支持这一点不难理解,先前提到这个产业特点时提到了互联网产业的外部性,与此同时互联网产业很容易形成垄断优势和规模经济优势,所以互联网其实很容易成为政府支持的产业,同时也能刺激需求,拉动经济发展。这种发展模式很容易带动产业完成产业结构升级。范围广泛也很好理解,即当前的各行各业各个方面都已经有了互联网产业的融入,服务范围十分广泛。同时互联网平台的服务对象也覆盖到了几乎所有人。

互联网平台企业在大都市容易形成寡头垄断的局面,包括各个产业的互联网相关服务业都有着极高的市场集中度。但这也存在一些弊端,如趋同效应。比如餐饮服务业的美团、饿了么几乎没有差别,虽然各个电商平台会有细微的差别但差别不大,如拼多多主打价格低,京东主打电子产品等。再比如大数据杀熟。互联网产业推动了大数据的发展,但正是因为大数据的产生,互联网公司可以逐渐形成价格歧视,通过大数据计算不同用户群体的消费习惯以区别不同的用户群体,在不同的用户群体之中形成差异性的价格,同时由于企业具有市场势力从而形成垄断的局面,这样便产生了三级价格歧视。

3. 都市新型互联网平台企业"百花齐放"与产业辐射效应

以城市出租车为例,现如今网约车平台企业越来越多,受到最大影响的一方面是传统的出租车行业,出租车司机每个月的订单收入直线下降,因为网约车逐渐占据了大半市场;另一方面,也加剧大都市互联网头部企业产业集聚的周边辐射。根据交通运输部2022年9月份发布的数据,全国共有222家网约车平台公司取得网约车平台经营许可,在9月订单量超过100万单的网约车平台公司中,按双合规完成订单率从高到低的排序分别是享道出行、T3出行、曹操出行、首汽约车、如祺出行、滴滴出行、美团打车、万顺叫车、花小猪出行。

当前,围绕"互联网+出租车"的运营模式几乎是百花齐放,推动互联网头部企业的产业辐射效应。继滴滴、优步等网约车平台在一、二线城市"大行其道"后,这些中小网约车平台都纷纷陆续渗透和下沉到互联网化水平相对并不高的三、四线甚至五、六线小城。在线下建立实体店,同时线上开启网约车模式,线上线下融合发展,开辟新的创新模式。这样做为线下打车的乘客提供方便,让不会用软件打车的老人也可以便捷出行,从而能够服务不同需求的乘客。

可以看出,"下沉市场"在产业辐射中占据着越来越重要的地位。比如淘宝推出了淘特、京东拿出了京喜,滴滴也使出了花小猪等。赛迪顾问县域经济研究中心发布的《2021中国县域经济百强研究》报告显示,2020年,百强县中GDP突破千亿级别的县域达到38个,较上年增加5个。长三角周边的百强县占据很大比例,百强县固定资产投资总额增速平均为3.9%,高于全国水平2.7%,可以看出,长三角县级城市都拥有广阔的发展空间。

6.4.2 政策推动措施

1. 产业辐射环节优化

一般情况下,我们在产业示范区形成产业高地后,就会自发地带动区域形成专业化的产业发展集群,这就是产业辐射效应。但是由于在市场经济下进行的发展可能存在一定的盲目性,因此我们需要根据产业发展规律,对其进行一定的优化。优化可以分为三个步骤:

(1) 对处于产业辐射范围影响内的企业进行汇总,梳理他们之间的相互关系。

(2) 制定考核标准进行审核,以实现资源配置最优化和宏观效益最大化。

(3) 根据产业间协调发展和最高效率原则进行产业结构优化。

2. 资源优化

借助于产业辐射网络,在对媒介流动路线、流量、产业关系等进行分析的基础上,就能通过对媒介流动路线的调整和优化配置,达到资源合理配置、充分利用的目的。[1] 具体方法如下:

(1) 分析媒介流动情况。通过产业之间的相互辐射途径,针对媒介在产业辐射过程中的数量、途径、方式等进行分析处理,来检查其在辐射过程是否存在优化的可能性。

(2) 构建具体的分析指标。在对资源流动情况进行分析时,首要考虑的是能否用最小的投入换取最大的收益,并且在这个过程中对生态环境的影响最小。通过对经济效益和生态效益两方面的考虑,来构建具体的分析指标。

(3) 媒介考虑因素。因为在产业辐射过程中需要考虑媒介的属性是可再生媒介还是不可再生媒介,是无毒无害还是有毒有害媒介,以及媒介成本高低的问

---

[1] 任一鑫.产业辐射理论及应用研究[D].青岛:山东科技大学,2006.

题。因此,我们可以选择代替作用,用可再生媒介代替不可再生媒介,用无毒无害媒介来代替有毒有害媒介,并根据经济效益采用成本较低的媒介。

(4) 运输损耗分析。因为资源在不同地方之间进行流动会产生损耗,所以通过对路径及顺序的优化,尽可能减少资源因为运输的原因出现的过多损耗,以此来节省资源。

(5) 资源利用分析。通过对产业辐射关系的分析,来确定资源利用的效率。通过适当延长资源流动,以及废弃物品再利用等手段,实现资源的多级利用,提高资源利用效率。

(6) 流动路线分析。对资源流动过程中的路线进行分析优化,尽可能实现资源就近利用,网络化利用,减少浪费,实现资源循环利用,节约资源。

3. 以外力推进优化

如何推进大都市产业集聚辐射?例如上海的周边城市可以主动有为,借力长三角一体化顺势而为,积极推动产业集聚辐射效应的发展。在长三角一体化成为国家战略的大背景下,漕河泾工业园区通过自身优势走出上海,能够带动整个长三角地区的发展;浙江海宁一直奔跑在融入大湾区的道路上,真正践行上海的大都市产业集聚辐射的实践。2009 年 12 月,浙江省海宁市人民政府、上海漕河泾新兴技术开发区、浙江省海宁经济开发区全面合作协议签约仪式在杭州举行,这是沪浙首家跨省合作园区,是两地落实长三角一体化发展战略,推动产业有序转移和区域协同发展的创新举措和具体实践。[1] 如今,通过大都市产业集聚辐射,在长三角一体化背景下,浙江海宁已经接轨上海现代化治理水平,通过辐射效应,上海漕河泾不断选派顾问、优化营商环境,二者优势互补,使海宁享受到产业集聚辐射的成果效应。可以看出,在中国财政体制下,地区间无形的制度分化情况严重,在一体化水平不高的背景下,以浙江海宁和上海漕河泾的"握手"为尝试,表明我们完全能把大都市产业集聚辐射效应做得更好。

---

[1] 嘉兴日报. 解码上海漕河泾海宁分区"一体化"路径[EB/OL]. (2019-03-28) [2022-07-01]. https://www.sohu.com/a/304506219_99949011.

第 7 章
大都市产业集聚辐射实证与案例研究

7.1 引言

产业集聚辐射对产业技术创新具有重大意义,是促进区域经济整体发展的重要因素。近几年来,我国工业实力不断增强,传统制造业已经不能带动新一轮的技术革命。同时,电子及通信设备制造业的主营业务收入是该产业总体的50%,可以说,该产业是高技术产业的代表性行业。通过产业集聚促进电子及通信设备制造业的技术创新是实现该产业走向国际化的重要途径。近年来,在政府部门出台相关政策和提供资金的基础上,我国的电子及通信设备制造业发展迅猛。同时,近年来,制造业的产业集聚现象已经是经济发展过程中的一个普遍现象,很多学者也都对此进行了研究,总结关于产业集聚对技术创新辐射效应影响的研究,可以大致概括为集聚效应正向辐射和集聚效应条件正向论以及集聚效应负向辐射论。

关于产业集聚对技术创新的正向辐射效应研究中,Bagella 和 Becchetti 发现地理集聚水平越高,研发创新水平也会越高,产业集聚区的知识会经过扩散效应使其他相关企业受益,最终提升企业的技术创新水平[1];Cainelli 和 Liso 从地区差异视角对意大利传统行业的产业集聚进行了研究分析,发现产业集聚与技术创新水平存在明显的正相关关系[2];Fritsch 和 Slavtchev 研究了欧洲地区的产业集聚效应的存在性情况,发现产业集聚对创新的影响存在着明显的差异[3];Hart 选用了高技术产业的数据对产业集聚与创新绩效的关系进行了分

---

[1] BAGELLA M, BECCHETTI L. Geographical agglomeration in R&D games: theoretical analysis and empirical evidence [C]//The competitive advantage of Italian districts: theoretical and empirical analysis. Physica Verlag, 2000: 21-44.

[2] CAINELLI G, DE LISO N. Innovation in industrial districts: evidence from Italy[J]. Industry and Innovation, 2005, 12(3): 383-398.

[3] FRITSCH M, SLAVTCHEV V. Universities and innovation in space [J]. Industry and Innovation, 2007, 14(2): 201-218.

析，也发现产业集聚可以吸引更多的优秀人才融入其中，最终提升地区及产业的技术创新水平[1]。杜江、张伟科、葛尧通过构建面板门槛模型和空间杜宾模型，研究发现空间上的地理特征、社会经济特征和人力资本特征对区域技术创新能力有显著正向作用。[2] 陈怀锦、周孝通过实证研究指出多元化的产业集聚是实现技术创新、产业/产城融合与区域发展的基础。[3]

相比于正向辐射效应研究，也有学者发现产业集聚可能会对经济增长或技术创新产生负向的影响。Sbergami 对欧洲六个国家的面板数据研究发现，产业集聚与地区经济增长之间并没有一定的相关关系，甚至在某些产业中，还发现了产业集聚对技术创新有抑制性影响的证据。[4] Bautista 则选取了墨西哥制造业数据，发现超过一定集聚水平之后，产业集聚与全要素生产率之间的关系呈现出负相关关系[5]；Broersma 和 Osterhaven 也发现产业集聚与地区全要素生产率水平之间存在一定的消极影响[6]。Molina、Oliver 和 Boix 等运用欧洲地区的数据，发现制造业集聚容易产生正向的促进作用，而服务业则更容易引起不正常的竞争效应。[7] 周彩红和咸鸣霞运用中国各省级在 2005—2014 年的数据，也明显发现了产业集聚对创新效率的负向作用。[8] 陶爱萍和查发强、原毅军和郭然也分别研究了产业集聚对技术创新的影响，发现东部地区的产业集聚效应与中西部地区的产业集聚效应存在着明显的差异，在东部地区产业集聚反而起到了抑制技术创新的作用，这意味着产业集聚的效应可能在递减。[9]

---

[1] HART DM. Founder nativity, founding team formation, and firm performance in the U. S. high-tech sector[J]. International Entrepreneurship and Management Journal, 2014(10): 1-22.

[2] 杜江,张伟科,葛尧. 产业集聚对区域技术创新影响的双重特征分析[J]. 软科学, 2017, 31(11): 1-5.

[3] 陈怀锦,周孝. 溢出效应、城市规模与动态产业集聚[J]. 山西财经大学学报, 2018, 41(1): 57-69.

[4] SBERGAMI F. Agglomeration and economic growth: some puzzles[J]. HEI Working Paper, 2002 (2): 101-110.

[5] DIAZ BAU TISTA A. Agglomeration economies, growth and the new economic geography in Mexico[J]. EconoQuantum, 2005, 1(2): 57-79.

[6] BROERSMA L, OSTERHAVEN J. Regional labor productivity in the Netherlands: evidence of agglomeration and congestion effects[J]. Journal of Regional Science, 2009, 49(3): 483-511.

[7] DE-MIGUEL-MOLINA B, HERVAS-OLIVER JL, BOIX R, et al. The importance of creative industry agglomerations in explaining the wealth of european regions[J]. European Planning Studies, 2012, 20(8): 1263-1280.

[8] 周彩红,咸鸣霞. 中国制造业产业聚集对技术创新效率影响的实证研究——基于 2005—2014 年的省际面板数据[J]. 科技管理研究, 2017, 37(2): 163-170.

[9] 陶爱萍,查发强,陈宝兰. 产业集聚对技术创新的非线性影响[J]. 技术经济, 2017, 36(5): 82-89.

相比于正向和负向辐射效应,还有学者发现产业集聚只在某些特定条件下才能得以实现。Beaudry 和 Swann 对英国几十个产业的集聚水平进行了研究分析,研究证明了条件性正向效应存在的证据[1];Lucio 等认为专业化集聚对创新的影响将随着时间的变化会由抑制作用变为促进作用[2];Beaudry 和 Breschi 研究发现产业集聚对创新的影响并不是产业集聚自身的影响,而是体现在技术溢出的情况,只有当企业集聚,才容易产生技术溢出,进而影响创新[3]。谢里和张敬斌选取中国各省份数据,发现加入制度环境变量之后,产业集聚对各地区的产业发展产生了重要的影响,且各地区之间也存在着明显的空间溢出现象。[4]

7.2 产业集聚对技术创新的辐射效应度量——基于电子及通信设备制造业的实证研究

由于改革开放率先在上海等东部沿海地区施行,后逐步推广至全国,所以以上海为代表的东部地区的创新资源优于中西部,由此带来东部区域创新效率高于中西部地区,此前诸多学者的研究都证实了这一点。[5,6]但是,经过多年的发展,在多种因素共同作用下,目前我国各省市区域创新效率是否依然是上海等东部区域高于中西部?哪些产业集聚因素会对创新效率产生影响?在创新生产的两个阶段中,对创新效率产生影响的因素是否相同?各因素影响创新效率的路径是否相同?电子及通信设备制造业主营业务收入来自通信设备制造业,随着互联网技术的发展,第 5 代移动通信技术时代,即"5G 时代"正在到来,通信产业发展潜力巨大,作为通信产业的依托产业,我们可以预见电子及通信设备制

---

[1] BEAUDRY C, SWANN P. Growth in industrial clusters: a bird's eye view of the United Kingdom [J]. SIEPR Discussion Paper, 2001(1):00-38.

[2] DE LUCIO JJ, HERCE JA, GOICOLEA A. The effects of externalities on productivity growth in spanish industry[J]. Regional Science & Urban Economics, 2002, 32(2):241-258.

[3] BEAUDRY C, BRESCHI S. Are firms in clusters really more innovative? [J]. Economics of Innovation and New Technology, 2003, 12(4): 325-342.

[4] 谢里,张敬斌.中国制造业集聚的空间技术溢出效应:引入制度环境差异的研究[J].地理研究,2016,35(5):909-928.

[5] 余泳泽,张妍.我国高技术产业地区效率差异与全要素生产率增长率分解——基于三投入随机前沿生产函数分析[J].产业经济研究,2012(1):44-53.

[6] 曲晨瑶,李廉水,程中华.高技术产业聚集对技术创新效率的影响及区域差异[J].科技管理研究,2017,37(11):98-104.

造业未来发展前景一片光明。因此,本书以电子及通信设备制造业作为研究对象,着重探讨在生产创新两阶段过程中,产业集聚对区域创新效率的影响,以便更加全面、客观地了解产业集聚对技术创新的辐射效应度量,及以上海为代表的长三角区域与中西部区域的电子及通信设备制造业区域创新效率的比较。

7.2.1 文献回顾和机理分析

1. 文献回顾

Marshall是第一位对产业集聚理论进行详细阐述的经济学家,提出了"内部经济"和"外部经济"两个重要概念。[1] 部分学者认为产业集聚能够降低劳动力成本、交通成本和信息获取成本等正的外部效应,促进产业的发展[2,3],也有部分学者认为产业集聚会产生拥塞效应,从而阻碍地区经济发展[4]。Hongyong Zhang的研究表明产业集聚以及城镇化有助于促进产品创新。[2] Yutaka Arimoto、Kentaro Nakajima、Tetsuji Okazaki研究发现产业集聚通过正外部效应促进了日本缫丝产业生产率的提高。[3]

耿红军等认为,创新生产包含理论基础研究、应用分析、实验开发和科技成果市场化等一系列过程。[4] 作为衡量创新生产中投入—产出转化比率的主要指标,创新效率被广泛应用于高科技产业和制造业。张彩江等考虑高科技产业的细分运营流程及决策单元所处环境等情形,以知识产权生产为节点,将创新活动过程拆解为上游知识开发阶段和下游经济转化阶段,形成较为成熟的两阶段效率研究体系。[5] 余泳泽和刘大勇两人在此基础上将创新过程划分为知识生产、技术研发和产品生产三个阶段,提出三阶段的创新价值链。[6] 于树江等用

---

[1] MARSHALL A. Principles of economics[M]. London: Macmillan and Co., Ltd., 1890.

[2] ZHANG H. How does agglomeration promote the product innovation of Chinese firms? [J]. China Economic Review, 2015, 35(9): 105-120.

[3] ARIMOTO Y, NAKAJIMA K, OKAZAKI T. Sources of productivity improvement in industrial clusters: the case of the prewar Japanese silk-reeling industry[J]. Regional Science and Urban Economics, 2014, 46(5): 27-41.

[4] 耿红军,王昶. 后发国家技术创新能力国际研究的系统回顾[J]. 科学学与科学技术管理, 2020, 41(5): 159-178.

[5] 张彩江,覃婧,周宇亮. 技术扩散效应下产业集聚对区域创新的影响研究——基于两阶段价值链视角[J]. 科学学与科学技术管理, 2017, 38(12): 124-132.

[6] 余泳泽,刘大勇. 我国区域创新效率的空间外溢效应与价值链外溢效应——创新价值链视角下的多维空间面板模型研究[J]. 管理世界, 2013(7): 6-20+70+187.

不同的方法对京津冀地区高技术产业技术创新效率进行测量,发现各地区三阶段的创新效率值都处于较低水平。[1] 王宏伟和马茹对目前国内创新环境进行研究,发现其存在主体多样性不足、产学研协同创新的渠道较少、创新文化环境较差等多方面的问题。[2] 针对这一问题,江三良等提出应依托城市高质量发展,提高创新的消化吸收能力,把握互联网为产学研协同创新发展带来的新机遇。[3]

对于产业集聚与创新效率之间的关系,陈怀锦、周孝通过实证研究指出多元化的产业集聚是实现技术创新、产业/产城融合与区域发展的基础。[4] 孙超、王燕选用2003—2016年省级面板数据,研究高新技术产业与生产性服务业协同集聚对两阶段区域创新效率的影响,研究发现技术研发阶段的创新效率高于经济转化阶段。[5] Molina、Oliver和Boix等运用欧洲地区的数据,发现制造业集聚容易产生正向的促进作用,而服务业则更容易引起不正常的竞争效应。[6] 王飞航、王钰森从Marshell集聚的视角加入门槛效应,研究发现高技术服务业集聚对创新效率的影响呈现出非线性的"U"型关系。[7] 宛群超和袁凌的研究提出,尽管集群对知识开发阶段的创新效率产生了显著互补效应,但由于我国正处于新旧体制交替的转轨期,市场机制落后,集聚抑制了经济转化阶段的创新效率。[8] Coll-Martínez、Moreno-Monroy和Arauzo-Carod对创意产业集群通过促进产业外创新和区域创新带动区域创新效率提升进行了理论探讨。[9]

---

[1] 于树江,王云胜,曾建丽,赵玉帛.创新价值链下京津冀高技术产业技术创新效率及驱动要素研究[J].科学决策,2021(7):77-90.

[2] 王宏伟,马茹,张慧慧,等.我国区域创新环境分析研究[J].技术经济,2021,40(9):14-25.

[3] 江三良,陈静.互联网发展对产学研协同创新效率的影响及时空差异研究[J].天津商业大学学报,2021,41(5):54-61+67.

[4] 陈怀锦,周孝.溢出效应、城市规模与动态产业集聚[J].山西财经大学学报,2019,41(1):57-69.

[5] 孙超,王燕.高新技术产业与生产性服务业协同集聚对区域创新效率的影响[J].科技管理研究,2020,40(22):139-147.

[6] DE-MIGUEL-MOLINA B, HERVAS-OLIVER JL, BOIX R, et al. The importance of creative industry agglomerations in explaining the wealth of european regions[J]. European Planning Studies, 2012, 20(8): 1263-1280.

[7] 王飞航,王钰森.高技术服务业集聚对区域创新效率影响的门槛效应[J].统计与决策,2021,37(4):91-95.

[8] 宛群超,袁凌.空间集聚、企业家精神与区域创新效率[J].软科学,2019,33(8):32-38.

[9] COLL-MARTINEZ E, MORENO-MONROY A I, ARAUZO-CAROD JM. Agglomeration of creative industries: an intra-metropolitan analysis for Barcelona[J]. Papers in Regional Science, 2019,98(1): 409-431.

综合学者们的研究可以发现,区域创新效率不再呈现东高西低的传统分布,东中西部地区创新效率差异不断缩小。目前对产业集聚与创新效率之间关系的探讨较为完备,大致可归纳为三类,一类认为产业集聚促进创新效率的发展,一类则认为产业集聚不利于创新效率提升,还有一类认为产业集聚与创新效率之间的关系是非线性的。研究两者关系的文章大都聚焦在创新绩效的某一阶段,从创新价值链入手研究的文章较少,特别是对创新过程效率的研究不够深入,导致地区产业的发展规划和决策具有一定的盲目性。本文研究高技术产业中的电子及通信设备制造业,从创新价值链入手将创新过程划分为知识生产和成果转化两个阶段,比较我国东中西部地区电子及通信设备制造业在不同创新阶段的效率值,并利用随机前沿模型考察产业集聚对各创新阶段效率的影响。

2. 机理分析

从电子及通信设备制造业企业已具备一定量的生产技术作为起始点,在技术被大量使用的过程中,会产生相关的知识,新产生的知识与投入的研发相结合,再次产生新的技术。假如整个行业存在一个待探索的技术面,现有技术就是面上的一个点,这个技术点的附近会衍生出知识点,而知识点的积累能够拓展技术点,两者相互反馈,不断繁衍壮大,企业最终得以形成独属于自己的技术片,技术片映射到市场中成为有效产品,完成创新。在整个过程中,创新起始于干中学,将干中学与劳动力、资本等要素禀赋相结合的时候,新的知识以专利的形式出现,将新知识与现有生产技术相结合,制造出新产品并进行销售,至此产业的创新活动完成。

从总体上看,电子及通信设备制造业作为高技术产业,其产业集聚的形成主要源于交易成本、知识外部性、区域资源禀赋优势以及政府相关政策。Griliches 提出,过高的交易成本致使企业无法形成规模经济,甚至出现市场失灵,而"中间性组织"是对两者权衡之后的结果。[1] 根据这一观点,产业集聚就是介于市场和企业之间的一种组织形式。在区域内,产业集聚带来公共知识池、充裕的劳动力以及低交易成本与高交易效率等优势,从而能够有效促进区域内产业技术创新的发展。[2,3]

---

[1] GRILICHES Z. Issues in assessing the contribution of research and development to productivity growth[J]. Bell Journal of Economics, 1979,10(2):92-116.

[2] 王雅洁,韩孟亚. 高技术产业集聚与创新绩效的交互影响及空间溢出效应——创新价值链视角下的空间联立方程研究[J]. 科技进步与对策,2021,38(12):59-68.

[3] JAFFE AB. Real effects of academic research[J]. The American Economic Review, 1989,79(5): 957-970.

但在创新价值链视角下,电子及通信设备制造业的创新活动是一个从要素投入知识生产到成果转化的多阶段、多层次价值传递的循环过程。因此,本章将整个创新过程划分为知识生产和成果转化两个阶段,并且电子及通信设备制造业专业化集聚对创新发展的影响在两个阶段中表现出差异化的特征。

1) 知识生产阶段

在创新价值链中,知识生产位于上游,这一阶段以高校、研究所、企业中的研发部门等为主体,创新效率受地区工业基础、政府对区域内行业发展的支持力度、企业对创新的重视程度等因素的影响,创新产出主要表现为专利。

电子及通信设备制造业的产业集聚对该阶段行业创新效率的影响主要表现为:大量电子及通信设备制造业在区域内集聚,通过规模效应影响企业创新。在集聚区,同类企业相互交流学习,进行专业化分工协作,有利于创新人员的流动以及专业知识的共享与交流,激发企业的创新动力,从而吸引大量的资金、人才等研发资源,为行业创新注入活力。但在集聚初期,地区工业基础薄弱,企业主要从事横向分工和简单的纵向分工活动,相较于创新,企业更关注生产成本。[1] 而当地区产业集聚形成一定的规模之后,同类企业受益于竞争对手知识和技术溢出,通过"搭便车"以简单的模仿代替独立创新,区域内企业创新的积极性不足。[2] 此外,同质企业在产业链中处于相同的位置,与产业链上下游企业之间的交流缺失,过于单一的专业化技术会阻碍创新的萌芽发展。总体而言,电子及通信设备制造业产业集聚对知识生产阶段创新的影响弊大于利。

2) 成果转化阶段

成果转化位于创新价值链的下游,该阶段以市场为导向,地区的工业基础、贸易开放度等因素对这一阶段的创新效率造成影响。在这一阶段中,将专利等知识生产成果与生产实际相结合,创新成果主要表现为新产品,如何将知识生产阶段产出的技术知识转化为生产力与该阶段创新成果的市场化推广是关键。

电子及通信设备制造业产业集聚通过网络效应与平台效应促进知识技术的转化绩效[2],集聚的企业形成分工有序的价值创造整体,企业可利用平台渠道优势了解市场需求,根据需求对知识生产阶段的成果进行选择,并将其转化为迎合需求的新材料、新工业等,从而抢占市场获得经济效益。与此同时,区域产业

---

[1] 周圣强,朱卫平.产业集聚一定能带来经济效率吗:规模效应与拥挤效应[J].产业经济研究,2013(3):12-22.

[2] 王雅洁,韩孟亚.高技术产业集聚与创新绩效的交互影响及空间溢出效应——创新价值链视角下的空间联立方程研究[J].科技进步与对策,2021,38(12):59-68.

集聚对该阶段创新效率的遏制作用不容忽视。当大量同质企业集聚在同一区域内时,中小企业一方面面临融资约束,另一方面集聚区内知识与技术的大量溢出,出于占领市场和获取创新激励的目的,他们选择直接购买低效创新成果或模仿生产低效创新产品,这不利于形成开放的竞争环境,从而不利于成果转化效率的提高。基于此,本文认为在成果转化阶段,电子及通信设备制造业产业集聚对创新的负面影响大于其正面影响,与知识生产阶段相比较,成果转化效率更容易被产业集聚影响。

3. 效率分析

1) 产业集聚现状分析

产业集聚可以形成创新网络,帮助集聚区内企业降低研发成本,促进技术、人员、知识流动,从而提高创新产出,产业的集聚状况将直接影响区域产业技术创新水平。产业集聚的测量方式有多种,最主要的测量方式主要包括空间基尼系数、赫芬达尔-赫希曼指数和区位熵指数。其中区位熵指数又被称为专业化率,是一个比较有价值性的指标。这里以不同省市为研究单元,选取区位熵指数作为测量产业集聚的方法,以此来评价各区域电子及通信设备制造业的区域集聚程度,借鉴陈劲等[1]和谢子远[2]的测量方法,具体测算公式为:

$$AGG_{ij} = (SG_{ij} / \sum_{i=1}^{n} SG_{ij}) / (SG_i / SG) \tag{7-1}$$

式中,AGG 表示产业集聚水平,即区位熵指数;SG_{ij} 表示 j 地区 i 产业的从业人员数;$\sum_{i=1}^{n} SG_{ij}$ 表示该地区内全部行业的从业人员数;SG_i 表示全国范围内的所有电子及通信设备制造业行业的从业人员数;SG 表示全国范围内的所有工业行业的从业人员数。

2009—2019 年期间,全国电子及通信设备制造业的产业集聚程度在不断提升,但黑龙江和吉林这两个省份的集聚程度一直维持在较低的水平。当前东北的经济形势日益下滑,电子及通信设备制造业属于高技术产业,需要大量的研发投入也需要一定的先进跨国企业的竞争刺激,因此在这些区域的发展较为落后也是相对比较合理的。北京、天津、上海、江苏和广东这五个地区的产业集聚程度维持在较高的水平,其中广东省的集聚程度远高于另外四个地区,其原因在于

---

[1] 陈劲,梁靓,吴航.开放式创新背景下产业集聚与创新绩效关系研究——以中国高技术产业为例[J].科学学研究,2013,31(4):623-629+577.

[2] 谢子远.高技术产业区域集聚能提高研发效率吗?——基于医药制造业的实证检验[J].科学学研究,2015,33(2):215-224+233.

其电子及通信设备制造业较早受到外资企业的影响,形成集聚区,迅速发展出一大批拥有先进技术优势的电子及通信企业,包括已经走向国际的华为、中兴等企业。但是,近年来除广东省之外,北京等四地的产业集聚趋势不断减弱,与此同时江西、河南、湖南、四川、重庆等地的电子及通信设备制造业不断发展,产业集聚度不断攀升。全国各省市电子及通信设备制造业在2009年呈现东部产业集聚程度高,中西部产业集聚程度低的特点,到了2019年各省市之间产业集中度的差异有所缩小,东高西低的特征消失。

2) 创新效率现状分析

基于创新价值链理论[1],本文将电子及通信设备制造业的区域创新活动划分为知识生产和成果转化两个阶段,并利用DEA-Malmquist模型对两个阶段的创新效率进行测算。在知识生产阶段投入变量主要选取电子及通信设备制造业各地区R&D人员折合全时当量、R&D经费内部支出以及新产品开发费用;知识产出变量主要选取电子及通信设备制造业各地区专利申请数和有效发明专利数。在成果转化阶段,主要将知识成果转化为新的产品,投入变量中除了知识产出外增加电子及通信设备制造业企业从业人员平均数,产出变量则选取新产品销售收入。两个阶段创新效率测算指标,如表7.1所示。

表7.1 电子及通信设备制造业两阶段创新效率测算指标

阶段	一级指标		二级指标
知识生产阶段	投入变量	创新人员	各地区电子及通信设备制造业R&D人员折合全时当量
		创新资本	各地区电子及通信设备制造业R&D经费内部支出
			各地区电子及通信设备制造业新产品开发费用
	产出变量	知识产出	各地区电子及通信设备制造业专利申请数
			各地区电子及通信设备制造业有效发明专利数
成果转化阶段	投入变量	知识成果	各地区电子及通信设备制造业专利申请数
			各地区电子及通信设备制造业有效发明专利数
		人力资本	各地区电子及通信设备制造业从业人员平均数
	产出变量	经济产出	各地区电子及通信设备制造业新产品销售收入

---

[1] 徐成立,张宝雷,张月蕾,等.中国体育产业政策文本研究——基于政策工具和创新价值链双重视角[J].中国体育科技,2021,57(3):58-66.

运用 DEA-Malmquist 模型测算 2009—2019 年全国各省份知识生产和成果转化阶段的创新效率,部分结果如表 7.2 所示。在知识生产阶段,整个电子及通信设备制造业的创新效率均值为 0.804,仍有 19.6% 的提升空间,在这个阶段创新效率排名前三的分别为广东省、北京市和上海市,但上海在成果转化阶段的创新效率排名却十分靠后。在成果转化阶段,我国电子及通信设备制造业的创新效率均值为 0.592,有 40.8% 的提升空间,在这个阶段,广东、北京和江苏的创新效率位列前三。此外,广东省电子及通信设备制造业的两阶段创新效率一直处于最优水平上,江苏两阶段创新效率也保持高水准,但是从总体上看电子及通信设备制造业在成果转化阶段的创新效率值远低于知识生产阶段。

表 7.2　2009—2019 年各省/直辖市/自治区电子及通信设备制造业两阶段创新效率

省份	知识生产效率					成果转化效率				
	2009	2014	2019	均值	排名	2009	2014	2019	均值	排名
北京	1.000	1.000	1.000	0.996	2	1.000	1.000	1.000	0.988	2
天津	0.782	0.494	0.578	0.524	25	1.000	1.000	0.700	0.953	5
河北	1.000	0.658	1.000	0.616	15	0.128	0.207	0.587	0.282	22
山西	0.607	1.000	0.315	0.735	18	1.000	0.238	1.000	0.707	9
辽宁	0.728	0.651	0.684	0.742	17	0.146	0.229	0.198	0.280	23
吉林	0.858	1.000	1.000	0.888	9	0.371	0.793	0.833	0.792	8
黑龙江	0.466	1.000	1.000	0.932	6	1.000	0.931	1.000	0.936	6
上海	1.000	1.000	1.000	0.958	3	0.355	0.292	0.421	0.350	20
江苏	0.512	0.880	1.000	0.844	12	1.000	1.000	1.000	0.980	3
浙江	1.000	1.000	0.961	0.910	8	0.181	0.412	1.000	0.520	12
安徽	1.000	1.000	1.000	0.950	4	0.194	0.386	0.688	0.433	17
福建	0.900	0.762	0.752	0.648	21	0.401	0.454	0.749	0.568	11
江西	0.412	0.811	0.663	0.688	19	0.221	0.172	0.675	0.272	24
山东	0.920	0.730	1.000	0.844	13	0.573	0.299	0.230	0.430	18
河南	0.636	0.478	0.596	0.665	20	0.187	1.000	1.000	0.693	10
湖北	0.987	0.493	1.000	0.772	15	0.134	0.309	0.707	0.345	21

续表

省份	知识生产效率					成果转化效率				
	2009	2014	2019	均值	排名	2009	2014	2019	均值	排名
湖南	0.843	0.367	0.640	0.614	24	0.387	0.461	0.518	0.473	15
广东	1.000	1.000	1.000	1.000	1	1.000	1.000	1.000	1.000	1
广西	1.000	0.735	1.000	0.771	16	0.181	0.145	0.283	0.397	19
重庆	0.638	0.564	0.616	0.798	14	1.000	0.226	0.500	0.487	13
四川	0.391	1.000	1.000	0.856	11	1.000	0.454	0.452	0.479	14
贵州	1.000	0.719	0.869	0.933	5	0.319	0.545	0.271	0.451	16
云南	1.000	1.000	0.306	0.912	8	1.000	1.000	0.898	0.961	4
陕西	1.000	0.742	0.471	0.629	22	0.139	0.303	0.221	0.220	25
甘肃	1.000	0.657	0.860	0.885	10	0.372	1.000	1.000	0.797	7
总体均值	0.827	0.790	0.812	0.804	—	0.532	0.554	0.677	0.592	—

3）产业集聚与区域创新效率

以区域电子及通信设备制造业产业集聚为横坐标、分阶段区域创新效率为纵坐标，两者均值为象限分界点，以观察两者之间的变化是否有内在联系。知识生产阶段的分界点为（0.621，0.804），成果转化阶段的分界点为（0.621，0.592）。如图7.1、图7.2所示，各地区被划分为四类：第一类为低产业集聚—低创新效率；第二类为低产业集聚—高创新效率；第三类为高产业集聚—低创新效率；第四类为高产业集聚—高创新效率。

分阶段来看，在知识生产阶段，区域创新效率均值大于0.8，分布在创新效率均值线上下的地区数量基本持平，产业集聚均值大于0.6，分布在产业集聚均值线左右的地区数量也相差无几，说明在这一阶段，各地区电子及通信设备制造业创新效率整体较高。在成果转化阶段，区域创新效率值高于0.8，但分布在创新效率均值线上方的地区数量远少于均值线下方的地区数量，说明在这一阶段，各地区电子及通信设备制造业创新效率相差较大，位于均值线上方的地区成果转化率远超均值线下方地区。

从整体上看，大部分省份都位于高产业集聚—高创新效率和低产业集聚—低创新效率区域内，表明电子及通信设备制造业的产业集聚影响其创新效率，若

第 7 章
大都市产业集聚辐射实证与案例研究

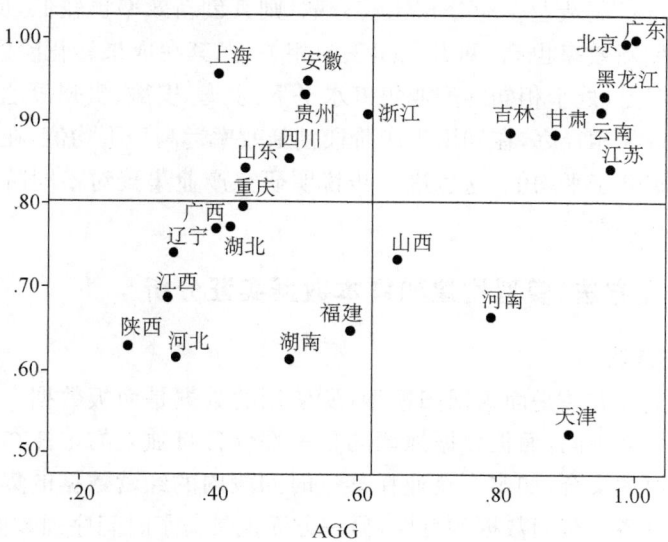

图 7.1 各省/直辖市/自治区电子及通信设备制造业产业集聚与知识生产阶段创新效率的矩阵

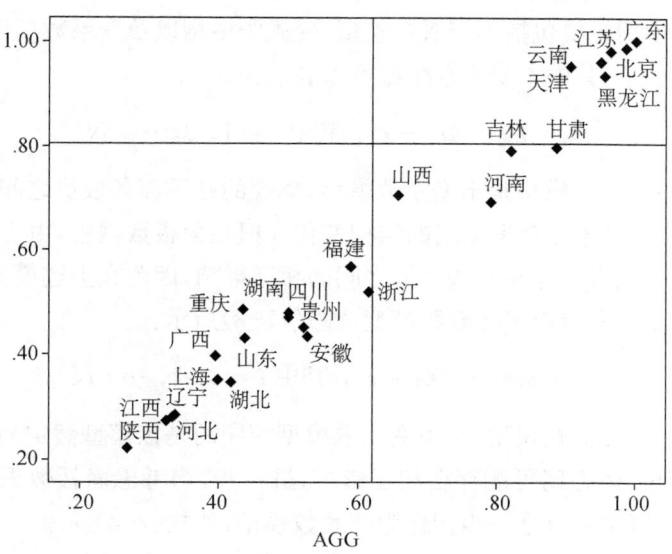

图 7.2 各省/直辖市/自治区电子及通信设备制造业产业集聚与成果转化阶段创新效率的矩阵

电子及通信设备制造业企业分布比较分散,则其创新效率也较低,反之,产业集聚程度高则创新效率也高,两者之间正向相关,尤其在成果转化阶段,这种关系更为明显。但是,处于相同的产业集聚水平下,上海、安徽、贵州等地区两阶段的创新效率表现大相径庭,在知识生产阶段创新效率远高于平均值,在成果转化阶段创新效率则低于平均值,这也进一步说明研究产业集聚对不同阶段区域创新效率影响的必要性。

7.2.2 研究方法、模型构建和样本数据实证分析

1. 研究方法

本节的实证方法是面板回归模型,所使用的数据是面板数据。与截面数据和时间序列数据不同,面板数据强调的是一部分各自独立的个体在不同的时间期内的数据值的集合,如多个企业在某一时间段内的经营数据的集合等。面板数据一方面具备了截面数据的特性,另一方面也具备了时间序列数据的特性,含有截面、时间和指标三维特性。面板数据模型克服了时间数据经常出现的多重共线性的问题,能够从多个层面提供更全面的信息,更能包含数据的多样性变化,以此提升回归过程中的多重共线性以及实现更高的估计效率等问题。常规的面板回归模型主要包括不变系数模型、变截距模型以及变系数模型,各个模型的具体情况如下,其中不变系数模型可以表示为:

$$y_{it} = \alpha e + \beta x_i + \varepsilon_i, \text{其中} i = 1, 2, \cdots, N \quad (7-2)$$

式(7-2)的面板模型是不变系数模型,体现的是截面各成员之间既无个体之间的相互影响,又没有数据之间的结构变化。但在面板数据中,由于各独立样本之间有时候可能也会存在一些个体之间的相互影响,因此在上述模型的基础上,面板数据模型又发展出了变截距模型,如式(7-3)所示:

$$y_{it} = \alpha_i e_i + \beta X_i + \varepsilon_i, \text{其中} i = 1, 2, \cdots, N \quad (7-3)$$

式(7-3)即变截距模型,与不变系数模型相同的是该模型假定面板数据并无结构变化,但个体之间可能存在相互影响,进一步,当考虑面板数据存在结构变化时,变截距模型可以进一步转化为变系数模型,如式(7-4)所示:

$$y_{it} = \alpha_i e + \beta_i X_i + \varepsilon_i, \text{其中} i = 1, 2, \cdots, N \quad (7-4)$$

1) 模型构建

自从 Griliches 提出知识生产函数(KPT)以来,许多国内学者都使用 KPT

来探索创新、研发和知识(技术)溢出。KPT 逐渐成为知识生产和技术创新研究的重要工具。Griliches 将创新产出视为研发资本投资的函数,并以柯布-道格拉斯函数的形式表示。Jaffe 认为新的具有经济价值的知识是研发支出和人员投入的结果,并修正了 Griliches 知识生产函数:

$$Q_i = AK_i^\alpha L_i^\beta \varepsilon_i \tag{7-5}$$

式中,Q 表示创新产出;K 表示 R&D 经费;L 表示人力资源的投入;ε 为随机误差项;A 则为常数;α 和 β 分别为 K 和 L 的产出弹性系数。

运用生产函数对集聚效应和创新绩效进行研究是当前文献较为常用的方法[陈劲等[1]、孙祥栋等[2]],产业集聚是提升创新绩效的重要影响因素,一方面可以增强企业间新知识和新技术的扩散和溢出,另一方面,它可以促进公司之间的竞争;将产业集聚变量纳入模型,同时构建创新网络,为企业提供创新环境,具有重要意义。集聚经济的区域产出不仅是生产要素投入的函数,也是集聚程度和集聚经济类型的函数。根据前文分析,本书在构建模型的过程中,将产业集聚指标(Agg)和资源环境要素指标(Oth)同时纳入模型中研究其对技术创新的影响,可将原有的知识生产函数改进为:

$$Q_i = A(Agg)_i^\alpha (Oth)_i^\beta \varepsilon \tag{7-6}$$

式中,Q 为创新绩效指标;Agg 代表影响创新绩效的产业集聚水平;Oth 表示影响创新绩效的资源环境变量,包括 R&D 资本变量、人力资本变量、贸易开放度变量等;ε 为随机误差项;i 为观测单元。

对上述方程进行进一步扩展,最终将产业集聚变量以及其他控制变量均纳入研究模型中,可得产业集聚对区域产业技术创新的实证方程为:

$$\ln Yit = c + \beta_0 Agg_{it} + \beta_1 \ln RD_{it} + \beta_2 \ln RL_{it} + \beta_3 \ln EXP_{it} + \\ \beta_4 SIZE_{it} + \beta_5 \ln COM_{it} + \varepsilon_{it} \tag{7-7}$$

式中,i 和 t 分别表示地区与时间;Y 为区域产业技术创新指标,本书选择新产品产值(Y_1)和专利数据(Y_2)作为主要代表指标;Agg 表示产业集聚指标。通过考察系数 β_0、β_1、β_2、β_3、β_4、β_5 的符号以及显著性水平,可以确定各变量对样本

---

[1] 陈劲,梁靓,吴航.开放式创新背景下产业集聚与创新绩效关系研究——以中国高技术产业为例[J].科学学研究,2013,31(4):623-629+577.
[2] 孙祥栋,张亮亮,赵峥.城市集聚经济的来源:专业化还是多样化——基于中国城市面板数据的实证分析[J].财经科学,2016(2):113-122.

技术创新产生的影响。

2) 变量选取和数据来源

变量选取。产业集聚水平是本书的主要解释变量,产业集聚可以创建创新网络,帮助大都市企业降低研发成本,促进技术、人员和知识的流动,从而提高生产力,创新与产业整合将直接提升区域产业技术创新水平。有很多衡量产业整合的方法。最重要的测量方法是基尼空间系数、赫芬达尔-赫希曼指数和区位熵指数。本书采用区位熵指数计算各区域电子及通信设备制造业的区域集聚水平,并将其引入知识生产函数。区位熵指数又被称为专业化率,区位熵显然是一个比较有价值性的指标,由于本书以不同省份为研究单元,并且根据数据的可获得性,本书选取了区位熵指数作为产业集聚的测量方法,以此来评价各区域电子及通信设备制造业的区域集聚程度,借鉴王雅洁、韩孟亚[1]的测量方法,具体测算公式为:

$$AGG_{ij} = (SG_{ij} / \sum_{i=1}^{n} SG_{ij}) / (SG_i / SG) \qquad (7-8)$$

式中,AGG 表示的是产业集聚水平,即区位熵指数;SG_{ij} 表示 j 地区 i 产业的从业人员数;$\sum_{i=1}^{n} SG_{ij}$ 表示该地区内全部行业的从业人员数;SG_i 表示全国范围内的所有电子及通信设备制造业行业的从业人员数;SG 表示全国范围内的所有工业行业的从业人员数。

研究数据来源以我国各省市区域的电子及通信设备制造业为研究样本,全部数据源于 2008—2016 年《中国高技术产业统计年鉴》《中国统计年鉴》和《中国工业统计年鉴》。根据统计年鉴的情况,我国电子及通信设备制造业在不同地区的发展规模差距较大,根据各年鉴的数据,本书剔除了数据缺失较为严重的内蒙古、西藏、青海、海南、宁夏和新疆地区,选取剩余 25 个省市的数据作为研究样本。

2. 样本数据实证分析

1) 样本统计与检验

描述性统计分析。通过对数据的描述性统计,可以清楚地了解各个地区的产业集聚情况以及相关产业的电子及通信产业的技术创新情况,具体如表 7.3 所示。

---

[1] 王雅洁,韩孟亚.高技术产业集聚与创新绩效的交互影响及空间溢出效应——创新价值链视角下的空间联立方程研究[J].科技进步与对策,2021,38(12):59-68.

表 7.3 描述性变量统计

地区	变量	Lny1	Lny2	Agg	Lnrl	Lnrd	Lnexp	Size	Lncom
全国样本	平均值	13.846	5.680	0.661	7.740	11.141	13.715	4.090	5.199
	标准差	2.282	2.334	0.588	1.845	2.086	2.795	4.475	1.554
	最小值	6.908	0.000	0.019	2.303	6.366	6.908	0.460	1.792
	最大值	18.759	10.952	2.541	12.033	15.903	18.773	51.326	8.490
东部地区样本	平均值	15.203	6.912	1.017	8.752	12.419	15.457	4.545	6.256
	标准差	1.914	2.056	0.696	1.604	1.724	1.889	5.138	1.135
	最小值	10.072	1.609	0.185	4.635	7.873	9.616	0.647	4.394
	最大值	18.759	10.952	2.541	12.033	15.903	18.773	51.326	8.490
中部地区样本	平均值	12.959	4.782	0.429	7.122	10.241	12.780	4.125	4.761
	标准差	1.973	2.092	0.256	1.544	1.852	2.631	4.884	1.175
	最小值	9.117	0.000	0.042	4.043	6.366	7.601	0.460	2.303
	最大值	17.103	8.447	0.904	9.598	13.392	17.181	25.376	6.454
西部地区样本	平均值	12.540	4.620	0.318	6.709	9.997	11.769	3.210	3.844
	标准差	1.941	2.066	0.215	1.708	1.677	2.537	1.636	1.328
	最小值	6.908	0.000	0.019	2.303	7.246	6.908	0.506	1.792
	最大值	15.921	8.451	0.740	9.506	13.252	15.517	6.742	6.103

可以看出东部地区、中部地区和西部地区的产业集聚情况并不一致，东部地区电子及通信设备制造业的产业集聚程度平均水平为1.017，中部地区电子及通信设备制造业的产业集聚平均水平为0.429，而西部地区的电子及通信设备制造业的产业集聚平均水平为0.318，明显低于东部地区和中部地区。

对比东部、中部和西部地区的新产品产值和专利情况，是比较合理的，以上海为代表的东部地区的新产品产值和专利水平明显较高，中部地区的新产品产值和专利水平次之，而西部地区的最少，这与现实也是相一致的，对比以上海为代表的东部地区，以及中部和西部地区电子及通信设备制造业的研发资本水平、人力资本水平和对外贸易情况，也出现了从东到西依次递减的情况，这与现实的情况也是比较一致的。本研究进一步分析了全国各省份的电子及通信设备制造业的产业集聚水平，如图7.3所示。

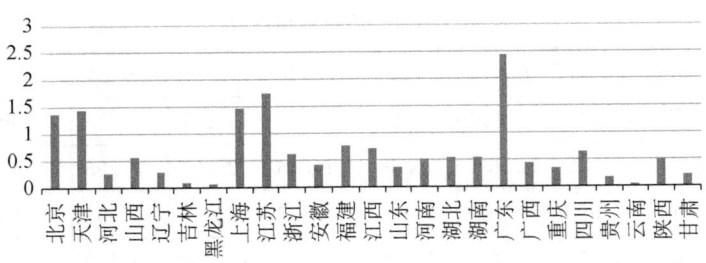

图 7.3　各省/直辖市/自治区产业集聚水平

平稳性检验。在进行实证回归分析之前,必须要对样本数据进行平稳性检验,若平稳性检验结果显示并无单位根的存在,那可以表明不会出现伪回归的情况,如果样本数据未通过单位根检验,则必须要对样本数据进行协整检验分析,本书选取了适合面板数据的检验方法 LLC 检验以及 IPS 检验方法,上文的检验结果表明,各变量均在 5% 水平下高度显著,这表明面板数据并不存在单位根的情况,满足面板回归模型的情况。

2) 全国样本实证结果分析

通过对整体样本的分析,可以清晰地得到产业集聚对电子及通信设备制造业技术创新的影响情况,根据前文的变量选取情况,本书在对电子及通信设备制造业技术创新指标的选取时,分别选取新产品产值和专利数量作为被解释变量纳入模型中进行实证分析,其中产业集聚对新产品产出的影响结果,如表 7.4 所示。本研究同时对混合 OLS 模型和固定效应模型选择 F 检验,可以得到 F 检验的结果为 0.000 0,表明固定效应的回归结果更优于混合 OLS 模型。

表 7.4　固定效应模型的回归结果

变量	固定效应模型			
	$Coef.$	$Std.\ Err.$	t	$P>|t|$
Agg	1.548***	0.524	2.96	0.004
$Lnrl$	0.280**	0.119	2.36	0.019
$lnrd$	0.212*	0.124	1.71	0.088
$lnexp$	−0.013	0.055	−0.24	0.807
$size$	−0.024*	0.013	−1.87	0.063
$lncom$	0.522**	0.231	2.26	0.025
$\_cons$	5.200***	1.210	4.30	0.000
$AD\text{-}R^2=0.851$		F 检验值:23.64		$Prob>F=0.000\ 0$

注: * 表示在 10% 水平下显著,** 表示在 5% 水平下显著,*** 表示在 1% 水平下显著。

从全国样本的回归结果来看,产业集聚对新产品产值的增加产生了重要的促进作用,对于电子及通信设备制造业而言,产业集聚对新产品产值的影响较为突出,表明我国区域产业集聚的现象在一定程度上有助于新产品产值的增加,各区域应审时度势,加强对集聚区内的环境优化,最终实现区域产业的创新。本研究进一步分析产业集聚对专利产出的影响。通过实证结果分析可得,产业集聚对专利数量的回归结果是 0.833,且在 10% 显著水平下显著,这表明产业集聚对专利数量产生了正向影响。

7.2.3 以上海为代表的东部和中部、西部数据对比

1. 以上海为代表的东部地区样本实证分析

不同地区的产业集聚水平是不一致的,通过对不同地区的样本进行实证分析,可以进一步研究区域差异视角下产业集聚对产业技术创新的影响。本研究在对电子及通信设备制造业技术创新指标的选取时,分别选取新产品产值和专利数量作为被解释变量纳入模型中进行实证分析,其中产业集聚对新产品产值的影响结果,如表 7.5 所示。

表 7.5 产业集聚对新产品产值的影响结果(东部地区样本)

变量	固定效应模型			
	$Coef.$	$Std. Err.$	t	$P>\|t\|$
Agg	2.088**	0.370	1.92	0.046
$Lnrl$	0.022	0.138	0.18	0.860
$Lnrd$	0.576***	0.125	4.19	0.000
$Lnexp$	0.133**	0.062	2.13	0.036
$Size$	−0.001	0.008	−0.17	0.865
$lncom$	0.663**	0.296	2.24	0.028
$\_cons$	1.754	1.587	1.11	0.273
$AD\text{-}R^2$:0.883		F 检验值:16.20		$Prob>F$=0.000 0

注:*** 表示在 1% 水平下显著,** 表示在 5% 水平下显著,* 表示在 10% 水平下显著。

同时,本研究继续关注产业集聚对专利产出的影响,以此探索产业集聚对技术创新的具体影响情况,如表 7.6 所示。可以看出,东部地区企业规模对专利数量的增加没有显著影响。在激烈的市场竞争中,企业更愿意去扩大市场规模占领市场份额,因

而忽视了对专利的研发,因此,东部地区的市场竞争程度对专利数量的增加没有明显的作用。

表7.6 产业集聚对专利数量的影响结果(东部地区样本)

变量	固定效应模型			
	$Coef.$	$Std.Err.$	t	$P>\|t\|$
Agg	1.150**	0.519	2.22	0.030
$Lnrl$	−0.046	0.175	−0.27	0.791
$Lnrd$	0.710***	0.193	3.68	0.000
$Lnexp$	−0.086	0.087	−0.98	0.330
$Size$	0.001	0.011	0.07	0.946
$lncom$	0.366	0.416	0.88	0.381
$\_cons$	−5.036**	2.225	−2.26	0.027
$AD\text{-}R^2$:0.927	F检验值:32.58		$Prob>F=0.0000$	

注:***表示在1%水平下显著,**表示在5%水平下显著,*表示在10%水平下显著。

2. 中部地区样本实证分析

进一步,本研究对中部地区样本进行实证分析。分别选取新产品产值和专利数量作为被解释变量纳入模型进行实证分析,其中产业集聚对新产品产值的影响结果如表7.7所示。以产业集聚对专利产出的影响来探索产业集聚对技术创新的具体影响情况如表7.8所示。

表7.7 产业集聚对新产品产值的影响结果(中部地区样本)

变量	固定效应模型			
	$Coef.$	$Std.Err.$	t	$P>\|t\|$
Agg	4.057***	1.396	2.91	0.005
$Lnrl$	0.348*	0.193	1.81	0.077
$Lnrd$	0.092	0.189	0.49	0.629
$Lnexp$	0.023	0.132	0.17	0.862
$Size$	−0.136***	0.040	−3.38	0.001
$lncom$	0.616	0.622	0.99	0.327
$\_cons$	4.554*	2 572.000	1.77	0.083
$AD\text{-}R^2$:0.793	F检验值:18.24		$Prob>F=0.0000$	

注:***表示在1%水平下显著,**表示在5%水平下显著,*表示在10%水平下显著。

表 7.8　产业集聚对专利数量的影响结果(中部地区样本)

变量	固定效应模型			
	$Coef.$	$Std. Err.$	t	$P>\|t\|$
Agg	−0.417	1.301	−0.32	0.750
$Lnrl$	0.087	0.180	0.49	0.629
$Lnrd$	0.567***	0.176	3.21	0.002
$Lnexp$	−0.003	0.123	−0.02	0.980
$Size$	−0.039	0.037	−1.04	0.301
$lncom$	−0.579	0.580	−1.00	0.323
$\_cons$	0.001	2.397	0.00	1.000
$AD\text{-}R^2:0.596$		F 检验值:22.94		$Prob>F=0.0000$

注:*** 表示在 1% 水平下显著,** 表示在 5% 水平下显著,* 表示在 10% 水平下显著。

从回归结果来看,与东部地区相比,中部地区更缺乏高技术人才,这是人才投入水平较低所致。中部地区的对外贸易水平、企业规模、市场竞争程度的回归系数均不显著,这与东部地区样本回归结果相一致。究其原因,中部地区缺乏更开放的地区环境,不能通过模仿创新实现专利数量的增加;除此以外,企业比较积极申请专利和授权,但是企业的专利转化率较低;在市场竞争中,企业更愿意采用开发市场战略来提高竞争力,因而忽视了对专利的研发。

3. 西部地区样本分析

进一步,本研究对西部地区样本进行实证分析。在不改变被接受变量的情况下,其中产业集聚对新产品产值的影响结果如表 7.9 所示。以中部地区产业集聚对专利产出的影响来探索产业集聚对技术创新的具体影响情况,结果如表 7.10 所示。

表 7.9　产业集聚对新产品产值的影响结果(西部地区样本)

变量	固定效应模型			
	$Coef.$	$Std. Err.$	t	$P>\|t\|$
Agg	2.452	1.795	1.37	0.181
$Lnrl$	0.492	0.301	1.64	0.110
$Lnrd$	−0.078	0.294	−0.26	0.794

续表

变量	固定效应模型			
	$Coef.$	$Std.\ Err.$	t	$P>|t|$
$Lnexp$	0.111	0.104	1.07	0.292
$Size$	−0.330*	0.172	−1.92	0.064
$lncom$	−1.069*	0.537	−1.99	0.054
$\_cons$	11.093***	2.443	4.54	0.000
$AD\text{-}R^2:0.656$		F 检验值:4.63		$Prob>F=0.0001$

注:*** 表示在1%水平下显著,** 表示在5%水平下显著,* 表示在10%水平下显著。

表7.10 产业集聚对专利数量的影响结果(西部地区样本)

变量	固定效应模型			
	$Coef.$	$Std.\ Err.$	t	$P>|t|$
Agg	2.214	1.802	1.23	0.228
$Lnrl$	−0.031	0.302	−0.10	0.918
$Lnrd$	0.324	0.295	1.10	0.280
$Lnexp$	−0.276**	0.104	−2.64	0.012
$Size$	0.383**	0.173	2.21	0.034
$lncom$	0.692	0.539	1.28	0.208
$\_cons$	−1.446	2.452	−0.59	0.559
$AD\text{-}R^2:0.845$		F 检验值:13.42		$Prob>F=0.0000$

注:*** 表示在1%水平下显著,** 表示在5%水平下显著,* 表示在10%水平下显著。

从实证结果分析可得,西部地区的电子及通信设备制造业产业集聚对专利数量的回归结果也不显著,这也说明西部地区产业集聚对区域专利数量的影响并不明显,这与中部地区的回归结果相一致。这可能是因为产业集聚要达到一定规模才会形成集聚辐射,从而对产业技术创新产生影响。

从整体来看,产业集聚对区域产业的技术创新辐射效应产生了重要影响,这一影响更多地从产业集聚对新产品产出的影响这一方面来体现。根据前文的分析,产业集聚可以通过外部规模效应、创新效应以及合作互助效应最终实现产业的技术创新,在此影响的情况下,产业集聚吸引了大量的资源,包括技术资源和人力资源等,也吸引了重要的政策优惠等,这对区域产业的发展产生了重要影响;另一方面,产业集聚有助于创新网络的形成,包括企业与其他组织的合作、金融机构的合作等,为企业自身的融资需求提供了重要的支持,对于电子及通信设备制造业而言,产业集聚辐射效应对新产品产出的影响较为突出,表明产业集聚辐射的现象在一定程度上有助于新产品和专利的产出,各区域应审时度势,加强对集聚区内的环境优化,最终实现区域产业技术的创新。

7.3 大都市产业集聚辐射案例研究——上海现代服务业集聚及对旅游业辐射

7.3.1 上海现代服务业发展

近年来,现代服务业作为引领全球发展的新兴产业,以其区别于传统服务业的高文化、高技术含量特质,逐渐受到诸多国家的关注和重视,因此也成了诸多国家国民经济发展的中坚力量。上海作为我国服务业发展的龙头城市,充分利用区位、产业和人才资源优势,不断增强现代服务业在上海经济转型升级过程中的引领作用。

21世纪经济全球化发展格局下,全球服务业都得到了突破式的发展,并以各国际大都市为首批发散点迅速扩张。目前,现代服务经济的发展程度已经成为衡量一个国家或地区的经济发展和社会文化水平的重要指标,广泛遍布于国民经济和社会发展的诸多领域,正逐步成为我国大都市经济发展的中坚力量。党的十九大报告指出,建设现代经济体系的主要方向是提高供给体系质量,从而推动我国的总体经济质量优势进一步凸显。为达到提升供给体系质量的目标,需要支持传统产业的转型升级,加速发展现代服务业的脚步。现代服务业的集聚发展正逐渐成为以都市经济为代表的经济社会发展主流趋势,该集聚效应对于高效配置有限社会资源、提高社会经济水平、引导消费、提升服务产业竞争力、加速传统产业转型升级、加快发展现代服务业等都具有重要作用。

产业集聚是服务业发展到一定程度的必然产物,体现和促进了现代服务业竞争力增长。针对产业集聚区的发展模式,Simpson 和 Bretherton 指出:区域集群就其发展战略的多元化方法而言是独特的。一方面,其强调通过资源利用和营销中的规模经济来实现公司间的合作;另一方面,有必要通过创建独特而引人注目的区域形象,共同为区域发展树立品牌。在这方面,区域身份的概念充当了提供价值网的中介,或者说是区域内经济单位的共同属性可以累积并传达给消费者的工具。在这些情况下，区域品牌本身成为合作的驱动力，而不仅仅是商业级别联盟的有用副产品。[1] 具体到现代服务业发展，有学者认为加速现代服务业顺应经济市场发展的必经途径和重要突破点就是形成和发展现代服务业集聚区。其发展动因主要被归纳为：在受土地和资源硬约束的制约下对产业结构调整的需求，力求实现经济增长方式转变；在大都市综合发展需求方面，力求实现城市综合功能升级，发掘城市名片新亮点；在服务业发展需求方面，建设现代服务业集聚区是加快服务业发展速度和提高现代服务业发展水平的有效途径，最终有利于提高一国或地区现代服务业经济综合国际竞争力。

上海是全国最先提出建设现代服务业集聚区这一创新举措的城市。2004年起上海市委、市政府屡次强调转变发展方式对于下阶段上海经济发展的重要性，把其中的发展核心指向了服务业建设，尤其要以现代服务业集聚区为重点突破口，从而确立服务经济在产业格局中的主导地位。2005年开展的"上海现代服务业优先发展行动"，充分结合公司自身区位优势，打造全国领先的现代服务业集群。"十一五"规划正式认定上海市共有20个现代服务业集群，其创新规划为上海服务业实体经济作出了开创性贡献。随后在"十二五"期间，上海就"四个中心"目标和"创新驱动、转型发展"的战略进一步加快集聚区的建设，进一步促进城市整体功能向综合性、服务型、产城融合化发展。2012年，《上海市服务业现代集聚区发展"十二五"规划》重新定义了现代服务业集聚区，即"现代服务业集聚区是指按照现代城市发展理念统一规划设计，依托交通枢纽和信息网络，以商务楼宇为载体，将相关的专业服务配套设施合理有效地集中，在一定区域内形成空间布局合理、功能配套完整、交通组织科学、建筑形态新颖、生态环境协调，充分体现以人为本的、具有较强现代服务产业集群功能的区域，也称为微型CBD。"这一概念的修订一方面反映了城市发展现代服务业的趋向和规律，另一方面也体现了上海作为国际大都市城市规划和产业结构变化调整的方向。

7.3.2 上海现代服务业集聚

据上海年鉴统计，自2006年首批现代服务业集聚区全面开始建设，上海市服务业发展规模呈现出更加迅速的显著增长，截至2019年占全市GDP高达

---

[1] SIMPSON K, BRETHERTON P. Co-operative business practices in the competitive leisure destination: lessons from the wine tourism industry in New Zealand[J]. Managing Leisure, 2004, 9(2):111-123.

72.7%,如图 3.2 所示。

在空间分布方面,各中心城区按照"一区一强"的原则规划了十三大各具魅力的现代服务业集聚区,在市郊区域也结合郊区新规划,布局了十大郊区现代服务业集聚区,如表 7.11 所示。

表 7.11 上海现代服务业集聚区一览

行政区划		现代服务业集聚区名称	规划占地面积（平方公里）
中心城区和市郊	浦东新区	世博园区会展商务集聚区	5.28
		张江高科技创意文化和信息服务业集聚区	1.20
		陆家嘴金融区及浦东花木国际会展	31.78
	黄浦区	淮海中路国际时尚商务区	0.53
		西藏路环人民广场现代商务区	1.39
	长宁区	虹桥涉外商务区	9.43
	普陀区	长风生态商务区	2.53
	静安区	南京西路专业服务商务区	4.20
	徐汇区	徐家汇中心现代服务业集聚区	0.13
		漕河泾高新科技产业服务区	0.23
	虹口区	北外滩航运和金融服务集聚区	4.70
	杨浦区	江湾—五角场科教商务区	3.11
		大连路总部研发集聚区	1.46
	宝山区	宝山钢铁物流商务区	0.23
	青浦区	西虹桥商贸商务集聚区	8.22

资料来源:根据上海政府网资料整理。

21 世纪开始,随着扶持政策和规划引导的力度不断加大,上海的现代服务业进入转型发展时期,无论是空间布局还是形态功能都趋向于多元化,层次结构日益明显,如图 7.4 所示。

7.3.3 上海现代服务业集聚对旅游业辐射

旅游业是发展速度最快的新兴产业之一,是第三产业经济中的重要部门,有"朝阳产业"的美誉。习近平总书记在十九大报告中指出,中国特色社会主义进入新时代,旅游业作为"五大幸福产业"的领跑者,在新的背景下面临着意想不到

图 7.4　2006—2019 年上海市服务业增加值和 GDP 权重增长情况

的机遇和挑战。"十三五"以来,上海积极制定"全球卓越城市"目标,围绕"质量"发展理念深入推进"具有全球影响力的世界旅游名城"建设。上海现代服务业得到进一步集聚,如文化娱乐、文化创意、餐饮、购物等产业集聚,一定程度上辐射到上海旅游业的发展,促进上海都市旅游消费需求的个性化、品质化和多元化发展。

首先,从宏观角度来说,都市旅游业作为集成产业对其他相关产业有极强的关联带动作用,可以汇集各种都市资源,使之串联成为成熟的都市旅游产品,并以示范效应推动贸易、会展、物流、体育和其他现代服务业的发展。

其次,目前的现代服务业和旅游业都集中在城市的同一片地理区域中,客观而言已经形成了产业集聚的现象,而因互补性业务活动和客户来源的共性产生的结果,现代服务业已经成为一个城市旅游业的核心配套产业,这两方面构成了现代服务业和都市旅游业之间的互动关系。

2019 年,上海市政府在关于建设现代服务业集群的专题会上,发布了上海现代服务业和旅游业相关数据。不难发现,上海现代服务业的发展无疑对上海的都市旅游业建设和发展作出了重要的贡献,如国内外赴沪旅客人次显著上升,包括 GDP、国内收入和外汇收入都逐年稳步增长,如图 7.5 所示。目前,已有十大现代服务业集聚区基本或部分建成投入运营,当之无愧构成了上海现代服务产业的新亮点。

上海的现代服务业集聚区和都市旅游业具有客源上的共通性和为同一目标人群提供不同环节服务的优势互补性。因此,现代服务业集聚区和都市旅游业存在着剪不断理还乱的错综复杂的关系。在如今上海都市旅游业高度发展并且

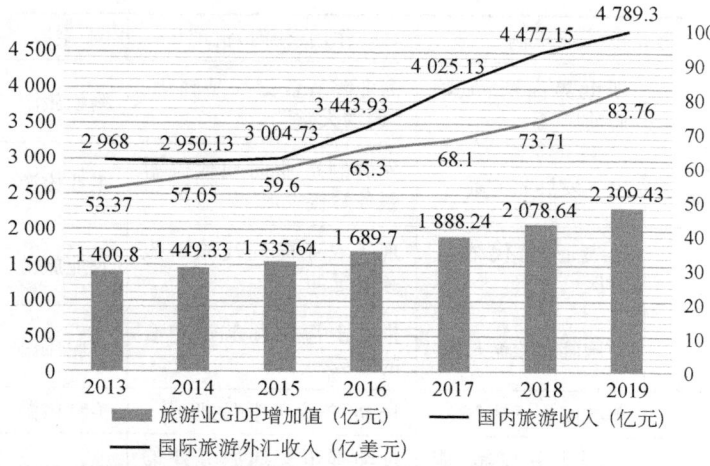

数据来源:根据历年《上海统计年鉴》整理所得。

图 7.5　2013—2019 年上海市旅游业 GDP 及收入情况

迫切需要创新深化的业态下,现代服务业集聚对旅游业有极好的辐射效应,有助于进一步提升旅游业竞争力和创新能力。上海现代服务业集聚辐射,对都市旅游业发展有直观带动发展作用,可以从多维度整合城市的有效资源。由表 7.12 可知,上海重点规划发展的现代服务业得到进一步集聚,并通过集聚辐射促进了上海都市旅游业发展,形成上海都市旅游业发展的集聚辐射"路径依赖"。

表 7.12　都市现代服务业集聚对旅游业辐射

现代服务业产业	范例	作用(辐射)机理	旅游产品体系
金融业、商贸业、保险业	降低商务成本,提升服务环境	推动上海陆家嘴、虹桥等地区中央商务区形成	商务旅游、奖励旅游
会议与展览业	大型会展活动提供优质接待服务	推动上海亚洲会展中心城市地位的确立	会展旅游
文化产业、博物馆、科教事业、娱乐产业	上海博物馆、科技馆、新天地、文艺娱乐活动等	推动文化事业产业化和文艺院团市场化、推动游憩区形成	文化与科教旅游
策划咨询业、公关行业	旅游节策划、大型活动策划	推动旅游、大型活动等策划创意	节庆旅游
景观房地产、医疗保健行业	佘山国际高尔夫场、奉贤度假村	推动景观房地产发展、医疗康复业与旅游的结合	休闲度假、康复旅游

续表

现代服务业产业	范例	作用(辐射)机理	旅游产品体系
商业零售业	新世界商圈、城隍庙前广场	商业零售业国际品牌化、"购物天堂"	购物旅游
先进制造业生产性服务业	宝钢发展旅游业	先进制造业向现代旅游服务嫁接发展	工业旅游
现代农业	奉贤区现代农业园区	现代农业向现代旅游服务业延伸	农业旅游
航运业	中国邮轮旅游母港	推动上海国际航运中心的建成	邮轮旅游
餐饮业	美林阁大酒店等	推动"美食天堂"的形成	美食旅游
轨道交通水上公交	交通服务设施、服务环境改善	推动都市交通服务业的发展	地铁旅游、水上旅游
体育产业	F1赛事、大师杯	体育事业产业化、市场化	体育旅游
信息产业中介产业	携程网	推动信息产业发展	旅游信息化建设

与全球其他国际大都市比较,上海现代服务业集聚区发展起步较晚,总体主要分为生产性服务业集聚区(商贸主导)、中央商务区CBD(金融业主导)和文化性服务集聚区(文化主导)。可以看出,集聚效应在上海建设国际化大都市的战略目标下,逐渐被重视与合理利用,现代服务业集聚区的建设被纳入城市规划的核心,从而推动经济增长和服务水平创新。现代服务业集聚区的建设情况及推动旅游业发展,也可以视为大都市产业集聚辐射。上海作为我国经济中心、贸易中心、金融中心和航运中心,其初步打造的国际化现代服务业集聚区能够一定程度上辐射来自海内外的都市旅游客流,为上海都市旅游业的进一步发展提供必要条件。而都市旅游带来的影响力和人流反之能够促进上海现代服务业集聚区与国际接轨的升级发展。

7.4 大都市产业集聚辐射案例研究

7.4.1 大都市产业集聚辐射——以特色小镇为例

1. 特色小镇兴起

特色小镇是指有某知名的产业,有某个旅游景点,有某种与众不同的风俗习惯,或者专门实现了某种功能(例如休闲度假)等的小镇。2017年,从云栖小镇起,浙江"特色城镇建设"模式逐渐开始在全国蔓延,颇有愈演愈烈之势,逐渐成为我国产业转型升级的重要抓手。[1]李强在任浙江省省长时,参观"云栖小镇"后,提到"特色小镇"并感慨:"让杭州多一个美丽的特色小镇,天上多飘几朵创新'彩云'。"当下,特色小镇越来越成为大都市选择并成为解决小城镇建设发展的重要路径。[2]

罗应光研究了广西、云南等地的特色小镇发展实践,并从城镇化发展的视角提出了特色小镇的发展建议,指出应当将特色小镇作为城镇化发展的载体和依托,提出了特色小镇发展的原则和思路。[3]赵燕青指出特色小镇的发展应当坚持因地制宜原则,以当地资源条件为基础,通过产业创新,发展基于当地特色的产业小镇,达到推动城镇化发展的目的。[4]姚尚建指出特色小镇的发展过程是市场与国家战略之间博弈的结果,在国家战略规划的前提下,从特色小镇的当地资源优势出发,通过产业创新,做到文化传承,打造小镇发展的特色。[5]可以看出,特色小镇可为都市城镇化发展提供载体,促进都市经济发展。同样,都市产业发展,也可以依托特色小镇发展而实现产业集聚辐射。

2. 从特色小镇视角看产业集聚辐射

在经济日益发展的当今,城市人群已经不再仅仅满足于解决衣食住行的基本民生问题,随着多元文化的发展以及人民收入水平的增加,对于生活质量的追求是大势所趋。城市周边良好的休闲娱乐场所,日常通勤的设施条件,定期的旅游休闲以及城市文化生活娱乐活动越来越成为城市人群生活中不可或缺的部分。可以看出,工业和经济,经济和文化,文化与城市等息息相关,互相促进发展。如将旅游业与传统特色产业相结合,就能弥补某些受环境约束发展的地区的不足,从而促进当地经济的发展。例如,特色小镇虽不以旅游业为其发展的支柱性产业,但可将其作为当地发展的附加部分,以促进其他产业的发展。浙江特色小镇在面对新时代的背景下,为使其地方产业进行产业升级与发展,选择与该地区发展理念与趋势相符合的新型产业,从而达到新型产业与传统产业同时发

[1] 石忆邵.中国新型城镇化与小城镇发展[J].经济地理,2013,33(7):47-52.
[2] 吴康,方创琳.新中国60年来小城镇的发展历程与新态势[J].经济地理,2009,29(10):1605-1611.
[3] 罗应光.特色小镇建设:西南边疆地区推进城镇化的主要载体[J].中国党政干部论坛,2010(11):43-44.
[4] 赵燕青.制度变迁·小城镇发展·中国城市化[J].城市规划,2001(8):47-57.
[5] 姚尚建.城乡一体中的治理合流——基于"特色小镇"的政策议题[J].社会科学研究,2017(1):45-50.

展的目标。

在经济转型方面,特色小镇想要抢占先机,获得优势,就必须提高各类产业的创新能力,以发展新型产业带动传统行业发展。Madrigal 认为特色小镇是以小镇现有禀赋和条件为依托,以当地发展特色和实际产业情况为基础发展起来的。[1] Parlett,Fletcher 和 Cooper 分析了旅游特色小镇在地区经济发展中的推动作用,认为旅游特色小镇的发展应当对当地社会行为、文化传统进行尊重和保护。[2] Bantjes 认为旅游特色小镇的发展应当基于当地资源禀赋,将特色小镇的规划与旅游规划相融合。[3] Akama 和 Kieti 提出了旅游特色小镇的发展路径是基于旅游产业集聚形成的集聚效应。[4]

从产业发展视角研究特色小镇(集聚辐射)的发展策略。刘锡宾指出特色小镇的发展首先要汇集当地的高端资源并进行有效配置,然后通过产业规划,将优势产业与产业规划相融合。[5] 白小虎等指出特色小镇的发展是进行产业升级的重要途径,技术的创新和人才的培养构成产业升级的基础条件,而特色小镇吸引人才要靠居住环境和产业基础,达到产业创新的目的。[6] 张鸿雁认为小镇的发展对产业、就业和创新提供了重要契机,能够凸显出产业的集聚效应,实现以特色小镇为核心载体,达到产业集约,实现区域经济与特色小镇协调发展的目的。[7] 综上所述,特色小镇与产业集聚辐射互为促进,协调发展。

3. 特色小镇核心特征

大都市发展新城镇化战略下,特色小镇同时兼顾产业发展与城镇化,是新型城镇化发展的重要平台,成为时下较为关注的热点。一大批特色小镇涌现并为都市传统村镇及产业带来的新的发展活力。地方结合当地条件进行了特色小镇

---

[1] MADRIGAL R. Residents' perceptions and the role of government[J]. Annals of Tourism Research,1995,22(1):86-102.
[2] PARLETT G, FLETCHER J, COOPER C. The impact of tourism on the Old Town of Edinburgh [J]. Tourism Management,1995,16(5):355-360.
[3] BANTJES R. Rural sustainability and the built environment[J]. Journal of Enterprising Communities:People and Places in the Global Economy,2010,5(2):158-178.
[4] AKAMA JS, KIETI D. Tourism and socio-economic development in developing countries:a case study of mombasa resort in Kenya[J]. Journal of Sustainable Tourism,2007,15(6):735-748.
[5] 刘锡宾.我省特色小镇建设原则和对策研究[J].政策瞭望,2015(9):3.
[6] 白小虎,陈海盛,王松.特色小镇与生产力空间布局[J].中共浙江省委党校学报,2016,32(5):21-27.
[7] 张鸿雁.特色小镇建设与城市化模式创新论——重构中国文化的根柢[J].南京社会科学,2017(12):59-67.

建设的积极探索,并通过特色小镇建设促进就业、创新、产业转型、产业融合及有效扩大供给,取得了多方面的成效,为国内产业改革提供新思路。

特色小镇的核心特征包括:一是独特及主题化的产业发展策略,特色小镇的发展以产业发展为核心,因此小镇产业选定必须慎重,需考虑差异性与可持续发展空间;二是集聚及融合性强的核心区功能,即小镇是集旅游、产业及社区等功能于一体,需要相互协调形成一体;三是优美宜人的环境,这也是小镇的吸引力的重要组成;四是创新与灵活性强的运营机制,特色小镇从申请到建设到运营都是依靠自主申报的,需要政府的财政支持,因此小镇的建设成果也应受到考核和监督。

总之,特色小镇不仅是城镇化的一种新型尝试,也是大都市产业集聚辐射的一个抓手。不仅能快速整体地推进产业升级,拉动经济增长,同时也能结合多种要素,充分发挥发展主体的主观能动性,实现快速发展。作为产业集聚辐射的新路径,特色小镇无疑是未来大都市创新发展的有益实践。

7.4.2 大都市产业集聚辐射——以杭州网红为例

1. 杭州网红兴起

2020年,中国MCN机构一举突破20 000＋家,近乎两年翻了四倍。"MCN"是一个舶来品,全称是Multi-channel Networks,翻译成中文就是多频道网络,指代帮助内容创作者提供商业化变现的组织。现在是一种新的网红经济运作模式。事实上,MCN也是有预兆的,因为它的运营模式非常合理,部门内各司其职,有专门的人负责营销、推广、版权运营、商业化变现等,而且创作者可以专心做内容,而不用分心,所以它的商业结构让"三方"都能接受。

而根据2022年浙江省人民政府新闻办公室公布的数字,杭州作为全国第一电商之都,直播电商逐渐兴起,可以说杭州集聚了60%以上的MCN机构。如日常关注的很多网红博主,不论他们以前在哪里,最后都会选择去到杭州。无论是初期的淘女郎张大奕、雪梨,还是一度爆红的李子柒都在杭州起家,越来越多的新网红或大V都把自己的直播间落户在杭州滨江高新区。

2. 杭州网红兴起背后的都市产业集聚辐射效应

电商直播行业的兴起,使全国越来越多的网红看到了杭州电商商机,为了更加方便地挖掘这座"电商金矿",现在,越来越多从北京、上海、成都、厦门、深圳、山东赶来的网红和直播机构,纷纷在杭州"安营扎寨",基本形成都市产业集聚辐射效应。从中可以看出几点:

其一，杭州围绕"MCN"，已经形成完整的经纪模式集聚辐射产业链，从网红中介到内容创作者，形成完整链条，形成集聚辐射效应，包括网红们提供协助，如包装、营销、推广、变现等，形成完整的产业链，如杭州四季青服装批发市场，以及电商运营公司和经纪公司。并进一步辐射各个产业链环节，如设计、制造、销售、物流、售后等链条能力提升，孵化出如涵控股等网红的机构，如今已经成功登上新三板。

其二，一般来说，城市经济活动设计的历史依据涉及原有的经济基础、经济实力和原有的经济模式。这首先包括各工业部门和生产单位的联网与协调，供水、供电、交通、通信等基础设施水平，居民的基本生活保障（包括企业所在地政府及教育、娱乐、体育和医疗机构等），以及技术人员、管理人员和技术工人的供应等因素。杭州网红集聚辐射进一步改变了浙江传统产业集聚，从原来围绕"生产"的集聚，走向兼顾品牌传播的集聚辐射。

其三，集聚辐射的过程，也是学习的过程。伴随全国各地越来越多的网红来杭州学习，其进一步辐射和带动全国直播行业发展，并改变以前直播靠粉丝打赏的单一盈利渠道模式，在当下电商直播发展高峰期分得一杯羹。

3. 杭州网红兴起与背后的电商政策

杭州网红背后，也有杭州政策的默默耕耘，如表7.13中的政策汇总。杭州拥有庞大的本土电商人才库，分工比其他城市更加精准。杭州电商和直播氛围浓厚，杭州大学生对主播的专业接受度高于其他城市。这就是网红多数诞生在杭州的原因。

表7.13　杭州各区直播电商政策汇总

杭州各地区直播电商政策汇总		
区域	政策	奖励
杭州市	在杭州落地且排入全国全网销售前100的头部主播	100万~200万元
西湖区	认定为市级以上、区级直播电商园区基地总部入驻西湖区或在西湖区设立市级以上区域运营中心的企业主营业务收入首次达到1亿元以上的直播电商企业	减免3年办公场地租金50万~500万元
余杭区	直播平台通过直播方式带货销售额达2亿~10亿元的企业	50万~200万元
滨江区	政策扶持共10条	支持企业研发创新引导MCN机构集聚

7.4.3 长三角一体化与产业集聚辐射

1. 长三角一体化上升为国家战略

以长三角一体化为例，我们知道，长三角是我国经济最具活力、开放和创新水平最高的区域之一。江、浙、沪、皖三省一市面积 35.9 万平方公里，常住人口 2.2 亿人，分别占全国的 1/26 和 1/6，经济总量为 19.5 万亿元，几乎相当于全国的四分之一。目前，长三角一体化已成为国家战略，长三角城市群也是国际公认的世界六大城市群之一。可见，加快长三角一体化发展既是大势所趋，也是内在要求。

2019 年 5 月 13 日，中共中央政治局审议通过《长江三角洲区域一体化发展规划纲要》，指出长三角一体化是共性与个性相得益彰的一体化，既要通过多层次、各领域的共商共建、共管共享，筑牢共性本底、厚植共性根基；更要支持各地打造特色亮点，彰显个性特征，形成多姿多彩、交相辉映的发展格局。可以看出，长三角一体化是产业集聚与辐射、合作与竞争辩证统一的一体化，既要在产业体系、基础设施、生态环境、公共服务等领域深化全方位、多层次合作，持续放大规模效应、协同效应、集聚效应；更要着力构建公平公正、开放包容的发展环境，形成千帆竞发、百舸争流的生动局面，让一切有利于一体化发展的活力和源泉竞相迸发、充分涌流。

2. 长三角一体化与产业集聚辐射——以上海漕河泾与浙江海宁的结对模式为例

继续以上海漕河泾与浙江海宁的结对模式为例，分析长三角背景下如何发挥大都市产业集聚辐射优势。上海到海宁 100 多公里的两条"漕河泾"是如何靠得更近的？通过多次鼓励投资的尝试，海宁市逐渐认识到，面对城市能源水平的天然壁垒，无序竞争是不可取的。上海的优势是行业自然积累了市场和客户资源，海宁的成本相对较低，自由度更高，实际上两地并不矛盾，完全可以通过产业集聚辐射形成优势互补。一方面，选择浙江海宁，是基于对上海漕河泾品牌的熟悉，互相磨合的成本可以降到最低。如，浙江海宁前期聚焦主业练好"内功"，漕河泾海宁分区将原先十几个产业规划调整为"3·X"产业体系，即培育发展两大战略性新兴产业——电子信息、装备制造，改造提升时尚产业，并通过产学研协作聚焦新兴产业和前沿科技，特别是近年来导入泛半导体产业园。另一方面，上海漕河泾的大企业大品牌的优质服务也能得到延续，形成双赢局面。如，依托上海漕河泾的电子信息产业优势，与当地合力引进欣奕华、上海光维等国内外泛半导体优质项目以形成集聚辐射效应。

为了与上海漕河泾总部接轨、与国际接轨,让漕河泾海宁分区在面对大都市产业集聚辐射时,多了一分底气与从容。在整体规划和基础设施建设上,海宁分区从不吝惜投入,大到功能布局,小到一草一木,都请国际知名机构按照上海顶尖产业园的标准进行设计。

当然,多年来,上海与周边省市在体制、利益、绩效考核等各种因素驱使下,跨区域合作并不是一帆风顺。曾有漕河泾总部企业选择向上海周边县市转移,却因没有进入服务标准的开发区而遭遇障碍,纷纷回漕河泾"诉苦"。资源要素在都市经济圈的自由、合理流动格局尚未形成,"排挤效应"不言自明。未来,长三角一体化仍存在着不断深化合作的空间,这也是大都市产业集聚辐射的机遇所在。在众多城市群中,长三角凭借多年积累的产业基础、较高的城市化水平和活跃的科技创新力量领先其他城市群一个身位。伴随产业协同不断深化,其为依然有发展潜力或是受制于上海空间土地等因素无法进一步发展的企业蹚出一条跨区域发展的新路,沪浙两个"漕河泾"在战略性项目上整体参与产业链分工,日益紧密。

3. 长三角一体化协同合作推进上海产业集聚辐射

可以看出,长三角一体化简单来讲是集聚与辐射互相补充的一体化,要想实现它,长三角地区不仅需要加快集聚全球资源,吸收区域的资金、技术和人才,还要从整体的角度出发,在利用国内资源的基础上提升区域的核心竞争力,既要着力提升长三角集聚全球资源要素的能力,在更大范围吸引资金、技术和人才,整体提升区域核心竞争力和增强辐射带动的能力,使广大地区都能通过长三角的平台通道,实现更高质量的发展,更好地代表国家参与国际合作和竞争。围绕长三角很容易形成"区域+产业"集聚辐射的布局。如一方面以上海为核心建设"增长极";另一方面,打造G60科创走廊3.0版,形成产业辐射带动效果,包括新上海自贸区的建设,可以有力地融入国家长三角一体化战略。基于长三角一体化,可以在它们之间突破壁垒,加强上海地区的产业集聚辐射。

《2021中国上市公司创新指数报告》显示,全国前30强城市中,杭州有30家上榜企业,南京有14家,苏锡常分别是6家、7家和7家。苏锡常的企业总量仅仅是杭州的三分之二,南京不及杭州的一半。同样,2021年4月由长城战略咨询所发布的《中国独角兽企业研究报告2021》,给出了城市间创新竞争透视的另一组数据,杭州有25家独角兽,南京11家,苏锡常分别是3家、1家和3家,南京不及杭州一半,苏锡常总和不及杭州的三分之一。这些数据凸显了江苏与浙江的落差、南京和苏锡常与杭州的落差。

第 7 章
大都市产业集聚辐射实证与案例研究

苏锡常需要在抢抓第四次产业革命浪潮中为新兴科技企业开辟发展空间、重构资源生态。苏锡常的突出优势是制造业产业基础雄厚，是中国打造世界级产业集群的中流砥柱。短板是城市科创功能、国际化高水平开放创新功能弱，争取到上海大都市集聚辐射和现代化建设引领区的政策供给是推动新苏南转型的重要保障。太湖湾科创走廊、G42 产业创新走廊，需要提升至代表国家战略力量、走向世界级的创新湖湾、创新走廊。回望改革开放 40 多年，改革和开放到哪里，经济和社会的发展就会到哪里。改革的市场化和开放的国际化形塑了区域发展差异，是区域创新转型的最重要保障。所以，创新时代的苏南转型，答案在推动高水平制度性改革开放，要积极赋予大都市产业集聚辐射性等创新机会。

第 8 章
大都市产业集聚辐射效应的相关建议与保障举措

8.1 关于大都市产业集聚辐射效应的建议

现代化大生产的社会化,是以消费市场的需要为前提的。资源和自然条件影响产业布局的生产的可能前提,而市场、消费条件影响产业布局的生产的目的。影响产业布局的因素有很多,包括市场需求的变动、消费水平和特点的增长及变化,这些都会对产业布局产生直接影响。因此,重视产业布局的市场研究是非常必要的。例如,欧美国家盛行的"区位论"即以市场问题为核心。过去,我国在产业布局中有忽视市场消费条件的偏向,造成生产的盲目性,有些产品大量积压。近年来,为市场生产、为人民需要而生产的目的日益明确,市场条件对产业布局的影响日益明显。在工业布局方面,不仅是一般地提出应接近消费区,而是在确定工业布局的产品方向、工业布局的结构、工业产品的品种及质量时,都要考虑是否适合市场需要。例如,近年来随着居民收入增加,家用电器等消费品大量增加,于是,大量城市开始生产这些产品,这也改变了我国以往家用电器生产局限于少数城市的布局。[1]

政策反映着生产关系的性质。好的政策能够帮助城市产业布局进行优化,即使在同一地方政府的不同发展时期也有不同的政策。如 2000 年前,上海浦东鼓励温州地区的传统制造企业过来办厂,2010 年之后,又发生政策变化,鼓励高科技或产业链企业集聚。这在一定程度上反映了都市不同阶段的动态变化及其对产业布局的作用。

(1) 集聚辐射要能突破制度创新,通过"双赢+主动"两条腿走路,如依托长三角一体化,上海可以解决土地指标与空间效率的不匹配问题。周边地区应积极实施与上海的结对,包括深化分税制改革,以及土地指标分配上实施逆向飞地等增长策略,以市场化方式进行集聚辐射。

(2) 在借鉴发达国家成熟的现代产业集聚辐射建设时,需要注意从基础设

---

[1] 杨万钟.经济地理学导论[M].上海:华东师范大学出版社,1999.

施配置、区位特色发掘和专业人才培养三方面入手,使上海现代产业集聚辐射充分发挥海派魅力和特点,并得到国际化全球化标准的发展。

(3) 广泛吸引和培养服务业人才。政府相关部门需要适当在服务企业注册、集聚区环境、企业资金融通、信用服务、税费减免、人才待遇、社会保障等多方面全面提高扶持和保障力度,为上海服务企业创造智慧基础。大都市产业集聚辐射发展正处于起步阶段,长三角和上海等属于先驱领头状态,但相较海外国际大都市的成熟产业集聚辐射仍存在缺乏高素质人才等问题。随着"十三五"的完成和"十四五"新规划的落实,上海产业集聚辐射的规划建设进一步加快,集聚区产值逐年上升。为打造上海国际大都市城市名片,政府对于都市产业集聚辐射的品牌建设也逐步升级,提供大量扶持性政策和资金,将其置于城市产业发展中相对的优先地位。

(4) 大都市产业集聚辐射,要主动有所作为。无论是杭州网红,还是安徽合肥这几年经济的崛起,其产业集聚发展的背后,一定有初始推动力。如合肥设立"全球华裔人才特区",并采用以柔克刚的方式吸纳全球科技人才。从安徽来讲,因为科技最核心的是人才,对于普通制造业面临的人才需求,本地人才不能满足需求,那么可以依靠国外的人才,但是面临各种阻碍,应该调整方式以吸纳全球科技人才,通过现代信息技术在国外搞研发,生产出产品。也就是说在国外借用当地的人才,为中国的企业进行工作,跨空间实现研发。

(5) 积极采用激励政策引导。大都市地方政府认为鼓励某些产业或区域发展时,应采取一系列激励政策,对应限制发展的产业或区域则施行控制政策。例如,帮助调整产业结构和布局,近年来西欧各国对下列三类地区开始实施一系列激励政策:①欠发达区,主要目标是促进经济增长;②传统工业区,主要目标是调整产业结构;③新兴经济区,主要目标是促进新兴工业。提供激励的方式包括资金援助、技术援助和政策优惠,还有人才配套政策等。政策优惠主要包括纳税优惠、产品销售优惠、经营优惠等。[1]

8.2 大都市产业集聚辐射效应的保障举措

8.2.1 制度层面保障

在当今世界经济中,产业集聚辐射是一种非常具有特色的经济组织形式,是

---

[1] 韩立华.黑龙江省高新技术产业发展模式研究[D].哈尔滨:哈尔滨工程大学,2006.

一个相同或相近产业在特定地理区域的高度集中、产业资本要素在特定空间范围内的不断汇聚过程。产业集聚辐射能够有力地推进区内企业组织的相互依存、相互合作以及相互吸引。不但产业集聚有利于降低企业运营成本,包括人工成本、开发成本和原材料成本等,而且有利于提高企业劳动生产率,有利于提升企业竞争力;还能集聚体内企业之间相互影响,能够产生"整体大于局部之和"的协同效应,最终可以帮助提高区域竞争力,促进区域创新发展。

产业集聚辐射是在各个因素相互作用、相互影响下形成的。资源禀赋是产业集聚的最初诱因,人才集聚是产业集聚的重要保障,成本优势是产业集聚的持续动力,创新网络则是产业集聚的制度基础。从产业集聚形成和发展的过程来看,尽管市场因素起决定性作用,但政策导向在产业集聚过程中的作用是不容否定、不可替代的。[1]

1. 改善基础设施,为产业集聚辐射创造良好的运营环境

基础设施影响着一个地方的经济社会发展,例如,影响区域内的生产要素效率或者产业的空间布局等。如果把企业看作是产业集聚区的"凤",那么基础设施就是"巢",要想引"凤"入"巢",就必须把"巢"筑好,基础设施是吸引企业(尤其是知名企业)加入、形成产业集聚辐射的重要条件,所以地方政府必须要加快建设基础设施,提供优质完善的公共服务。同时,由于基础设施具有公共产品属性和投资特征,所以它必须要在政府的支持下完成:一方面,基础设施有明显的非竞争性和非排他性;另一方面,基础设施建设具有投资规模大、建设周期长、投资回收慢等特征,几乎很难靠私人部门满足投资需要。地方政府要促进产业集聚,最首要的任务就是完善基础设施建设。首先,政府要通过完善交通、能源等基础设施,特别是要完善路网结构和配套设施,改善产业集聚区的基础条件,提升地区承接外部产业转移的能力,降低集聚辐射体内企业的运营成本,促进产业集聚的形成和发展;其次,人才集聚是产业集聚的重要支撑,政府要积极推出一系列政策抓住人才、留住人才,只有提供完善的基础教育和医疗保健设施,才能满足产业集聚对人才集聚的需求。

2. 完善服务体系,为产业集聚辐射搭建健全的平台支持

当前,我国经济正处在转变发展方式、优化经济结构、转换增长动力的攻关期。跨越这一必须跨越的关口,出路就在走创新驱动发展道路,让创新真正成为

---

[1] 张廷银.产业集聚形成与发展的五大要素[J].人民论坛,2020(10):74-75.

第一动力。[1]公共服务体系在整合创新资源、提升创新能力方面发挥着重要的作用。要想推动产业集聚区可持续发展的基础条件,就必须完善公共服务体系。具体来讲,首先,地方政府可搭建多层次的融资服务平台,为产业集聚提供多样化的金融支持;其次,搭建以企业为主体、以市场为导向的"产学研"融合的技术创新平台,促进集聚区创新活力、创新能力的提升;最后,搭建物流服务平台和中介服务平台,为集聚区企业提供高效成熟的物流服务、法律咨询、资产评估等服务,从根本上解决产业集聚区公共服务滞后、服务体系不完善等问题,从而推动产业集聚区不断壮大。

3. 加强法治建设,为产业集聚辐射营造公平的市场秩序

良好的法律环境和强大的司法保障是当地产业集聚和经济发展的强大动力。政府在社会经济运行过程中作为社会经济秩序的维护者和仲裁者,要努力营造安全合法、公正的就业环境、营商环境和产业环境,在安全生产、环境污染等问题上对集聚区域内的企业进行管理,以维护区域的整体发展环境。首先,地方政府可着力构建诚信制度体系和法治思维,特别是要正确履行部门职能、严格办事流程,构建守责尽责、失责追责的责任落实长效机制,更好地服务企业发展和项目建设;其次,党领导的地方政府要以法治建设为重点,通过强化法治,构建廉洁高效、权责法定的法治政府,并加强对地方政府行政权力的监督和约束,为产业集聚创造一个公平公正的法治环境;最后,地方政府要结合新经济的特点和目标,针对企业过度竞争可能产生的"搭便车""假冒伪劣"等行为,通过"外引内联",引导企业开始合理的优化重组,有效避免"散、乱、差"等一些安全隐患多、科技含量低的问题,以保障产业集聚的健康发展和良好形象。

4. 创新制度体系,为产业集聚辐射提供有效的制度保障

产业集聚以降低生产和交易成本、提高生产和交易效率、提供保障为根本原因。制度作为特定时期、特定范围内的激励机制,其存在的目的是对集聚区领域内的个体行为形成持久的激励。系统地为产业集群提供制度保障,是地方政府的重要职责。制度包括正式制度(如政府法规、经济规则、合同等)和非正式制度(如道德、信用环境、社会习俗等)。一方面,具有相似经济特征的特定组织集聚在同一地区,形成产业集群,这是多种因素综合作用的结果。地方政府应为产业集聚提供正式的制度保障,特别是产权制度创新,这是促进产业集聚和辐射的最重要、最基本的制度保障。另一方面,非正式制度是在经验和自发的基础上形成

---

[1] 王丰. 习近平新时代中国特色社会主义思想的哲学研究[D]. 北京:中共中央党校,2018.

的,政府虽然没有创造非正式制度,但它必须积极地引导建设健康和谐的社会环境。特别是要加强社会信用体系建设。企业边际理论表明,企业与市场之间的边界决定了交易成本,良好的信用体系对于降低企业的交易成本起着至关重要的作用。产业集聚是企业与市场之间的中介组织,政府可以通过完善信用体系来降低企业的交易成本,同时促进企业的专业化发展以及产业集聚的可持续发展。

5. 加强政策引导,为产业集聚辐射提供必要的财税支持

积极为产业集聚辐射提供资金和财政支持,是世界各国支持产业集聚、促进区域创新的共同举措。具体而言,首先,要增加政府对产业集聚的财税支持,通过制度来保障税收投资的刚性增长,支持企业创新发展,同时满足基础设施建设的资金需求。其次,要克服产业集中缺乏资金支持的问题,建立健全投融资体系。我国虽然具有独特的区域特色和建设现代服务业产业集群的良好先决条件,但仍存在资金不足、产业基础薄弱、企业意识低等问题。针对这些问题,在当前经济发展缓慢、财政能力相对有限的情况下,仅仅依靠财政投入是不够的。要着眼于运用投资金融体系,引导社会资本投入,形成投资主体多元、投资方式多样、投资规模持续增长的投融资体系。最后,产业高新化、低碳化,是当前各国在培育产业集聚过程中努力追求的目标。政府要根据当前社会形势,结合知识经济时代产业集聚的特征,制定高新技术指标和环境保护指标,结合配套的财税支持政策和社会舆论宣传,引导集群内企业向高新化、低碳化方向发展。

8.2.2 政策层面保障

1. 政府层面

政府在城市间的经济辐射与产业转移中起到一定的主导作用,因此政府需要积极地开展区域合作,促进地区产业间的优势互补、共同发展。首先,为了实现各地经济持续高效的增长,政府在制定相关政策时应当坚持因地制宜的原则。政府应在当地资源禀赋以及产业基础的条件下,制定明确的产业规划和发展目标,鼓励中心城市做好与外围城市之间的产业对接工作,外围欠发达地区政府也应该积极承接与本地产业关联度大、产业链较长的投资项目,避免盲目引进产业造成资源的浪费,同时也要大力发展配套产业,加快地区产业结构的调整与升级。其次,为了提高中大都市集聚辐射效应效率,政府(如长三角地区)也应当加大对基础设施建设的投入,包括建设交通基础设施、通信基础设施、城市公共设施等,提高地区间的产业承接能力,充分发挥产业集聚辐射效应的媒介力量。最

后,政府也应该加大对地方企业的金融支持力度,如对大都市产业集聚辐射的企业提供咨询和政策优惠、加大对中小企业的融资支持等。

2. 产业层面

目前,各个都市群之间在经济发展水平、产业结构和资源禀赋等方面都存在着较大的差异,各个地区的产业结构、产业空间布局情况都是不均衡的。[1] 部分都市群中心外围城市间的产业具有严重的同构性。因此地区在产业上应当因地制宜地优化产业配置,促进产业结构升级。在产业层面,围绕大都市产业集聚辐射过程,应当坚持以产业关联度为导向的原则,大都市在产业集聚辐射中要顺应市场发展规律,推动当地具有转移优势的成熟产业向外部地区进行辐射,形成良性循环。

3. 企业层面

企业是产业转移主体,企业自身的业务和竞争力不仅代表了整个行业现有的技术、经营和管理水平,还将影响未来各城市产业的成长和发展。为了确保产业的良性发展以及资源要素等的有效利用,各个企业应当打破地域限制,加强与周边地区的经济合作。企业在向外拓展业务或是承接新型技术时也应坚持以市场价格为导向的原则。市场中要素的价格能够作为企业调节自身经济决策的参考,引导企业向市场需求大、生产要素价格更低的地区转移,促进企业实现利润最大化。地方企业在业务的拓展以及扩大业务经营范围的过程中,需要充分地把握市场走向,维护好市场秩序,有序地参与市场竞争。企业作为产业发展的主体,也需要积极地提高自身的技术创新能力,加快自身业务升级的同时,助推产业的升级。各地区企业应该积极开展与发达地区、地方高校、科研机构等的合作,提高企业的技术创新能力,推进企业自身的业务升级与转型,提高企业的核心竞争力。

---

[1] 凌文昌,邓伟根.产业转型与中国经济增长[J],中国工业经济.2004(12):20-24.